教育部人文社会科学重点研究基地重大项目

项目编号: 07JJDGJW261

中国民营企业与欧盟经济互动

肖　文　樊文静　著

The Economic Interaction between
Chinese Private Enterprises
and the European Union

前　言

　　经济全球化的迅速发展是 20 世纪 90 年代以来世界经济发展的重要特征和发展趋势,它在改变企业生存与发展环境的同时,也促进了企业经营活动的国际化。改革开放为中国参与经济全球化提供了平台,加入 WTO(世界贸易组织)则标志着中国在更深程度上融入了经济全球化进程。面对经济全球化发展趋势,中国企业有必要及时调整发展战略,尽快融入经济全球化的潮流。已成为中国经济发展重要组成部分的民营企业也不例外,它们需要在更高层次上和更广领域中参与国际分工。中国民营企业得益于灵活的运营机制和强大的市场拓展能力,在对外贸易和直接投资等方面正扮演着越来越重要的角色。中国民营企业国际化发展过程中,一个值得关注的现象是,民营企业在对外经贸互动以及国际技术扩散等方面有着自身的发展规律,表现出和已有研究结论相异的特征,尤其是在 FDI(外商直接投资)和 OFDI(对外直接投资)的影响因素及其效应等方面。据此,本书通过系统的分析和论证,研究中国民营企业国际化的自身发展规律,探寻其有效发展路径,从而丰富了已有的企业国际化理论研究成果。

　　中国民营企业在参与国际分工的过程中,通过经济互动带来的市场绩效以及技术转移效应,使中国经济的整体竞争力得到了增强。然而,民营企业如何根据自身的特点,选择合适的国际化模式? 影响民营企业国际化战略的主要因素有哪些? 不同的国际化战略究竟有没有对民营企业的自主创新能力带来正面影响? 民营企业如何通过参与国际分工获得技术溢出效应? 哪些因素影响到东道国的技术吸收能力? 关于此类问题的研究有很多,但并没有在实证结论上取得完全一致,也没有在理论构建上达成共识。有学者探讨了民营企业的国际化问题,这些研究为新形势下中国企业的国际化发展路径及策略选择提供了理论启示,并为更好地推进中国企业国际化,特别是民营企业实施"走出去"战略,提供了一种新的分析工具和理论方法。但是,相关研究在理论上大多是直接借鉴国外前沿理论,将之较生硬地移植到对中国企业国际化的研究中。在实证研究中也较多地从行业或区域的角度进行企业国际化研究,而且一般是对国内企业的单向研究,较少结合国外市场的具体情况进行双向研究。因此,对民营企业国际化所表现出来的特点进行理论上的梳理,并通过经验数据的研究,构建出一个比较客观的分析模型,是本书的一个主要任务。

本书聚焦于中国民营企业与欧盟的经贸互动,这是因为在中国民营企业的国际化过程中,中欧经济互动起着非常重要的催化和促进作用。当今的中欧合作关系已经拓展到贸易、投资、科技、能源、教育、环保和司法等各个领域。2008 年以来,中国已经超过美国成为仅次于德国的全球第二大出口国。目前,欧盟是中国第一大出口市场和第二大进口市场,而中国则成为欧盟最大的产成品进口来源地,也是欧盟出口增长最快的市场。无论是内向驱动还是外向驱动,民营企业的国际化过程实际上就是与海外市场贸易的互动以及海外企业对华投资的深化和发展过程。民营企业在与欧盟进行贸易互动和直接投资的过程中,扩大了自身的规模,改善了经营管理水平,更重要的是通过技术溢出与技术创新,真正实现了国际化的战略目标。但是从中欧经济互动的实践中可以看出,民营企业的国际化发展路径还有许多值得反省和总结的地方,尤其是近几年欧洲一些国家爆发的债务危机,以及国际政治经济环境发生的急剧变化,都给中国民营企业开拓欧盟市场带来了巨大的挑战。如何更好地在新的国际经济环境下加强中国民营企业与欧盟的贸易互动和直接投资,探讨国际化战略的最优路径,是本书的主要研究目标和任务。

本书揭示了民营企业与欧盟经济的互动机理;分别从国际贸易、国际投资和演化博弈等理论线索,以及问卷调查、案例分析、计量检验等实证线索展开对民营企业与欧盟经济互动的机理研究;同时,从贸易互动、投资互动和政策互动三大层面研究民营企业与欧盟经济互动的理论与实践。在此基础上,分别从"民营企业在欧盟东扩中的出口契机"、"欧盟在华 FDI 的技术溢出与自主创新效应"、"中国民营企业拓展欧盟市场的模式选择"、"金融危机以来民营企业与欧盟互动的趋势"四个方面着手,对重点问题进一步深入讨论。

基于上述研究思路,本书分为九章,具体内容包括如下六个方面:

第一,中国民营企业与欧盟经济互动的理论与现实研究。

这部分首先回顾了民营企业出口贸易、FDI 的技术溢出、民营企业国际化等基础理论,回答了已有研究关于"企业国际化是怎样一个发展过程,是渐进的还是跳跃的,是演化的还是突变的,什么因素决定企业的国际化模式选择"等问题,为下文的理论、实证与对策研究提供理论基础。然后,全面分析了中欧建交以来经贸关系发展的动态演化过程。研究结果初步证明,民营企业在中欧经贸关系的互动中起着越来越重要的作用。

第二,中国民营企业与欧盟的贸易互动研究。

首先,这部分讨论了民营企业在中欧贸易中扮演的角色,研究结果表明,民营企业通过中欧贸易大大提升了国际竞争力,同时其自身也成为推动中欧经贸关系发展的重要动力。其次,重点分析了 2004 年欧盟东扩对民营企业出口欧盟的影响。通过计算中国与新入盟 10 国对原欧盟 15 国的各类出口产品的显性比较优势和出口相似性指数发现,新入盟国家和中国对欧出口的产品相似度很高,且出口结构相似度有逐渐增高的趋向,这预示着这 10 个国家与中国在原欧盟 15 国市场上出口产品的竞争将越来越激烈,中国产品的比较优势在逐渐下降。本书进一步采用引力模型进行计量分析,结果表明,2004 年的欧盟东扩对中国的出口产生了显著的贸易转移效应。最后,我们深入分析了民营企业在中欧贸易摩擦中的角色,探讨了民营企业在贸易摩擦中的不利地位及可能的突破路径。

第三,欧盟在华 FDI 对民营企业的技术溢出与创新效应研究。

长期以来,欧盟在华 FDI 的项目平均规模都要高于美国和日本在华的 FDI 项目,这种对外投资的特点决定了欧盟在华 FDI 技术溢出和创新的效果将会与美国与日本不同。这部分研究采用面板数据模型,检验了欧盟对外 FDI 的总规模、平均规模等因素对中国全要素生产率(TFP)的贡献,结果发现,欧盟对华 FDI 的平均规模效应显著为负,欧盟企业对华 FDI 存在技术门槛。另外,这部分研究通过构建自主创新综合指标体系(包括 4 个一级指标和 30 个二级指标),采用因子分析法,评估了中国的自主创新水平,并进一步检验了欧盟对华 FDI 存量的技术溢出效应,结果表明,欧盟 FDI 平均规模的扩大对自主创新综合水平的提升有显著的促进作用,且该作用明显优于其他变量的影响作用。最后,我们分析了中欧技术流动中的知识产权保护问题,解释了中国知识产权保护制度对民营企业引进欧盟技术的影响,结果表明,这种影响呈现出了明显的阶段性特征。

第四,中国民营企业拓展欧盟市场的动因与模式研究。

这部分囊括了典型案例分析与问卷调查分析两个方面。我们通过典型案例研究的方法,总结了中国民营企业拓展欧盟市场的模式选择,提出了拓展欧盟市场的六种具体模式,即跨国并购的"TCL 模式"、研发国际化的"华为模式"、贴牌国际化的"贝发模式"、自主品牌国际化的"大虎模式"、营销网络国际化的"康奈模式"以及依托海外工业区的"凯辉模式"。此外,基于 1378 家企业的问卷调查数据,我们采用无序多分类的 logistic 回归方法,对中国民营企业投资欧盟的方式进行了计量检验,结果表明,民营企业投资欧盟所选方式受到了企业规模、企业国际化经验以及中国政府的优惠政策等方面的显著影响。最后,我们采用最优尺度回归方法检验了中国民营企业投资欧盟绩效的影响因素,结果表明,欧盟市场规模、自身品牌优势以及企业规模会对民营企业的投资绩效产生显著影响。

第五,金融危机以来中国民营企业与欧盟互动的趋势研究。

始于 2008 年的全球金融危机,以及随后的欧洲主权债务危机给中国民营企业与欧盟之间的经贸互动带来了巨大的挑战。首先,我们从贸易保护、民营企业融资等方面剖析金融危机对民营企业出口欧盟的影响;其次,从欧洲国家的高福利政策、经济低增长、入盟条件审查不严格等方面讨论了欧洲债务危机产生的根源;最后,提出了复杂环境下民营企业出口欧盟的三大新机遇,即"民营企业竞争力稳步上升"、"民营企业发展的制度环境不断完善"、"民营企业实现全球资源配置"的新机遇。

第六,中欧经贸政策互动与政府应对政策研究。

首先,我们运用演化博弈论中的非对称演化博弈和对称演化博弈研究了中国和欧盟的政策选择问题,认为在中欧双边经贸关系中,任一博弈方的收益不仅取决于自己所选择的策略,同时也有赖于其他博弈方的行为。欧盟对中国的各种贸易限制政策和中国的诸多"妥协"就是非对称博弈下的均衡结果。其次,我们研究了欧盟的具体政策对民营企业出口、对外投资和技术进步的影响。最后,我们分析了中欧经贸关系的各种利益诉求及其动态变化,并对中欧贸易政策的走势进行了预测,为民营企业与欧盟的进一步互动提供了参考。

基于理论与实证分析,这部分研究分别提出民营企业应对欧盟反倾销、吸引欧盟企业投资中国、鼓励中国民营企业投资欧盟的政策建议。同时,我们在"宽度与深度相结合"的产业导向、"小市场小技术与大市场大技术相结合"的市场导向、"模式选择与跨国产业链相结合"的模式导向、"把握机遇与规避风险"相结合的危机导向等方面提出了相关建议。

本书的创新之处主要有如下四个方面:

第一,研究成果深入揭示了中国民营企业拓展欧盟市场的模式与决定
因素。目前学术界关于发展中国家企业对外投资的研究大多受限于微观
数据与案例的不可得性,因此只能局限在宏观数据的讨论上。本书应用与
CCPIT(中国国际贸易促进委员会)合作获得的 1378 家企业的微观数据,
采用计量回归方法对中国企业投资欧盟市场的决定因素进行了计量分析,
同时辅之以 22 家典型案例研究,提炼出了中国民营企业拓展欧盟市场的
六大模式,大大丰富了国内外有关中国民营企业国际化发展的理论与实证
研究。

第二,全面剖析了欧盟在华 FDI 的技术溢出与创新效应。欧盟在华
FDI 的平均规模要明显高于其他来源的 FDI,但目前学术界习惯将两者进
行混合,以分析总体上的技术溢出效应,这种做法显然无法真正刻画不同
来源的 FDI 技术溢出的差异性。本书首次考量了 FDI 总规模、平均规模以
及不同来源的 FDI 对中国技术进步和自主创新的影响,研究结论印证了欧
盟 FDI 的技术溢出效应存在门槛效应的事实。这在方法应用和变量甄别
上较现有研究是一个重要的突破。

第三,对中欧经贸政策选择的动态博弈研究也是本书的创新之一。目
前学界对中欧经贸政策的研究大多集中在政策叙述与评述上,几乎没有将
中欧经贸政策的长期演化整体纳入到研究中,因此,很难从宏观层面上把
握中欧经贸政策的演变过程,以及这个过程中表现出来的政策导向。本书
通过运用动态博弈和演化博弈的分析方法,以全新的视角研究了中欧经贸
政策的演化过程。

第四,本书首次完整地讨论了中国民营企业与欧盟的经济互动问题,
从贸易关系、投资互动、政策互动、欧盟 FDI 的技术外溢、中国民营企业拓
展欧盟市场的模式选择等几个方面对这一问题进行了系统研究,并结合欧
盟东扩、贸易摩擦、金融危机、政策因素等,考察内生和外生因素对中欧经
贸互动的影响,是一项当前相关研究领域内系统性和创新性较高的研究成
果,为研究企业国际化的模式与路径提供了非常有意义的借鉴,也为政策
的制定与实施提供了理论依据。

目　录

Contents

第一章 中国与欧盟经济互动的
　　　　理论基础

　　民营企业国际化是近年来跨国经营研究领域的重点课题之一,民营企业国际化理论是对民营企业国际化经营发展过程的理解和概括。这些研究主要基于两个问题:第一,企业国际化是怎样的一个发展过程,是渐进的还是跳跃的,是演化的还是突变的? 第二,什么因素决定了企业的国际化模式选择? 基于不同的研究背景和假设,国际贸易理论的发展大致经历了以比较优势理论为代表的古典和新古典国际贸易理论、以规模经济为内生优势的新贸易理论、以专业经济为内生优势的新兴古典贸易理论以及以企业异质性假设为基础的新一新贸易理论这几个阶段。新一新贸易理论以微观企业为研究对象,在接受了新贸易理论有关市场结构和产品差异化的前提下,加入了企业异质性假设,在新的框架下研究企业的国际化路径选择问题。基于以上这些经典的国际贸易理论,国内也有学者探讨了民营企业的国际化问题。这些研究为明确新形势下我国企业的国际化发展路径及策略选择问题提供了理论启示,并为更好地推进我国企业的国际化战略,特别是中小企业实施"走出去"战略,提供了一种新的分析工具和理论方法。但是,国内相关研究在理论上大多是直接借鉴了国外前沿理论,将之移植到对中国企业的国际化研究中。在实证研究中较多地从行业或区域的角度进行企业国际化研究,而且一般是对国内企业的单向研究,较少结合国外的具体情况进行双向研究。到目前为止,国内外学术界专门针对中国和其他国家或经济体经济互动背景下的民营企业国际化问题进行的研究可谓凤毛麟角,因此,本书的研究有着重要的理论和现实意义。本章分别从民营企业出口贸易、欧盟在华 FDI 和民营企业国际化三个方面对民营企业与欧盟经济互动的基础理论进行评述,以便为更好地研究中国民营企业与欧盟经贸互动提供借鉴。

第一节　民营企业出口贸易的理论研究

　　基于不同的研究背景和假设,国际贸易理论的发展大致经历了以比较优势理论为代表的古典和新古典国际贸易理论、以规模经济为内生优势的新贸易理论、以专业经济为内生优势的新兴古典贸易理论以及以企业异质性假设为基础的新－新贸易理论这几个阶段。古典和新古典国际贸易理论以完全竞争市场等假设为前提,强调贸易的互利性,主要解释了产业间贸易;二战后,以全球贸易的新态势为契机,新贸易理论应运而生,新贸易理论扩展了比较优势的范围,从不完全竞争、规模经济、技术进步等角度解释了新出现的贸易现象;新兴古典国际贸易理论则以专业化分工来解释贸易,力图将传统贸易理论和新贸易理论统一在新兴古典贸易理论的框架之内;近几年来,随着国际贸易的进一步发展,企业的差异化愈发突出,以微观企业为研究主体的学者越来越多,以梅利兹(Melitz,2003)、安特拉斯(Antras,2003)和伯纳德(Bernard,2003)等人的研究为代表的新－新贸易理论逐渐兴起。这里我们主要对新贸易理论、新兴古典贸易理论以及基于企业异质性的新－新贸易理论进行综述,并介绍关于我国民营企业出口贸易的研究进展。

一、新贸易理论与新兴古典贸易理论

　　(一)新贸易理论

　　新贸易理论的早期研究仍然遵循古典经济学的分析框架,着重对与H-O理论相悖的经济现象进行解释。例如,新生产要素理论认为生产要素除了传统意义上的土地、劳动和资本外,还包含自然资源、技术、人力资本、研究与开发、信息、管理等,这些要素同样影响着一国的国际分工和贸易结构。林德(Linder,1961)最早从需求方面寻找贸易的原因,提出了需求偏好相似理论,他认为工业品双向贸易的发生是由相互重叠的需求所决定的。

　　20 世纪 70 年代后期,随着经济学分析方法与工具的改进和发展,一些西方经济学家开始将产业组织理论和市场结构理论嫁接到新古典贸易理论中,并在规模报酬递增和不完全竞争假设下解释现代国际贸易现象。这些理论观点最早出现在克鲁格曼(Krugman,1979,1980,1981)、兰卡斯特(Lancaster,1980)、迪克西特和诺曼(Dixit & Norman,1980)、赫尔普曼(Helpman,1981)和埃西尔(Ethier,1982)等经济学家的论著中。后来,布兰德和斯潘塞(Brander & Spencer,1985)、伊顿和格罗斯曼(Eaton & Grossman,1986)等经济学家不断加入此行列,并由此形成了"新贸易理论"(New Trade Theory),其中贡献最大的是美国经济学家保罗·克鲁格曼。克鲁格曼等人的研究使贸易问题再次成为世人瞩目的热点,新贸易理论也成为国际贸易理论发展史上又一座重要的里程碑。

　　新贸易理论的分析方法来源于迪克西特和斯蒂格利茨(Dixit & Stiglitz,1977)建立的 D-S 模型。该模型阐述了在不完全竞争市场结构下消费者需求多样化和企业生产规模化的两难冲突问题。从生产者角度来讲,产品的生产规模越大成本就越低,因此产品的品种越少越好;而从消费者角度来讲,由于多样化的消费偏好,产品的品种越多越好。由于规模经济的作用,市场竞争能使这种两难冲突达到一定的均衡,这可能是一种次优的均衡,即每一个生产者都去生产一种差别性产品——既满足了消费者追求多样化和物美价廉的消费需求,又能使生产者获得一定程度的垄断利益——从而形成某种程度的垄断竞争局面。相关结论是:一个统一的、规模不断扩大的市场更能发挥规模经济优势,从而使这一两难冲突的解决空间得以增大。由于国际贸易能使市场规模扩大,甚至扩大到覆盖整个世界,使更多的人有更多机会消费更多样化和更廉价的产品,从而更容易地达到均衡,所以这就为国际贸易理论的深入研究提供了一个明确的方向。

　　克鲁格曼(Krugman,1979)将迪克西特和斯蒂格利茨(Dixit & Stiglitz,1977)提出的垄断竞争模型推广到开放条件下,证明了当市场结构从完全竞争变为不完全竞争,并且达到规模报酬递增阶段的时候,即使两国间不存在技术和要素禀赋差异,产品水平差异性和规模经济也可以推动国际贸易发展。同时,克鲁格曼还认为,产品的国内需求有利于企业扩大生产规模,而规模经济将有效降低平均成本,使该产品在国际市场具有竞争力,从而促进出口。基于以上原因,企业应扩大国内市场,获得相应的规模收益递增效应,进而推动出口贸易。

　　1983 年,克鲁格曼在《美国经济评论》(AER)上发表了"工业国家间贸易的新理论"一文,进一步将产业组织理论应用于国际贸易,以分析产业内贸易,并着重阐述了传统贸易理论无法解释的两个重要问题:一是将规模经济与比较利益相结合来分析产业内贸易;二是分析可能有助于说明密集型产业国际竞争动态的技术竞争理论。

几乎在同一时期,基于类似的方法,其他经济学家也相继提出了相似的观点和理论。如迪克西特和诺曼(Dixit & Norman,1980)出版的专著《国际贸易理论》以及兰卡斯特(Lancaster,1980)的"完全垄断竞争下的产业内贸易商"、赫尔普曼(Helpman,1981)的"产品差别、规模经济和垄断竞争下的国际贸易:一个张伯伦—赫克歇尔—俄林方法"和埃西尔(Ethier,1982)的"现代国际贸易理论中的国内和国际规模报酬"等研究论文。1985年,赫尔普曼和克鲁格曼出版了《市场结构和对外贸易:报酬递增、不完全竞争和国际贸易》一书。该书在以往两位作者及其他经济学家对国际贸易理论和产业结构理论交叉研究的基础上,提供了一种新的贸易理论分析方法。该书将种类繁多的特殊理论模型作了一番综合后,一方面提炼出了各种不同模型中的共同要素,另一方面又构筑了与传统贸易理论的延续性,从而建立了自己的模型,并用它来分析以规模报酬递增和不完全竞争为特征的国际贸易理论。他们的研究使原来分散零碎、处于外围的贸易理论在继承传统国际贸易理论精髓的同时,逐渐凝结成了国际贸易理论的核心部分,也标志着新贸易理论的正式形成。

尽管新贸易理论改进了传统国际贸易理论的分析方法,但其理论模型建立在对竞争行为、公司数量、寡头所得超额利润的大小、分析的局部均衡性质、工具的选择等方面的严格假设条件下,这使得该理论对贸易实践的解释力受到了限制。同时,我们应该看到,新贸易理论产生的根本原因之一是贸易在美国经济中的地位非常重要,而美国在世界经济中的地位却在发生改变。该理论主要是由美国经济学家结合美国的具体实践进行研究所得出的,没有从发展中国家的视角去解释贸易现象,这也使得该理论的普遍性受到了人们的质疑。

(二)新兴古典贸易理论

新兴古典经济学是 20 世纪 80 年代以来由杨小凯等人创立的新的经济学流派。新兴古典贸易理论依托新兴古典经济学的框架,将贸易的起因归结为分工带来的专业化经济与交易费用两难冲突的相互作用,从而给贸易的原因提供了新的解释思路,使贸易理论的核心重新回到分工引起的规模报酬递增上来。

新兴古典经济学弥补了新古典经济学研究框架的重要缺陷,从每个个体既是消费者同时又是生产者的现实出发分析个体的决策过程及其结果。基于个体是消费者—生产者的新框架更适合国家层面上对单个国家进行分析,新兴古典经济学把对个体之间分工和贸易的分析用于分析国际分工和国际贸易,用分工经济和交易费用的两难冲突及其折中主义的个体专业化决策思路重新考察了国际贸易理论,并构建分工演进模型对贸易理论的基本问题进行新的解释,构成了新兴古典贸易理论的主要内容。

在杨小凯(Yang,1991,1996)的内生比较优势模型中,每个人的天生条件可能相同,彼此之间不一定有与生俱来的差别,即可能不存在外生比较优势。人们偏好多样化消费,而专业化生产虽然能带来高效率,但却会增加交易次数。这就产生了一种两难冲突:如果利用专业化经济,生产效率肯定会提高,但是它却带来了交易费用的增加。这种两难冲突的结果,会产生最优分工水平。当人们属于不同行业时,他们就会通过专业化而内生地(或后天地)获得比外行高的生产率。内生分工与专业化的贸易模型产生了如下命题:随着交易效率不断提高,劳动分工会发生演进,而经济发展、贸易和市场结构变化现象都是这个演进过程的不同侧面。伴随着分工的演进,每个个体的专业化水平、生产率、贸易依存度、商业化程度、内生比较利益、生产集中度、市场一体化程度、经济结构多样化程度、商品种类及相关市场个数都会提高或增加,同时自给自足率下降。①

尽管新兴古典贸易理论和新贸易理论都是斯密内生理论的继承,但两种理论依托不同的分析框架,这决定了两者必然存在区别。第一,虽然两种理论都认为比较优势是后天获得的,但这两种理论中内生优势产生的基础不同。新贸易理论中内生优势的基础是规模经济,而新兴古典贸易理论中是专业化经济。而且,在新兴古典框架中,专业化经济和消费多样性是可以相容的。第二,新贸易理论不能解释国内贸易向国际贸易的演进问题。新贸易理论基于新古典框架,认为国内贸易是消费者和生产者两分假定的自然结论,其贸易理论只用于解释国际贸易,与国内贸易之间没有联系,也就没有国内贸易向国际贸易的演进问题。而新兴古典经济学框架修订了基本的前提假定,从而将国内贸易和国际贸易联系起来,并给出了统一的解释。同时,新兴古典经济学框架用解释贸易产生的原理解释了国内

---

① 杨小凯、张永生:《新贸易理论、比较利益理论及其经验研究的新成果:文献综述》,《经济学季刊》2001年第1期。

贸易向国际贸易演进的机理。

二、企业异质性与出口动机

20世纪90年代以来,许多学者通过大量实证分析发现,国际贸易其实是企业一种相对稀少的行为,并非一国所有的企业都选择对外贸易。伯纳德和詹森(Bernard & Jensen,1995)关于美国企业的研究,以及伯纳德和瓦格纳(Bernard & Wagner,1996)针对德国企业的研究都发现,只有较少的企业从事出口贸易,且出口企业与非出口企业具有很大差异。与非出口企业相比,出口企业具有更大的规模,更高的生产率,使用技术更熟练的工人,具备更高的技术水平和资本密集程度。克莱里季斯、拉赫和泰伯特(Clerides,Lach & Tybout,1998)针对哥伦比亚、墨西哥和摩洛哥三国的出口企业,伊顿、克藤和克拉玛兹(Eaton,Kortum & Kramarz,2004)针对法国企业都进行了类似的研究并得出了相似的结论。为什么有的企业会从事出口贸易而有的企业则从事国内贸易?出口是否能够提高企业的效率和竞争力?正是这些现象使得对企业异质性的研究吸引了大批学者的注意,以企业异质性为前提假设的异质性企业贸易模型(trade models with heterogeneous firms)产生了,这些贸易理论被鲍德温等(Baldwin & Nicoud,2004)称为"新—新贸易理论"。

梅利兹(Melitz,2003)对异质企业贸易模型的建立做出了开创性的研究。他以霍本哈因(Hopenhayn,1992)一般均衡框架下的垄断竞争动态产业模型为基础,扩展了克鲁格曼(Krugman,1980)的贸易模型,同时引入企业生产率差异,来解释国际贸易中企业的差异和出口决策行为。结果显示,贸易能够引发生产率较高的企业进入出口市场,而生产率较低的企业只能继续为本土市场提供产品甚至退出市场;在这样的条件下,国际贸易将进一步促使资源重新配置,流向生产率较高的企业,从而使出口企业的规模不断扩大,生产率不断提高,并获得较高的福利水平;此外,利益分配将有利于那些生产率较高的企业,因为这些企业既为本土市场生产也为出口市场生产,而生产率最低的企业已经退出市场,其结果是整个产业的生产率因为国际贸易而得到提升。因此,该理论认为,当削减关税、降低运输成本或扩大出口市场规模时,整个产业的生产率也会得到相应提高,这些贸易措施都将提高本土和出口市场销售的平均生产率。

那么,企业异质性究竟是什么原因造成的呢?耶普尔(Yeaple,2005)在梅利兹(Melitz,2003)的基础上,构建了一个一般均衡贸易模型,并将企业异质性的根源归结为竞争性技术、国际贸易成本、具备异质性技术的工人等三个要素,从而发展了梅利兹(Melitz,2003)只将生产效率的差异作为企业异质性根源的论断。同时,该模型还将贸易成本与企业的进入决策、技术选择、是否出口以及雇佣工人的类型等四方面决策联系起来,从而有效解释了不断增加的技术溢价的原因。

在解释企业贸易行为的选择方面,赫尔普曼、梅利兹和耶普尔(Helpman,Melitz & Yeaple,2004)拓展了梅利兹(Melitz,2003)的模型,构建了一个多国多部门的一般均衡贸易模型,进一步解释异质企业是通过出口还是FDI来开拓国际市场的。该模型在引入企业异质性特征后,将同一产业内不同企业区分开来,从而决定哪些企业从事出口,哪些企业成为跨国公司或只在国内销售。赫尔普曼等(Helpman et al.,2007)则在此基础上更加细致地分析了出口与FDI的选择问题。他们在企业异质性的假定下将FDI分为水平FDI和垂直FDI,并建立了一个分析跨国公司一体化战略选择的理论模型。赫尔普曼、格罗斯曼和费杰尔邦(Helpman,Grossman & Fajgelbaum,2009)在上述研究基础上做了进一步探讨,在假定消费者收入异质、消费者偏好异质和产品异质的情况下对不同的贸易选择和福利分配进行了分析。

梅利兹(Melitz,2003)创立的异质企业贸易模型,经赫尔普曼、鲍德温、耶普尔等人的发展,已具有很大的影响力。该理论创造性地打破了传统贸易理论和新贸易理论关于企业同质性的假定,并将理论的研究视角从产业层面细化到企业层面,从而发现生产率、技术、拥有异质性技术的工人是企业异质性的根源,并进一步解释了出口企业和非出口企业生产率差异的原因,进而丰富了国际贸易理论的研究类型。然而,新一新贸易理论作为一个比较年轻的理论,尚未形成统一的分析框架,需要进一步发展和完善。

三、中国民营企业出口贸易研究

基于上述经典的国际贸易理论,国内一些学者就我国民营企业的出口贸易问题展开了探讨。章新(2004)在研究浙江省中小型民营出口企业的国际竞争力时指出,中小型民营出口企业的产业集群、应对市场的灵活性、市场竞争意识以及家族式管理的优势使得它们在出口贸易上更具有国际竞争力。林剑和梁树新(2005)也基于民营企业出口的环境变化,分析了民营企业在出口产品竞争力、市场拓展能力以及贸易方式和渠道灵活性等方面的特点,提出要进一步优化产权结构,加强对出口结构的引导和人才培养机制建设等建议。龚晓菊(2005)对中国改革开放以来民营经济的发展历程进行了系统考察,从经济发展的动力因素出发构建了民营经济发展的制度动力结构,并指出:"在民营经济发展过程中,制度是最主要的发展动力,土地资源、资本、人力资源、技术进步等所有促进民营经济发展的有效因素都是在新的制度框架下起作用的。"鲁桐和李朝明(2003)认为,对中小制造企业而言,国际化发展的主要困难是怎样把产品销往海外市场。由于资源有限,民营企业缺乏对海外市场的了解,对其自身品牌的认知也需要时间的积累。通过研究,他们发现温州民营企业拓展海外市场主要依靠两个途径:一是"借船出海",接受海外企业的委托加工,从事贴牌生产(OEM);二是主动出击,从事直接出口,逐步建立自己的品牌优势。

在贸易互动的国际化进程中,民营企业的劣势也非常明显。杭言勇(2005)基于大量的统计数据,分析了浙江省民营企业出口贸易的现状及存在的问题,如出口规模偏小、外贸人才缺乏等,并提出了一系列促进浙江省民营企业出口贸易的政策建议。张友仁(2003)从产业组织角度分析了中国出口贸易过度竞争的现象,指出在外贸经营权开放的过程中出现了经营主体的多元化,私营企业迅速成长为主力,但众多中小型外贸企业协调约束机制滞后,创新能力不足,处于自发竞争状态,为此他提出要提高出口贸易的组织化程度和市场集中度,以促进民营企业的进一步国际化。

另外,也有学者以新-新贸易理论为基础,探讨了我国企业的国际化问题。洪联英和罗能生(2007)针对当前我国在"走出去"战略问题上产生的政策走向与经验分歧困境,以梅利兹(Melitz,2003)的生产率异质性模型为基础,整合出了一个新的理论分析框架,并应用这一框架对中国企业在国际化发展中的路径及其策略问题进行了实证分析。他们的研究表明,我国FDI企业在"走出去"路径上存在异质性企业行为趋同,我国外向型出口企业在"国内参与国际化"路径上存在技术技能劣势效应。他们的研究为明确新形势下我国企业国际化发展路径及策略选择提供了理论启示,并为更好地推进实施我国中小企业"走出去"战略提供了一种新的分析工具和理论方法。李春顶(2009)扩展了国际贸易前沿研究领域的新-新贸易理论模型,他的研究得出了"生产率高的企业应该选择对外直接投资,而生产率低的企业应该选择出口贸易"的结论。同时,他还选取我国1997—2006年间的分行业面板数据,用不同的方法估算和矫正了行业全要素生产率,分析并得出了我国不同行业应有的国际化路径选择。

第二节　欧盟在华 FDI 理论的研究进展

20 世纪 60 年代以来,伴随着技术的突破性进步,跨国公司及其对外直接投资(FDI)快速发展,FDI 在国际资本流动中逐渐占据主要地位,由此引起经济界及政府政策研究部门的关注,并开始出现了相关的理论研究。由于 FDI 的主体是跨国公司,所以 FDI 的理论也被称为跨国公司理论。早期关于 FDI 的研究主要集中在 FDI 与国际贸易的关系、FDI 的动机和成因方面[①],这方面的研究将在本章第三节进行详细的综述。由于 FDI 对东道国经济发展的影响日益显著,关于 FDI 对东道国的经济增长、技术进步、出口与出口竞争力、政府政策等方面的影响,以及东道国对 FDI 技术溢出的吸收能力的研究也越来越多。本节我们主要对 FDI 的技术溢出效应、考虑东道国吸收能力的技术转移、FDI 与中国经济发展等方面的研究进行评述。

一、FDI 的技术溢出效应

(一) FDI 技术溢出效应的理论研究

FDI 技术溢出效应的理论基础源于跨国公司的形成与发展理论。海默(Hymer,1976)认为,FDI 的主要动机是跨国公司为了在不同国家的市场上控制生产和市场营销,以便充分利用公司专有的知识和技能资产。海默的观点意味着拥有专有知识和技能上的所有权优势是跨国公司存在的必要条件,否则跨国公司无法在与东道国企业的竞争中取胜,这是因为当地企业往往具有市场环境、消费者行为以及商业经验等方面的知识优势。然而,在跨国公司与本地企业的频繁接触过程中,跨国公司的专有知识和技能可绕过市场交易,直接转移到东道国的本地企业当中,即发生技术溢出效应[②]。

FDI 技术溢出效应的理论研究方向主要集中在 FDI 技术溢出效应的存在和产生的原因、FDI 技术外溢对东道国的影响等方面。

---

① 许罗丹、谭卫红:《对外直接投资理论综述》,《世界经济》2004 年第 3 期。

② Blomström,M. and Kokko,A. *The Economics of Foreign Direct Investment Incentives*,Working Paper 168,January 2003.

对 FDI 技术溢出效应的讨论最早可以追溯到 20 世纪 60 年代初期。麦克杜格尔(MacDougall,1960)在分析 FDI 对东道国福利效应的影响时,第一次把技术溢出效应视为 FDI 的一个重要现象。凯夫斯(Caves,1971)在考察 FDI 对最佳关税、产业模式和福利的影响时,也多次提到了溢出效应。根据技术扩散对当地厂商的不同影响,凯夫斯(Caves,1974)第一次比较全面地把技术扩散可能存在的外部性分为三类:(1)原来具有强大行业壁垒的产业,由于跨国公司的强行进入,垄断扭曲受到遏制,资源配置得到改善;(2)由于跨国公司不断增加的竞争压力或带来的示范效应,刺激当地厂商更加有效地使用现有资源,推动当地技术效率的提高;(3)由于竞争、反复模仿或其他原因,跨国公司的进入将加快技术转移及其扩散速度。

关于 FDI 技术溢出效应的产生原因,早期的理论(Koizumi & Kopecky,1977;Findlay,1978)主要研究跨国公司母公司向国外子公司的技术转移,并且假定母公司向东道国的技术转移是自然发生的。小泉和科佩基(Koizumi & Kopecky,1977)首次建立了关于 FDI 和技术转移的研究模型,分析了在跨国公司内部由母公司向子公司的技术转移。在他们的模型中,技术溢出被假设为是外围公司所拥有的资本量的增函数,外围技术向本地的溢出被认为是“自动的”,并且跨国公司的专有知识被当做是公共物品。结果表明,两个具有相同生产函数的国家能从不同的时间路径达到不同的均衡状态。芬德利(Findlay,1978)研究了 FDI 与后进地区的技术变化的关系。先进地区的技术进步率被假定按照一个固定的速率增加,后进国家的技术扩散速率被假定取决于两个因素:(1)按照格申克龙(Gerschenkron,1962)的假设——在欠发达地区与工业化国家之间的发展水平越不一致,追赶的速度越快——芬德利也假设落后地区的技术发展速度是其与发达国家地区之间技术差异的增函数。对于给定数量的外资存量,本地公司与外资公司之间的技术差距越大,溢出效应越明显。(2)芬德利按照阿罗(Arrow,1971)的研究模式,认为技术扩散和传染病的扩散类似,当人员的接触越密切时,技术创新的扩散就越有效率。在此基础上,芬德利分析了外国公司技术和本地企业技术之间相对增长速率的决定机理,以及在稳定状态下各种参数发生变化给本地企业技术进步带来的影响。然而,这个模型未能解释影响先进地区向后进地区技术溢出力量的因素究竟有哪些。

新增长理论(Lucas,1988;Romer,1990)出现以后,通过贸易和 FDI 产生的技术转移对东道国经济增长的影响受到了人们的普遍关注。王建业(1990)建立了一个两国间的动态模型来研究增长和资本运动的相互作用。

模型同样采用了芬德利(1978)关于技术溢出的假设,即欠发达国家的技术溢出速度是当地外资数量的增函数。在资本可以自由流动的前提下,模型预测了发达国家和欠发达国家间的收入差距会随着欠发达国家中人力资本和技术扩散的增加而缩小。这表明来自发达国家的 FDI 对发展中国家非常有利,能够促进当地技术进步,提高当地收入增长的速度。瓦尔茨(Walz,1997)将 FDI 纳入到一个内生增长模型当中,扩展了格罗斯曼和赫尔普曼(Grossman & Helpman,1991)关于贸易性国际技术溢出的理论。研究结果表明,跨国公司在欠发达国家的生产活动提高了当地的创新效率,跨国公司的活动带来的知识溢出使得低工资国家的创新变得有利可图,从而导致东道国经济出现更快的增长。

以上这些研究的一个共同假设是跨国公司向当地公司的技术溢出是自动发生的,而实证研究却发现并非如此,一些学者对这种"自动发生"的技术溢出提出了质疑(Wang & Blomström,1992;Kokko,1992)。王建业和布隆斯墉(Wang & Blomström,1992)将技术溢出视为跨国企业分支机构与当地企业间策略性竞争的内生现象,并构建了关于双方企业博弈的基本模型。模型假定跨国企业分支机构和当地企业均能意识到技术溢出的存在,在互为约束的前提下求得双方各自的动态最优解。结果表明,跨国企业分支机构为维护技术上的比较优势,不断引进和开发新技术,从而导致新一轮的溢出,而当地厂商的学习行为也因此增强。科克(Kokko,1992)则将产生技术溢出效应的原因系统地归纳为示范—模仿效应、竞争效应、人员培训效应以及关联效应。首先是国内企业通过模仿外商投资企业的新技术、新产品和生产工艺、流程和管理经验,提高自身的技术水平,由此产生模仿效应;然后外商投资企业特别是大型跨国公司的投资,会加剧国内市场的竞争程度,促使国内企业加大人力资本和研发的投入力度以及对生产技术和生产设备的升级,从而产生了竞争效应;与此同时,外商投资企业对企业内部当地人员的先进生产技术和管理理念的培训也提升了当地人力资本的存量,技术管理人员的流动则带来了技术扩散,产生人员培训效应和人员流动效应;另外,外商投资企业针对上下游企业的技术指导、质量监测、售后服务等带动了上下游企业的技术进步,产生了前向和后向的关联效应。

(二)FDI 技术溢出效应的实证研究

FDI 技术溢出效应的存在及其对东道国经济增长的作用在理论上已经得到普遍认可,然而对于溢出效应的实证检验却依然没有一致的结论。

　　支持溢出效应存在的研究有：（1）凯夫斯（Caves，1974）分别检验了加拿大和澳大利亚的 FDI 技术溢出效应。他选用这两个国家 1966 年的制造业行业横截面数据，发现在加拿大制造业中，当地企业的利润率与行业内的外资份额正相关，而在澳大利亚制造业中劳动生产率与行业内的外资份额也呈现正相关。由此他认为，在加拿大和澳大利亚的制造业中存在着 FDI 的技术溢出效应。格洛伯曼（Globerman，1979）采用加拿大制造业 1972 年的横截面数据进行的实证研究也得出了相同的结论。（2）布隆斯埠和佩尔松（Blomström & Persson，1983）选用墨西哥 1970 年的行业横截面数据，将劳动生产率作为技术水平的评价指标，同时选用行业资本密集度以及劳动力绩效作为影响特征变量进行实证分析，结果显示 FDI 对东道国存在技术溢出效应。布隆斯埠和沃尔夫（Blomström & Wolff，1989）又选用墨西哥 1965—1984 年间的行业层面时间序列数据，检验了某些特定产业内外资的进入对当地企业生产率的影响。结果表明，当地企业的生产率水平与跨国公司子公司的生产率水平存在趋同现象，同时当地企业生产率水平提高的速度与行业内的外资份额呈正相关关系，从而也得出了 FDI 对东道国存在溢出效应的结论。（3）伊布利亚尼和雷加纳蒂（Imbriani & Reganati，1997）、布兰斯特（Branstetter，2001）等人对一些欧洲国家、美国和日本的检验结果均表明，外资企业会对当地企业产生明显的溢出效应。

　　但有些学者的实证研究却不支持 FDI 技术溢出效应的存在，甚至认为 FDI 存在负的溢出效应。（1）艾特肯和哈里森（Aitken & Harrison，1999）通过研究 4000 多家委内瑞拉公司的年度普查数据，发现 FDI 存在负溢出效应。他们认为这种负溢出效应源于市场的替换效应，因为海外竞争可能会促使国内企业降低产出，并因此放弃规模经济。（2）与艾特肯和哈里森的研究类似，哈达德和哈里森（Haddad & Harrison，1993）曾对摩洛哥制造业 1985—1989 年间的企业和行业面板数据进行了考察，也没有发现存在明显的正溢出效应。（3）吉尔玛等（Girma et al.，2001）选用英国制造业 1991—1996 年间的企业面板数据研究后发现，从总体上看没有证据表明有技术溢出效应产生，但在竞争程度较高的行业中却存在溢出效应；同时，当地企业与跨国公司之间的技术差距越大，溢出效应越小。（4）达米扬等（Damijan et al.，2001）运用静态面板数据对 8 个转型经济国家（保加利亚、捷克、爱沙尼亚、匈牙利、波兰、罗马尼亚、斯洛伐克和斯洛文尼亚）1994—1998 年间的制造业企业面板数据进行了考察，结果发现上述国家的制造业都不存在明显的技术溢出效应，或者 FDI 的技术溢出效应只在一定条件下才成立。(5)在作为最大发展中国家的中国,大量关于 FDI 技术溢出效应的假设在不同地区或同一地区的不同行业,也都没有得到一致验证(秦晓钟,1998;沈坤荣,2000;Jefferson,2001;潘文卿,2003;冼国明,2005)。

二、考虑东道国吸收能力的技术转移

在 20 世纪 90 年代以前,关于 FDI 技术溢出效应在东道国的传导机制及其具体影响因素的研究比较少,对 FDI 技术溢出效应实证检验的差异性结论也未得到统一的解释。1989 年,科恩和列文托(Cohen & Levinthal,1989)在分析微观企业研发作用时首次提出"吸收能力"(absorptive capacity)的概念。他们认为企业的研发投入对其技术进步的影响表现在两个方面:一是研发成果直接促进了企业的技术进步;二是企业研发投入增强了企业对外来技术进行吸收、学习及模仿的能力,使得企业拥有更强的技术能力去吸收外部技术扩散。借鉴科恩和列文托的这一思想,学者们开始尝试从东道国吸收能力的视角来研究 FDI 技术溢出假设检验结果的差异性。相关研究主要集中在以下几个方面:

(一)基于东道国技术水平的吸收能力研究

基于东道国技术水平吸收能力的研究,主要是考察东道国技术水平或者东道国与跨国公司母国的技术差距对东道国 FDI 技术溢出的影响,以此来解释 FDI 技术溢出检验结果的不一致性,并找出具体的影响因素。巴罗和萨拉—伊—马丁(Barro & Sala-i-Martin,1997)建立的技术扩散模型认为,在国际技术溢出过程中,技术溢出效应与东道国的技术差距成正比,技术落后国可以利用技术水平这一后发优势实现对技术领先国的赶超,这种赶超效应称为技术收敛效应。然而,实证研究并不支持这一观点。科克(Kokko,1994)对墨西哥和乌拉圭以及伊布利亚尼和雷加纳蒂(Imbriani & Reganati,1997)对意大利的研究均发现,如果外资企业技术水平显著高于国内企业技术水平,则几乎不存在技术溢出效应。

1992 年,韦尔斯巴根(Verspagen,1992)在科恩和列文托(Cohen & Levinthal,1989)的研究基础上提出了技术的"条件收敛"假说,即技术落后国对技术领先国的技术模仿行为是有条件的,其中技术落后国是否具备有效吸收发达国家技术溢出效应的足够的技术能力就是一个重要条件。与巴罗和萨拉—伊—马丁(Barro & Sala-i-Martin,1997)的技术"绝对收敛"观点相比,韦尔斯巴根(Verspagen,1992)提出的技术"条件收敛"更好地解释了以往一些学者对 FDI 技术溢出效应实证检验结果的差异性。对于发达国家而言,由于这些国家的企业大多数自身具有较强的研发能力,具有足够的技术学习能力去吸收外资企业的新技术,因而对发达国家的实证检验大多支持技术溢出假设。然而,对于发展中国家而言,由于这些国家的大多数企业自身研发能力都较弱、技术水平较低,导致其不具备足够的技术学习能力去吸收外资企业的先进技术。众多学者的研究支持了韦尔斯巴根的技术"条件收敛"的假说,并发现东道国技术水平对吸收 FDI 技术溢出效应至关重要。如坎特韦尔(Cantwell,1989)对欧洲的美国投资企业的技术溢出效应进行了研究,其结果表明,当地企业的现有技术能力是决定技术溢出效果的关键因素。格里菲斯等(Griffith et al.,2004)对 OECD 国家技术收敛假设的研究结果也表明,用研发投入作为代理指标的技术能力是决定国际技术扩散的关键因素。

(二)基于东道国人力资本的吸收能力研究

东道国获得 FDI 技术外溢效应的必要条件之一是,拥有经过良好训练的人力资本,因为人力资本素质在很大程度上决定了一国对先进技术的吸收能力。早期研究,如尼尔森和费尔普斯(Nelson & Phelps,1966)认为,一个国家引进和使用新技术的能力来自国内的人力资本存量,人力资本存量越高,技术进步的速度往往越明显。根据科克(Kokko,1992)的总结,FDI 技术溢出效应可分为示范—模仿效应、竞争效应、人员培训效应以及关联效应,而这些效应基本上都要通过人力资本来实现。

本哈比和斯皮格尔(Benhabib & Spiegel,1994)在研究人力资本对经济增长的作用时,用 C-D 生产函数所推导出的简化公式,以实物资本和人力资本作为解释变量,发现人力资本的确影响经济增长率:一方面,人力资本直接影响国内的技术创新;另一方面,人力资本存量会影响向国外学习先进技术的能力。也就是说,一国的人力资本决定了其吸收跨国公司技术转移的能力。

伯仁斯坦、格雷戈里奥和李(Borensztein,Gregorio & Lee,1995;下文简称 BGL 模型)运用人力资本作为吸收能力的代理指标,对东道国的吸收能力进行了具体量化。他们构造了包含人力资本和 FDI 的内生增长模型,通过对 FDI 从工业化国家流向 69 个样本发展中国家的研究发现,人力资本和 FDI 的交叉项回归系数远远大于 FDI 的系数,这意味着外商直接投资对经济的促进作用与东道国的人力资本水平密切相关,FDI 与东道国的人力资本结合起来才能对经济增长起到明显的推动作用。他们的进一步研究显示,FDI 流入并不直接导致技术外溢效应,而是要受东道国人力资本临界值的影响。仅当东道国的人力资本达到一个最低限度(即成年男性接受中学以上的教育年限达到 0.52 年)时,跨国公司的技术转移才会对东道国的劳动生产率增长起到实质性作用。

凯勒(Keller,1996)的研究表明,当东道国人力资本积累和技术转型相匹配时,东道国的增长效应才能产生。相对较高的初始人力资本水平对获取新技术有利,而且当一个经济体推行外向型经济政策时,由于此时新技术的可获得性增加,就要求人力资本水平也必须相应提高,只有这样才能维持技术进步和经济的较高增长。凯勒还通过列举朝鲜和巴西的例子来具体说明人力资本对技术溢出吸收能力的影响。这两个国家同时实行外向型经济政策,但是结果却大相径庭。朝鲜在实行贸易自由化 4 年后,经济增长率从之前的年均 12.3% 增长到 22.3%,而且保持着持续快速增长的态势;但从巴西来看,增长率虽从之前的年均 3.83% 增长到 10.3%,但很快又降到 5% 以下。分析原因后发现,朝鲜不仅具有较高的初始人力资本水平,而且加大了人力资本的再投资,正是由于人力资本积累的差距导致了这两国技术吸收效果和经济增长率的差异。

徐斌(Bin Xu,2000)以全要素生产率(TFP)作为被解释变量,以成年男性接受中学以上的教育年限代表人力资本,运用 20 个发达国家和 20 个欠发达国家的面板数据进行了回归分析。结果发现,发达国家技术转移效果比较明显,而欠发达国家技术转移效果不太明显,其原因就是欠发达国家没有充足的人力资本来吸收跨国公司的技术转移。对于以人力资本为衡量吸收能力的"临界值",徐斌提出,只有当东道国的人力资本达到 1.9 年时,跨国公司的技术转移才能对东道国的劳动生产率提高起促进作用。许多欠发达的国家符合 BGL 模型的绝大部分条件,但不符合徐斌(2000)提出的条件。以上实证研究突出了人力资本存量对吸收跨国公司技术外溢的重要作用,即东道国要想利用 FDI 所溢出的新技术,必须要增加与新技术相适应的人力资本投资。

(三) 基于东道国其他因素的吸收能力研究

除了对东道国技术水平和人力资本对技术外溢吸收能力的影响的研究外,也有学者从外部环境视角出发,对市场体制、空间距离、融资体系、知识产权保护等方面对吸收能力的影响进行研究,进一步丰富了吸收能力的研究内涵。(1)巴格瓦蒂(Bhagwati,1985)和小泽(Ozawa,1992)等考察了东道国市场体制对溢出效应的影响,他们的研究表明,只有在东道国完善的市场体制下,外资企业才能通过竞争效应迫使东道国企业增加研发投入以提升自身技术能力;若东道国产品市场存在严重的垄断现象,则外资企业的进入反而会强化垄断情况。(2)邓宁(Dunning,1992)和科克(Kokko,1996)发现,外资企业趋向于进入那些原本市场集中度较高的行业,这也是人们往往会认为内资企业与外资企业之间的距离越小,则技术溢出效应发生的可能性越大的原因;贾菲等(Jaffe et al.,1996)、韦尔斯巴根和斯高马克斯(Verspagen & Schoenmakers,2004)的研究,则强调了在技术模仿过程中东道国内资企业与外资企业之间近距离接触及交流的重要性;奥德里奇和菲尔德曼(Audretsch & Feldman,1996)的研究也认为技术扩散成本随着地理距离的扩大而增加。(3)阿尔法罗等(Alfaro et al.,2004)研究了金融市场对 FDI 溢出效应的影响机制,认为东道国的金融市场可以从以下三个方面影响 FDI 技术溢出效应,即:融资方便与否对本地企业利用新技术至关重要,而外部融资受限于本国金融市场的发展程度;金融市场不发达还会抑制潜在企业的成长;缺少发达的金融市场,FDI 创造后向关联的潜力就会严重受阻,而跨国公司的后向关联是溢出效应的重要渠道。赫米斯和伦辛克(Hermes & Lensink,2003)、钟等(Choong et al.,2004)的研究也都证明了东道国金融市场发展水平对 FDI 技术溢出的重要影响。(4)李和曼斯菲尔德(Lee & Mansfield,1996)、莱瑟(Lesser,2001)、斯马尔泽尼斯卡(Smarzynska,2004)等则从知识产权保护角度考察了东道国的技术溢出吸收能力。

三、FDI 技术外溢与我国经济发展

FDI 技术外溢对东道国技术进步和经济增长的影响一直是研究国际直接投资领域的学者们重点关注的问题。我国是引入 FDI 最多的发展中国家,对于改革开放 30 多年来大量引入 FDI 是否促进了我国的技术进步和经济增长,学术界已经进行了大量的研究,但仍然存在着诸多争论。关于 FDI 技术外溢与我国经济发展的研究主要集中在以下三个方面:(1)FDI 技术外溢的经济增长效应;(2)我国吸收 FDI 技术外溢的影响因素;(3)FDI 技术外溢与我国企业自主创新的关系。

(一)FDI 技术外溢的经济增长效应

大部分研究成果认为,FDI 技术外溢促进了中国的经济增长。如沈坤荣和耿强(2001)的研究认为,FDI 可以通过技术外溢效应,使东道国的技术水平、组织效率不断提高,从而提高国民经济的全要素生产率;魏后凯(2002)利用中国 1985—1999 年间的数据对 FDI 与区域经济增长的关系进行了研究,结果表明,我国东部地区与西部地区之间 GDP 增长率差异的

90％是由 FDI 引起的。欧阳志刚(2004)用两阶段最小二乘法估计的回归模型表明,FDI 对我国经济增长有显著的促进作用;1980—2002 年间,我国年均经济增长率为 9.48％,其中 FDI 年均贡献率为 0.127％。同时,结果还显示,FDI 对国内资本存量、劳动投入量和产业结构优化都有显著的影响;周燕和齐中英(2005)检验了 FDI 对中国制造业的溢出效应,并区分了产业内和产业间的溢出效应,结果发现,溢出效应主要发生在外商分支机构和上游产业的当地供应商之间,而在相同产业内部产生的溢出效应相对较弱。

但也有学者提出了不同见解。黄建宏和蒲云(2004)从新兴古典经济学关于分工与专业化的角度分析了 FDI 对东道国经济的影响及其作用机理,他们认为,不是所有外资都能促进东道国的经济发展,特别是如果某些行业被外资企业长期垄断和控制,则会对东道国经济的进一步发展造成障碍。沈桂龙和于蕾(2005)从经济可持续发展角度反思外资所带来的负面影响,提出了外资对国民经济的贡献被夸大、外资使用成本过高,外资加剧国内区域和产业发展的不平衡、不利于增强经济自身的内生增长能力、不利于经济的可持续发展等问题;刘振林(2009)选取 1983—2005 年间我国 FDI 与 GDP 的时间序列资料,描绘了 FDI 与经济增长的运行轨迹,并做了回归分析,结果显示,1994 年以后 FDI 对经济增长的贡献度不断下降。FDI 在为中国经济发展做出巨大贡献的同时,其负面效应日益凸显。因此,如何合理引进 FDI 和优化 FDI 产业结构将是未来需要进一步关注的问题。

(二)我国吸收 FDI 技术溢出的影响因素

东道国的吸收能力是影响 FDI 技术溢出效应的重要因素,国内学者的研究认为,影响我国 FDI 吸收能力的因素主要有国内技术水平、人力资本、市场开放程度和金融体系效率等。

吕世生和张诚(2004)利用天津市 103 家企业的时间序列数据,用 R&D 投入与行业 FDI 总量的交互项表示吸收能力对溢出效应的影响。研究结果表明,提高企业技术吸收能力的 R&D 对企业生产率的促进作用远大于创新性 R&D;当地企业 R&D 投入越高,与 FDI 企业的技术差距就越小,技术溢出效应就越显著。黄凌云和刘夏明等(2007)采用面板数据分析方法对 FDI 的技术溢出效应与基于技术水平的东道国吸收能力之间的关系进行了实证分析,结果发现,东道国技术水平的提高对 FDI 的技术溢出有明显的促进作用,但当东道国技术水平达到一定程度后,FDI 的技术溢出效应则会开始减弱,即东道国吸收能力与溢出效应间存在非线性关系。

沈坤荣和耿强(2001)对我国 1987—1998 年间分地区数据的研究发

现,对我国经济有增长效应的、能够带来技术扩散效应的 FDI 一般要求当地有较高的人力资本存量,我国中西部地区的 FDI 技术扩散效应还没有完全显现。刘厚正和刘正良(2006)对中国分地区数据的检验也表明,中国存在吸收 FDI 效应的最低人力资本门槛,高于这个门槛的地区才能吸收来自 FDI 的溢出效应。王成岐等(2002)、张海洋(2005)、王剑武和李宗植(2007)、郭英(2007)也以我国各地区每年的高校在校学生数占该地区当年年底总人口比例为人力资本指标进行相应研究,结果发现,各地区人力资本差异是造成 FDI 区域分布与溢出效应差异的关键原因。

赖明勇等(2002)的实证研究发现,我国的外商引资政策、经济开放度、政府研发支出、基础设施水平会影响 FDI 的技术扩散,进而影响我国吸收 FDI 技术外溢的能力和 FDI 的经济增长效应。任永菊和张岩贵(2003)、王永齐(2006)、阳小晓和赖明勇(2006)等则考察了国内金融市场发展对我国 FDI 经济增长效应的影响,认为发达的金融市场促进了 FDI 经济增长效应的发挥,而金融体系效率的相对低下不利于企业充分吸收外资企业的技术外溢。

(三)FDI 技术外溢与我国企业自主创新

对 FDI 技术外溢的直接利用有助于东道国的短期经济增长,而 FDI 技术外溢引致的东道国企业自主创新则能从根本上提高当地的技术进步水平。国内学者主要通过实证分析,来研究 FDI 技术外溢对我国企业自主创新的影响。

冼国明(2005)利用 1998—2003 年间 28 个分行业的面板数据定量评估了 FDI 对我国企业技术创新作用的影响。结果发现:FDI 会对我国企业的技术创新产生积极影响,但内资企业技术创新能力的提高会激发外资企业进行更强的技术创新,内资企业在与外资企业技术创新的竞争中很难占据上风;在内外资企业技术差距较小且外资主要集中在市场寻求型的行业时,外资企业的技术创新会促进内资企业技术创新能力的提高,而在内外资企业技术差距较大且外资主要集中在出口导向型的行业时,FDI 对内资企业的技术创新几乎没有影响。侯润秀等(2006)从技术创新的角度,利用 1998—2002 年间大中型工业企业的数据分析了 FDI 对我国企业技术创新能力的影响,结果表明,FDI 的流入对我国企业(包括三资企业)的技术创新能力存在显著的正面效应,但如果只考察国有大中型工业企业,溢出效应并不明显。甄丽明和唐清泉(2008)利用中国全部工业企业中 37 个行业的数据,研究了 FDI 对我国民族企业自主创新产生的促进作用。结果表明:随着外资进入程度的加强,内外资企业之间的竞争越来越激烈,也越来越有利于民族企业创新能力的提高,且这种促进作用因行业技术差距而异;此外,政府的援助程度越强,越有利于内资企业的自主创新,且这种促进作用随着内外资企业之间技术差距的扩大而增强。

第三节 民营企业国际化基础理论研究

民营企业国际化是近年来跨国经营研究领域的重点课题之一,它是对企业国际化经营发展过程的理解和概括,这些研究主要基于两方面问题:第一,企业国际化是怎样一个发展过程,是渐进的还是跳跃的? 是演化的还是突变的? 第二,什么因素决定了企业对国际化模式的选择? 从历史上看,绝大部分企业都是从国内市场起家的,因此一家国内企业怎样才能成长为国际企业或跨国公司? 为什么一些企业成功实现了国际成长战略,而另一些企业却不能达到其预想目标? 企业的国际化程度与经营绩效和竞争力是线性关系,还是非线性关系? 企业国际化理论试图回答这些问题。本节基于以下七个不同角度,对与民营企业国际化有关的基础理论进行简要评述。

一、基于发展中国家和地区的企业国际化理论

在专门论述发展中国家企业国际化的理论中,应当首推美国经济学家威尔斯(Wells)的小规模技术理论和英国经济学家拉奥(Lall)的技术地方化理论。这两种理论的基础仍然是比较优势理论。他们均认为,比较优势和比较利益是普遍存在的,即使是发展中国家,也有可能存在着对外投资的某种优势。

小规模技术理论指出,发展中国家跨国企业的比较竞争优势来自于低成本,这种低成本是与其母国市场的特征紧密相关的。第一,发展中国家拥有为小市场需求服务的小规模生产技术优势。低收入国家制成品市场的一个普遍特征是需求量较小,大规模生产技术无法从这种小市场需求中获得规模效益,许多发展中国家正是因开发出满足小市场需求的生产技术而获得竞争优势的。这种小规模技术特征往往是劳动密集型的,其生产有很大的灵活性,适合小批量生产。第二,发展中国家在民族产品的海外生产中颇具优势。发展中国家对外投资的另一特征表现在其鲜明的民族文化特点上,这些海外投资主要是为服务于海外同一种团体的需要而建立的,特别是当本国的海外移民数量较大时,这种类型的海外投资更有优势。

一个突出的例子是华人社团在食品加工、餐饮等方面的大量特殊需求,带动了一部分东亚、东南亚国家和地区的海外投资。第三,低价产品营销战略。物美价廉的商品和服务是发展中国家跨国公司抢夺市场份额的"秘密武器",发达国家跨国公司的产品营销策略往往是投入大量广告费,树立产品形象,以创造名牌效应,而发展中国家跨国公司则花费较少的广告支出,多采取低价值产品营销战略。

技术地方化理论认为,发展中国家跨国企业的技术形成包含着企业的内在创新活动,这种创新活动形成了发展中国家跨国公司的特有优势。研究者认为,以下几个条件使发展中国家企业能够形成和发展自己的"特有优势":首先,在发展中国家形成的技术知识,是在不同于发达国家的环境下获得的,这种独特的环境往往与一国的要素价格及其质量密切相关。例如,发展中国家的技术,往往具有密集使用劳动、节约使用资金的特点,即属于劳动密集型的技术。其次,发展中国家生产的产品适合它们自身的经济状况和需求,也就更能适应相同收入国家的消费需求。因此,发展中国家的企业能够在较低水平基础上形成对外直接投资的特有优势,这种优势不仅可以带动它们对其他发展中国家的对外直接投资,而且发展中国家企业对成熟技术的创新还可以促进它们对发达国家的直接投资。这种特有优势还将在以下两个因素的影响下得到加强,其一是发展中国家企业能够获得本国廉价的熟练劳动力,其二是发展中国家企业在组织上可能属于家族企业或者民营企业,这种所有制结构为发展中国家企业带来了管理等方面的额外优势。该理论将对发展中国家企业跨国经营研究的注意力集中在微观层面,证明了发展中国家的企业具备参与国际生产和经营活动的比较优势。

二、企业国际化阶段理论

19世纪70年代中期,一批北欧学者(Carlson,1975;Forsgern & Johanson,1975;Johanson & Paul,1975;Johanson & Vahlne,1977)[①]基于企业行为理论的研究方法,提出了企业国际化阶段理论。该理论的基本命题

---

① Carlson, S. *How Foreign is Foreign Trade*? Working Paper, the University of Uppsala, 1975; Johanson, J. & Vahlne, J. E. The Internationalization of the Firm-Four Swedish Cases. *Journal of Management Studies*, 1975,12(3):305-322; Johanson, J. & Vahlne, J. The Internationalization Process of the Firms, *Journal of International Business Studies*, 1977,8(2):23-32; Johanson, J. & Vahlne, J. E. The Mechanism of Internationalization. *International Marketing Review*,1990,7(4):11-24.

有两个:(1)企业国际化是一个发展过程;(2)这一发展过程表现为企业对外国市场逐渐提高承诺的连续形式。

约翰逊和威涉恩(Johanson & Vahlne,1977)[1]对瑞典四家有代表性的制造业公司进行了深入的案例研究。他们在对这些企业的海外经营过程进行比较研究时发现,这些企业在海外经营战略步骤上有着惊人的相似之处:最初,外国市场联系是从偶然的、零星的产品出口开始;随着出口活动的增加,母公司掌握了更多的海外市场信息和联系渠道,出口市场开始通过外国代理商而稳定下来;随着市场需求的进一步增加和海外业务的继续扩大,母公司决定有必要在海外建立自己的产品销售子公司;最后,当市场条件成熟以后,母公司开始进行海外直接投资,建立海外生产和制造基地。因此,两位学者提出,企业国际化要经历四个循序渐进的阶段:(1)不规则的出口活动;(2)通过代理商出口;(3)建立海外销售子公司;(4)从事海外生产和制造。

约翰逊等人认为上述四个阶段是一个"连续"、"渐进"的过程。它们分别表示一家企业参与海外市场由浅入深的不同国际化程度。企业国际化的渐进性主要体现在两个方面:一是企业市场范围扩大的地理顺序,通常是本地市场——地区市场——全国市场——海外相邻市场——全球市场;二是企业跨国经营方式的演变,最常见的是纯国内经营——通过中间商间接出口——直接出口——设立海外销售分部——海外生产。企业海外经营活动从第一阶段向第四阶段的演进说明其资源投入量的不断增加,同时也表明其对海外市场信息渠道的控制能力不断增强。显然,在偶然出口阶段,企业对出口市场不需要或只需要投入极少资源,在掌握市场信息方面也是零散和不规则的。在代理出口阶段,企业有了固定的海外市场信息渠道,同时也为出口市场投入了一部分资源。当企业开始建立海外销售子公司时,不仅需要在投资的种类和数量上有所增加,同时,企业可以直接掌握市场信息并获得该市场的知识和经验。最后,当企业在海外建立直接的生产基地时,就表明该企业更深入地参与了海外市场。

国际化阶段理论提出以后,引起了国际企业研究界的广泛关注。许多学者进行了大量的经验研究,从检验结果来看,对该理论的褒贬兼而有之。

---

[1] Johanson, J. & Vahlne, J. E. The Internationalization Process of the Firms-A Model of Knowledge Development and Increasing Market Cnmmitment. *Journal of International Business Studies*,1977,9(2):23-32.

一些学者的实证研究结果表明，在中小规模出口企业的经营活动中，体现出了明显的阶段性。[①] 卡尔森(Carlson,1975)对瑞典企业出口行为的研究、达尔基和德萨尔(Bilkey & Tesar,1977)[②]对美国威斯康星中小企业出口行为的考察，以及约翰逊和野中(Johanson & Nonaka,1983)对日本企业出口战略的研究等，都从经验上支持了企业国际化阶段理论。其他学者，如班尼托和格瑞普思若(Benito & Gripsrud,1992)[③]、博纳卡洛斯和达利(Bonaceorsi & Dalli,1992)[④]、阿里和坎普(Ali & Camp,1993)[⑤]，对企业国际化渐进论进行了检验。他们得出较为一致的结论是：该理论主要适用于中小企业的国际化行为，对于大型多元化的企业而言，国际化的渐进特征并不十分明显。

三、企业出口行为理论

自企业国际化阶段理论后，许多学者沿着这一思路，对企业的出口和直接投资活动进行考察，证实了企业进入国际市场的方式是一个连续发展的过程。表1-1列出了六位学者提出的出口企业的四种行为类型，他们在阶段的划分上有不同理解，但在企业跨国经营的渐进发展方面却是一致

---

① Bilkey, W. J. & Teasar, G. The Export Behaviour of Small-sized Wisconsin Manufacturing Firms. *Journal of International Business Studies*, 1977(8):93-96; Cavusgil, S. T. Organizational Characteristics Associated with Export Activity. *Journal of Management Studies*, 1984(21):3-22; Johanson, U. & Nonaka, L. Japanese Export Marketing Structures, Strategies, Counterstrategies. *International Marketing Review*, 1983(1):12-25.

② Bilkey, W. & Tesar, G. An Attempted Integration of the Literature on the Export Behavior of Firms. *Journal of International Business Studies*, 1977,9(1):33-46.

③ Benito, G. R. G. & G. Cripsrad. The Expansion of Foreign Direct Investments: Discrete Rational Location Choices or a Cultural Learning Process? *Journal of International Business Studies*, 1992,23(3):461-476.

④ Bonaccorsi, A. & D. Dalli. Internationalisation Process and Entry Channels: Evidence from Small Italian Exporters. In Cantwell, (eds). *Proceedings of the 18th Annual EIBA Conference*, University of Reading, 1992:509-526.

⑤ Ali, A. J. & R. C. Camp. The Relevance of Firm Size and International Business Experience to Market Entry Strategies. *Journal of Global Marketing*, 1993,6(4):91-108.

的,即上述四种类型主要分析出口企业的阶段性行为。这实际上暗含着以下假设,即一家制造业企业从事跨国经营的第一步是出口,然后才是其他形式的直接投资。

表1-1　六位学者对出口企业四种行为类型的比较

出口发展阶段 研究学者	约翰逊和威德希姆(1975)	比尔基和德萨尔(1977)	卡弗斯基尔(1980)	钦科陶(1982)
第一阶段	偶尔的出口活动	企业对出口毫无兴趣	产品国内销售	企业对出口毫无兴趣
第二阶段	通过海外代理出口	企业接受海外订单,但不努力开拓海外市场	前出口阶段:企业寻求信息并评估潜在出口市场	开始对出口感兴趣
第三阶段	建立海外销售机构	企业积极寻求出口市场	积极从事出口活动:以直接出口方式向其他国家出口更多的商品	开拓出口市场
第四阶段	海外生产	开始向邻近国家出口	开始从事各种直接投资活动	获得出口经验
第五阶段	—	成为有经验的出口商	—	有经验的小型出口商
第六阶段	—	努力开拓其他出口市场	—	有经验的大型出口商

资料来源:Stanley Paliwoda. *International Marketing*. Butteraorth Fieineann Ltd. ,1995:34.

美国密歇根大学的卡弗斯基尔(Cavusgil,1980,1982)[1]教授把企业经营国际化过程分为五个阶段:(1)国内营销阶段,主要从事国内生产和销售;(2)前出口阶段,开始对国际市场感兴趣,有意识地收集信息,对国际市场进行调查,出现不规则的出口活动;(3)实验性涉入阶段,主要从事间接出口,开始小规模的国际营销活动;(4)积极投入阶段,以直接出口方式向

---

[1]　Cavusgil, S. T. On the Internatiunalization Process of Firms. *European Research*, 1980,8:273-281;Cavusgi, S. T. Some Observations on the Relevance of Critical Variables for Internationalization Stages. Export Management:An International Context. Czinkota, M. R. & Tesar,G. (eds). New York: Praeger,1982:276-288.

其他国家出口产品;(5)国际战略阶段,以全球市场为坐标制定企业战略规划。

比尔基和德萨尔(Bilkey & Teasar,1977)对美国威斯康星州 400 多家制造业中小企业出口行为的调查显示,它们在出口阶段上有着明显的相似之处。第一阶段:对出口毫无兴趣,但偶尔接到外国订单;第二阶段:外国订单逐渐增多,但未主动开发国外市场;第三阶段:积极地开发海外出口市场;第四阶段:企业以现有的经验为基础,向邻近国家出口商品;第五阶段:企业获得了出口经验,开始扩大出口的地理范围,并根据汇率、关税等因素的变化及时调整出口业务;第六阶段:出口市场扩大到全球。

出口行为理论与国际化阶段理论的共同之处是它们都认为企业国际化过程是一个连续渐进的过程,企业出口过程中的信息获取、经验学习和管理意识都被认为是企业跨国经营的重要因素。出口行为理论是通过大量的企业调研得出的统计结果,而不是纯粹的逻辑演绎,因而该理论与现实之间的距离更近,更具操作性。但出口行为理论只是企业出口阶段的描述性分析,还不能完全解释企业的整个跨国经营过程。

四、跨国经营的"带动论"

根据企业管理的"场理论",企业管理是一种"力场",它是影响企业发展的各种"推力因素"和"阻力因素"相互作用的结果。就企业的内部和外部经营环境而言,既存在种种阻挠跨国经营的"阻力因素",如惧怕风险、学习的惰性、学习能力的局限等,也存在种种促进跨国经营的"推力因素",如激烈竞争迫使企业不断提高自己的实力,经验的积累使企业增强了海外投资的信心等。

企业在任何时点上的跨国经营现状,都可以被认为是跨国经营的"推力"和"阻力"之间的一种均衡状态。企业的发展既可以来自于"推力因素"的增加,也可以来自于"阻力因素"的减少。与这种跨国经营发展的"阻力减少论"相应的,是关于经营国际化的几种"带动论"。

第一种是订单带动论。大量的调查研究表明,企业最初出口行为大多来自海外客户主动送上门的订单,这常常是促使企业直接出口的原因。这些主动上门的订单为从未从事过出口业务的企业提供了关键的市场信息,也大大降低了初始出口的风险,成为企业开展国际市场营销的原动力。

第二种是客户带动论。企业的海外经营行为带有明显的行业特征,服务行业(如银行、保险和广告业等)企业的跨国经营通常是受到了客户的带动。这些企业的客户进入国际市场后,需要相应的企业服务。因此,原先为公司提供服务的企业,也就自然而然地跟随客户进入了国际市场。通过客户带动进入国际市场是风险最小的方式,它大大降低了企业在国外营销的市场不确定性,减少了企业的市场开发成本,并为企业扩大国际市场营销活动提供了良好的基础平台。如在汽车制造业,生产配件的厂商通常都会跟随主体制造商一起进入国际市场。

第三种是竞争带动论。在寡头垄断行业,当某一家企业打入国际市场后,其他竞争企业会很快跟进。这是因为在激烈的市场竞争条件下,后来者为避免在竞争中被淘汰,不会容忍另一家企业独占海外市场并轻松地发展壮大。行业内的主要厂商会在任何市场上展开竞争,这方面的典型例子是麦当劳和肯德基、可口可乐和百事可乐等,它们在世界范围内都"如影随形"地展开着竞争。

竞争带动论从国际营销的动因上对企业跨国经营的原因给出了解释,对现实中的企业国际市场营销行为具有一定的解释能力,但是它把企业的跨国营销统统都看作是对外在刺激的一种反应,从而忽略了对企业进行国际营销内在动力的分析,因此不能全面解释所有企业的国际市场营销的动因。

五、企业国际化的战略管理理论

企业的战略管理过程包括:确认公司的基本任务、分析内外部环境、制定目标及总体规划、实施计划、对运作过程进行评价与控制。其主要功能是:战略制定、战略实施、效果评价及运作管理。[1]

战略管理一般以确定公司的基本任务为起点,其主要回答两个问题:公司的业务是什么?公司存在的原因是什么?通过回答这两个问题,企业可以确定自己的前进方向。内部环境分析的目的在于评价公司的财务和人力资源方面的优势与弱点。考察财务状况将有助于跨国公司估计企业的扩张和投资能力,并确定需要削减成本和进行资产剥离的领域。内部及外部环境分析有助于跨国公司制订长期目标和短期目标,企业的战略规划将被分解为若干主要部分,每家分公司和每个部门都会分到自己的经营目标和责任。自此,企业便开始了战略实施过程。企业将定期对战略实施的

---

① Ragman, A. M. & Hodgetts, R. M. *International Business: A Strategic Management Approach*, 1997, 3:44.

进度进行评价,并对原计划进行必要的修改。一家跨国公司会发现某些产品或服务已不再盈利,因而必须停止生产或供应,或者开发新的产品以满足出现的新需求。

制定战略计划就是这样一个过程,即首先评价企业的环境和内部优势,然后确定长期与短期经营目标,最后实施达到这些目标的行动计划。企业国际化的战略管理理论认为,跨国公司高度依赖战略规划过程,因为它既为跨国公司确立了总体经营方向,又为经营活动提供了具体指导。没有战略规划,这些跨国公司在经营活动的计划、实施与评价中会遇到很大的困难。跨国公司在经营活动中有着不同的战略倾向,这一倾向有助于解释公司所作出的特定决策。

1962年,美国著名经济史学家钱德勒(Chandler)出版了《战略与结构——工业企业发展的历史阶段》①一书,提出了"企业跟随战略"和"公司的战略必将决定其结构"的著名论断。此后,施庄德克弗(Strandskov,1985)②、阿辛(Axinn,1988)③、莫林(Melin,1992)④、明茨伯格(Mintzberg,1994)⑤以及韦尔奇和劳伦斯(Welch & Lawrence,1996)⑥等著名管理学家,又将企业战略管理理论与企业国际化经营战略相结合,提出了企业国际化经营战略管理理论。该理论认为,跨国公司在经营活动中有着不同的战略倾向,主要表现为母公司中心型、多中心型、地区中心型和全球中心型(见表1-2)。

---

① Chandler, A. D. *Strategy and Structure*. Cambridge: The MIT Press, 1962.

② Strandskov. *Towards a New Approach for Studying the Internationalization Process of Firms*. Presented at the Annual Conference of European International Business Association. Glasgow, Scotland, 17 December, 1985.

③ Axina, C. N. Export Performance: Do Managerial Perceptions Make a Difference? *International Marketing Review*, 1988,5(2):61-71.

④ Melin, L. Internationalization as a Strategy Process. *Harvard Business Review*, 1992,7(1): 99-118.

⑤ Mintzberg, H. The Fall and Rise of Strategic Planning. *Harvard Business Review*, 1994,13(1):107-114.

⑥ Welch, Denice E. & Lawrence S. Welch. The Internationalization Process and Networks: A Strategic Management Perspective. *Journal of International Marketing*, 1996,4(3):11-28.

表1-2　跨国公司在经营活动中的不同战略倾向①

公司类型	母公司中心型	多中心型	地区中心型	全球中心型
公司基本任务	盈利	被公众接受	盈利与被公众接受	盈利与被公众接受
管理方式	自上而下	自上而下（各地区分部制定目标）	地区级同其下属公司级相互协调	组织中各层级间的相互协商
组织结构	层级式产品分部	层级式地区分部与国家分部的自主性	以矩阵结构将产品和地区组织连为一体	组织网络（在某些场合包括股东和竞争者）
战略	全球一体化	国家分部责任制	地区一体化与国家分部责任制	全球一体化与国家分部责任制
文化	本国	东道国	地区	全球
技术	大量生产	批量生产	弹性生产	弹性生产
营销战略	产品开发主要由国内用户需求决定	当地产品开发以当地需求为基础	地区内而不是地区间的标准化	具有地区特点的全球产品
利润战略	利润汇回本国	利润留在东道国	利润在地区内分配	利润在全球范围内再分配
人力资源	由本国人管理海外企业	由当地人充任管理要职	培养地区性管理人员，并由他们担任地区内要职	寻找和培养全球最佳人才，由他们担任世界各地分支机构的要职

　　总之，跨国公司的战略倾向将极大地影响其战略计划过程，从而影响企业国际化战略和市场进入方式。比如一些跨国公司更加关心的是盈利和增长，而不是制定能够发挥自己优势的综合性公司战略。一些公司更注重的是能使自己在整个国家或地区进行价格竞争的大批量生产，而不是开发那些更适合于当地特点的产品，来充分满足本地需求。另一些公司则更愿意向那些与本国有类似文化的国家销售产品，以便能在整个地区采用相同的基本营销方针，这些方针和倾向将极大地影响公司战略。

---

①　Balaji S. Chakravarthy & V. Perlmetter. Strategic Planning for a Global Business. *Coluabia Journal of World Business*，1985. 转引自［加］艾伦·M. 普格曼，［美］理查德·M. 霍杰茨：《国际商务》，李克宁译，经济科学出版社1999年版，第199—200页。

六、企业国际化的资源基础说

资源基础说（RBV，Resource Based View）源于彭罗斯（Penrose）在1959年出版的《企业成长论》（*The Theory of the Growth of the Firm*）一书。彭罗斯提出的企业成长论的基本观点是，企业是资源的集合，企业的扩张取决于内部资源和外部环境的相互作用，强调了富有生产力的资源（productive resources），尤其是管理层的作用，而且，内部管理资源的性质与可得性限制了企业在某个时点上的扩张方向和程度。然而，彭罗斯指出，如果"公司成长计划的进度受到经验丰富的管理团队规模的限制"，那么，当计划完成并付诸实施后，计划过程中所吸收的管理服务便会逐步被释放出来，并用于下一步的计划。企业通常会认为，集中于现有的产品，成本将更低、风险也更小，但企业仍可能会为了追求成长而扩张到新的业务领域（Penrose，1959）。企业成长的方向不仅受到外部机遇的影响，也受到可用来追求扩张机遇的内部资源，尤其是闲置的管理资源性质的影响。

利普曼和鲁梅尔特（Lippman & Rumelt，1982）认为，如果企业无法仿制或复制优势企业产生特殊能力的基础，那么各企业之间的效率差异状态将持续下去。他们的核心观点是，企业应将竞争优势指向其特有的难以模仿的资源，从而开创了把企业战略作为企业固有的可以产生"李嘉图租金"（Ricardian rents）的资源进行经济分析的先河。1984年，维纳费尔（Werntefelt，1984）在美国的《战略管理杂志》上发表了《企业资源基础说》（*A Resource Based View of the Firm*）一文，标志着资源基础理论的正式诞生。该理论认为：与外部环境相比，公司内部环境具有更重要的意义，其对企业创造市场优势具有决定性的作用；企业内部的组织能力、资源和知识的积累是解释企业获得超额收益、保持竞争优势的关键。之后，巴尼（Barney，1991）等也对资源基础说作出了贡献。普拉哈拉德和哈梅尔（Prahalad & Hamel，1990）在《哈佛商业评论》上发表的《公司核心能力》一文，将资源基础说与企业的实践相结合，从而使资源基础说受到了更广泛的关注。

从资源基础说的观点出发，可以认为每家企业都是独特的资源和能力的结合体。民营中小企业的国际化取决于内部资源和外部环境的相互作用，其中，内部资源尤其是管理资源是关键。从外部环境看，随着贸易壁垒的降低和全球化的发展，随着现代通讯和信息技术的应用，民营中小企业走向海外市场的可能性增大了。当然，更重要的还是民营中小企业的内部资源。民营中小企业拥有独特的资源，包括企业的出口经验、战略调整的灵活性、企业家精神、企业家对中小企业的绝对控制(有助于企业的快速反应)、丰富的行业知识、有关全球机会与国际化的经验知识及其运用能力等,这些都构成了它们实行国际化的动因和竞争优势。

维斯特海德(Westhead,2001)指出,影响中小企业国际化的资源有四类,即一般人力资源、企业应对突发事件的财务资源、企业主的管理能力以及企业主的资历和知识积累。实证研究表明:中小企业以往对外出口的经历是鼓励企业开展国际化经营的关键;企业拥有较多的资金和信息、企业主的年纪较大并有管理经验和行业知识丰富,都会促使企业从事国际化经营;而一般人力资源和企业应对突发事件的财务资源与企业从事国际化经营的关系则不太明显。

七、国际新冒险企业理论

奥维塔和麦克道格尔(Oviatt & McDougall,1994;McDougall et al.,1997)的国际新冒险企业理论提出,现有经济、技术和社会条件降低了跨国公司内部交换的交易费用,增强了相隔甚远的许多市场的同质性,从而使国际化拓展行为更容易被所有人理解[1]。在国内市场环境中学到的东西很容易影响企业在国际市场上的扩张活动。因此,企业家很有可能把国内市场和国际市场看作一个整体,并且在企业创立初期就开始实行国际化。

国际新冒险企业是从创立伊始就利用多国资源和市场来获得巨大竞争优势的商业组织。由于普遍缺乏可以通过所有权控制的足够资源,新冒险企业更倾向于只占有其生存所需的很小比例的资源,而且它们一开始就有预先制定的国际化战略。国际新冒险企业并不需要很大的规模,只要拥有经济交易中可以交换的资产或资源即可。国际新冒险企业的出现挑战了传统理论中"国际化企业必须是大型企业"的观点,该理论认为,企业家在企业建立前的经历至关重要。由于企业家在早期活动中发展了诸如关系网、经验知识等资源,他们对是否组合来自不同市场的资源持谨慎态度[2]。只有拥有了这些不同市场的资源,企业家才能组合出一个来自不同

---

① Oviatt, B. & McDougall, P. Toward a Theory of International New Ventures. *Journal of International Business Studies*, 1994, 25(1): 45-64.

② McDougall, P., Shane, S. & Oviatt, B. Explaining the Formation of International New Ventures: the Limits of Theories From International-Business Research. *Journal of Business Venturing*, 1994, 9(6): 469-487.

国家的独特的资源集,并组建成一家特定的国际新冒险企业。因此,关系网作为创建者的一种重要能力,被认为是国际新冒险企业理论的四大元件之一。虽然企业家可以通过控制许可证和特权等至关重要的资产进入国际市场,但对新冒险企业的国际化来说,关系网是占有资源并使其内部化的更加有效的选择。

奥维塔和麦克道格尔还指出,在以往,两国之间通讯和运输渠道的不畅制约了国际市场的信息收集,增加了海外经营的风险。但是近年来,不断改善的国际通讯和运输、国际市场的同质化,简化并缩短了企业的国际化过程。这些变化使得企业国际化心理距离的影响程度降到最低,企业可以跨越国际化某些发展阶段,或者国际化根本不必完全按理论上的阶段顺序发生。

国际新冒险企业理论对技术知识这一国际竞争的特殊资源给予了特殊的关注。企业管理国际业务相对于管理本土业务有着特定的劣势,那么要克服诸多相对本土企业存在的优势,就必须拥有独占性的技术知识,从而应用到创造差异化或成本优势上。因此,国际新冒险企业理论认为,独占性的技术知识是差异化和成本优势战略的基本来源。根据波特理论,一方面,产品可以基于配送系统、营销方式等实现差异化,差异化策略也要求企业选择有别于竞争对手的产品特质;另一方面,成本优势可以来源于规模经济、独家拥有的技术、原材料的优先获得权,等等。

综上所述,关于民营企业国际化和与其他经济体互动的研究,基本上可分为三个方面:民营企业出口贸易理论、FDI 的技术溢出理论和民营企业国际化理论。近年来的贸易理论研究框架以新贸易理论、新兴古典贸易理论和新-新贸易理论为主。其中,新贸易理论从不完全竞争、规模经济、技术进步等角度解释新的贸易现象,新兴古典国际贸易理论用专业化分工来解释贸易,并力图将传统贸易理论和新贸易理论统一在新兴古典贸易理论的框架之内,新-新贸易理论则以企业异质性模型为基础来解释企业的贸易行为。FDI 理论的发展越来越倾向于关注 FDI 对东道国的技术溢出效应和考虑东道国吸收能力的技术转移问题。FDI 技术溢出效应的理论研究方向主要集中在 FDI 技术溢出效应的存在和产生的原因、FDI 技术溢出对东道国的影响等方面,而影响 FDI 技术溢出吸收能力的因素则包括东道国的技术水平、人力资本、市场体制、空间距离、融资体系和知识产权保护等。关于民营企业国际化的相关理论,首推威尔斯的小规模技术理论和拉奥的技术地方化理论,他们的理论仍以比较优势为基础,认为比较优势和比较利益是普遍存在的,即使是发展中国家,也有可能存在着对外投资的某种优势。除此之外,还有强调国际化渐进特征的企业国际化阶段理论和企业出口行为理论、基于企业管理理论的跨国经营"带动论"和企业国际化的战略管理理论、企业国际化的资源基础说以及国际新冒险企业理论。

基于以上经典理论,国内有学者探讨了我国民营企业的出口贸易和国际化问题,这些研究为我国民营企业的国际化发展模式和策略选择提供了理论依据。但是,这些研究大都直接将国外前沿理论移植到我国企业的国际化研究中,研究内容和研究方法的局限性主要表现为:

第一,研究内容方面,国内相关文献多从宏观视角考虑中国企业的出口贸易和国际化问题,而且一般都是对国内企业的单向研究,较少结合合作经济体的具体情况进行互动研究,这使得其研究结果只能具有宏观层面上的指导意义,无法针对具体的经济群体和特定的合作伙伴提供可行的政策参考。本书研究的重要意义在于从两个具有代表性的经济体(中国与欧盟)入手,并以特定的经济群体——民营企业为研究对象,探讨企业与其他经济体之间的贸易、投资互动以及国际化问题,填补该领域的研究空白。

第二,由于数据(特别是微观企业层面数据)的可得性和统计方法的局限性,关于中欧经贸问题的研究大多借助文字描述展开,以理论和政策分析为主,少数实证分析也仅利用全国层面的时间序列数据进行较为简单的实证,其结果的可信度和有效性有待于进一步检验。基于此,本书作者与中国国际贸易促进委员会合作,获得了大样本的民营企业微观数据,克服了以往研究中数据可得性方面的问题。同时,由于中欧贸易和投资数据的统计年限较短,本书研究的实证均采用国内地区层面或欧盟国别层面的面板数据进行计量分析,提高了实证研究结论的科学性和可信度。

第三,研究的具体内容上,本书与以往研究的不同在于三个方面:一是在研究中国民营企业与欧盟的贸易互动特征时,考虑了欧盟东扩因素,并利用引力模型实证分析了欧盟东扩对我国出口结构变化和民营企业出口的影响;二是在研究欧盟对华FDI技术溢出问题时,不但考虑了以往研究中FDI的总体规模效应,还用平均规模效应分析了微观个体规模对FDI技术溢出的影响,并考察了欧盟FDI对民营企业自主创新的效应;三是在民营企业拓展欧盟市场的研究方面,以往研究以宏观分析和利用宏观数据进行分析为主,本书研究在宏观分析的基础上进行了典型案例研究,并使用微观企业数据全面考察了民营企业与欧盟的经济合作,使得这一领域的研究更加具体和深入。

参考文献

[1]Alfaro, L. , Chanda, A. , Kalemli-Ozcan, S. and Sayek, S. FDI and Economic Growth: the Role of Local Financial Markets. *Journal of International Economics*,2004,64:89-112.

[2]Antras, P. Firms, Contracts, and Trade Structure. *Quarterly Journal of Economics*, 2003,11:1375-1418.

[3]Audretsch,D. B. and Feldman,M. P. R&D Spillovers and the Geography of Innovation and Production. *American Economic Review*,1996, 86(3):630-640.

[4]Baldwin, R. E. and Nicoud, F. R. *The Impact of Trade on Intra-industry Reallocations and Aggregate Industry Productivity: A Comment.* WorkingPaper,2004.

[5]Bernard, A. B. , Eaton,J. , Jensen, J. B. and Kortum, S. Plants and Productivity in International Trade. *American Economic Review*, 2003, 4:1268-1292.

[6]Blomstrom, M. and Kokko, A. Multinational Corporations and Spillovers. *Journal of Economic Surveys*, 1998, 12(3):247-277.

[7]Caves, R. E. International Corporations: the Industrial Economics of Foreign Investment. *Economica*, 1971, 38:1-27.

[8]Dixit, A. K. and Stigliz, J. Monopolistic Competition and Optimum Product Diversity. *American Economic Review*,1977,67:297-308.

[9]Dumming, J. H. *Multinational Enterprise and the Globlal Economy.* Workingham: Addison-wesley Publishing Co. ,1993.

[10]Findlay, R. Relative Backwardness,Direct Foreign Investment,and the Transfer of Technology: A Simple Dynamic Model. *Quarterly Journal of Economics*,1978, 92:1-16.

[11]Gerschenkron, A. *Economic Backwardness in Historical Perspective.* Massachusetts: Belknap Press of Havard, 1962.

[12]Grossman,G. and Helpman,E. *Innovation and Growth in the Global Economy.* Cambridge, Mass. MIT Press,1991.

[13]Helpman, P. R. and Krugman, P. R. *Market Structure andForeign*

Trade. The MIT Press,1985.

[14]Hymer, S. H. *The International Corporations of National Finns：A Study of Direct Foreign Investment*. MIT Monographs in Economics,Cambridge, Massachusetts, 1976.

[15]Krugman, P. R. Increasing Returns, Monopotsfie Competition mad International Trade. *Journal of International Economics*,1979,9：469-479.

[16]Krugman, P. R. *Rethinking International Trade*. Massachusetts Institute of Technology,1990.

[17]Melitz, M. J. The Impact of Trade on Intra-industry Reallocations and Aggregate Industry Productivity. *Econometrica*，2003，6：1695-1725.

[18]Wang, J. Y. and Blomstrom, M. Foreign Investment and Technology Transfer, A Simple Model. *European Economic Review*,1992,36(1):137-155.

[19]埃尔赫南·赫尔普曼,保罗·克鲁格曼.市场结构和对外贸易[M].上海:上海三联书店,1993.

[20]陈飞翔,郭英.关于人力资本和FDI技术外溢关系的文献综述[J].财贸研究,2005(1).

[21]陈铭,刘仲英.国际贸易的内生化新体系:新兴古典贸易理论[J].经济经纬,2006(4).

[22]陈国宏,郭弢.我国FDI、知识产权保护与自主创新能力关系实证研究[J].中国工业经济,2008(4).

[23]龚晓菊.制度变迁与民营经济发展研究[M].武汉:武汉大学出版社,2005.

[24]杭言勇.浙江省民营企业的出口现状与对策[J].国际贸易问题,2006(6).

[25]洪联英,罗能生.全球生产与贸易新格局下企业国际化发展路径及策略选择——基于生产率异质性理论的分析方法[J].世界经济研究,2007(12).

[26]黄彬.政府有效介入和民营企业跨国经营的融资最优化[J].国际贸易问题,2004(11).

[27]何瑛瑛.民营企业出口贸易市场地位变迁及绩效——以浙江为例的研

究[D].浙江大学硕士学位论文,2007.

[28]黄凌云,范艳霞,刘夏明.基于东道国吸收能力的 FDI 技术溢出效应[J].中国软科学,2007(3).

[29]胡日东,等.我国民营企业对外直接投资中价值链区位选择[J].宏观经济研究,2008(3).

[30]李春顶.新一新贸易理论文献综述[J].世界经济文汇,2010(1).

[31]刘易斯·威尔斯.第三世界跨国企业[M].上海:上海翻译出版公司,1986.

[32]刘国光.中小企业国际化经营[M].北京:民主与建设出版社,2001.

[33]李春顶.出口贸易、FDI 与我国企业的国际化路径选择——新一新贸易理论模型扩展及我国分行业企业数据的实证研究[J].南开经济研究,2009(2).

[34]林剑,梁树新.民营企业出口竞争力现状分析[J].国际贸易问题,2005(11).

[35]李亚.民营企业跨国经营[M].北京:中国方正出版社,2004.

[36]李群.新贸易理论文献回顾和述评[J].工业经济研究,2002(1).

[37]刘振林.FDI 对经济增长的影响[J].江西科技师范学院学报,2009(8).

[38]李朝明.中国民营企业国际化发展研究[D].浙江大学博士学位论文,2007.

[39]孟亮,宣国良.FDI 技术溢出效应理论研究述评[J].生产力研究,2005(9).

[40]欧阳峣.民营企业对外直接投资研究[D].湖南大学博士学位论文,2006.

[41]裴瑱,陆剑.规模报酬递增和新贸易理论的发展[J].世界经济研究,2006(9).

[42]裴长洪.当代西方国家贸易理论的发展[J].国际经贸探索,1995(4).

[43]史亚东.产业集聚对外商直接投资影响的分析——来自山东省制造业的实证研究[D].山东大学硕士学位论文,2009.

[44]文余源.FDI 理论与区位决策研究述评[J].地理科学进展,2008(3).

[45]徐磊.基于吸收能力视角的 FDI 技术溢出门槛模式研究[D].重庆大学博士学位论文,2009.

[46]杨小凯,等.新兴古典经济学和超边际分析[M].北京:中国人民大学

出版社,2000.

[47]殷德生.报酬递增、动态比较优势与产业内贸易——基于新贸易理论与新增长理论的综合[D].华东师范大学博士学位论文,2005.

[48]严建苗,陆菁.浙江省民营企业的出口发展与制度创新[J].国际贸易问题,2004(12).

[49]尹作敬,刘缉川.我国企业对外直接投资的不同动机探析[J].经济体制改革,2005(4).

[50]章新.浙江省民营中小型出口企业的国际竞争力探源[J].国际贸易问题,2004(3).

[51]张友仁.出口贸易过度竞争的产业组织分析[J].国际贸易问题,2003(5).

[52]朱廷珺,李宏兵.异质企业假定下的新新贸易理论:研究进展与评论[J].国际经济合作,2010(4).

[53]张宇,蒋殿春.FDI、产业集聚与产业技术进步——基于中国制造行业数据的实证检验[J].财经研究,2008(1).

第二章　中国民营企业与欧盟经济合作的总体分析

　　由于体制优势和经营优势,中国民营经济在对外经济贸易中呈现高速发展势头。伴随着全球经济一体化的潮流和我国进出口环境的整体改善,民营企业已成为我国对外经济贸易尤其是中欧经贸关系中不可忽视的重要力量。

　　30多年来,对外贸易已经成为中国经济增长的重要驱动力之一。中欧经贸关系的发展历程总体上与中国对外经贸的发展历程同步。即便在国际金融危机影响扩散、全球经济增速放缓的不利外部环境下,欧盟仍继续保持着我国第一大贸易伙伴的地位。从统计数据看,除了部分大型尖端设备由我国国有大企业生产外,其他主要出口商品,基本上由民营企业生产提供。中国民营企业在中欧商品贸易中扮演着非常重要的角色。中国民营企业与欧盟之间的贸易是与改革开放和市场经济相伴相随而逐步发展到目前规模的。民营企业体制新、机制活,具有经济激励强、市场适应能力强的内在优势,因此,与国有企业相比,民营企业在面对国内外经济环境变化时更游刃有余。

　　从民营企业与欧盟投资互动来看,欧盟是中国引进技术和吸收外国政府及官方金融组织贷款最多的地区。欧盟的对华投资项目以资本、技术密集型项目居多,这也与中欧双边积极有效地吸引外资的政策密切相关。与此同时,伴随着中国政府"走出去"战略的大力实施,一批中国优秀民营企业也开始到欧盟国家投资创业。民营企业的投资领域除了传统领域外,产业型投资也有所发展,显示出我国民营企业对欧盟投资的巨大潜力。中国民营企业在欧盟投资不但提升了自身的研发水平及创新能力,还使国内企业保持了与全球高新技术发展势头的一致性,对提高中国民营企业的国际竞争力起着巨大的推动作用。然而,相比中欧之间存在已久的贸易失衡,中欧之间的直接投资失衡更加突出。随着中国民营企业对外投资规模的扩大及其形式的多样化,民营企业应该且必将成为中国对外投资的主体。政府主导的对外投资政策也应不断改进,从而更趋合理;政府应在 WTO 的框架下,扶持民营企业走出去,使中国民营企业对外贸易总量和质量均获得更好的发展。

欧盟是世界三大经济体之一和最大的区域经济集团,也是我国近年来最重要的经贸伙伴之一。经过 30 多年的改革开放,特别是加入 WTO 之后,中国经济迅速融入全球经济一体化进程,获得了长足的发展。近年来,中国经济实力的增强和中欧经贸关系的迅猛发展更是举世瞩目。2008 年,中国已经超过美国,成为仅次于德国的全球第二大出口国。目前,欧盟是中国第一大出口市场和第二大进口来源地,中国则是欧盟最大的产成品进口来源地,同时也是欧盟出口增长最快的市场。当今的中欧合作关系已经拓展到贸易、投资、科技、能源、教育和环保等各领域,但中欧经贸合作作为中欧关系中最为牢靠的物质基础,仍颇受双方官方和民间的重视。从某种角度来看,中欧经贸关系主要取决于中国和欧盟双方政府政策的引导、经济力量的发展对比及相互需求的增长。中欧经贸关系的发展演变和历史进程也充分表明了这一点。

民营经济是随着中国改革开放的进程逐步深入并日益发展壮大的。社会主义市场经济体制的基本确立、加入 WTO、《中小企业促进法》的实施等,都极大地促进了我国中小企业和民营经济的发展,使两者在国民经济中的地位日益突出。由于其体制优势和经营优势,民营企业在对外经济贸易中呈现出了高速发展的势头。伴随着全球经济一体化的潮流和我国进出口环境的整体改善,中国民营企业特别是其中的中小企业,已成为我国对外经济贸易中不可忽视的重要力量,同时,越来越多的民营企业正在实施"走出去"战略。

第一节　中国与欧盟经济合作关系的发展历程

一、中国与欧盟经贸关系的发展历程

经贸政策的调整和演进是中国与欧盟经贸关系稳定快速发展的重要因素和推动力。回溯至改革开放前，观察中欧经贸关系的发展，我们可以发现，30 多年来中欧经贸关系的历程总体上与中国对外经贸发展的历程同步，期间发生了翻天覆地的变化。

中欧经贸关系的稳步发展起始于 1975 年中国和欧共体（欧洲煤钢共同体、欧洲原子能共同体和欧洲经济共同体的总称和简称）正式建立外交关系，从 1975 年中国和欧共体正式建交到 1989 年，可称为中欧经贸关系发展的第一阶段。1974 年 11 月，欧共体委员会向中国政府阐明其愿意和中国谈判以缔结贸易协定的友好意愿，中国政府随之做出了积极回应，经过谈判，双方于 1975 年 5 月 11 日正式建立了外交关系。同年 9 月，中国在欧共体总部所在地比利时布鲁塞尔设立了驻欧共体使团，随后欧共体也在北京设立了代表机构。1978 年，中国和欧共体签署了第一个贸易协定，创立了欧共体—中国混合委员会。1979 年中欧签订纺织品贸易协定，规定中国从 1981 年起可以向欧共体出口更大数量的纺织品。1983 年，第一个中欧科技合作项目启动。1984 年，在欧共体和中国政治合作的框架下，召开了第一次部长级会议，第一个欧共体在华合作项目"商业管理培训和农村发展"项目启动。1985 年 5 月，双方签订了新的贸易和经济合作协定，按照此协定，中国将给予欧共体贸易最惠国待遇，欧共体则给予中国普惠制的关税待遇，欧共体对中国增加配额。在 20 世纪 80 年代后期，中欧双方的合作范围已经扩展到能源、交通、通信、环保等诸多领域。

由于这一阶段中欧处于美苏冷战格局之中，故中欧关系被称之为"派生性"关系，即中欧关系是从美苏两个超级大国争霸的世界主要政治经济格局中派生出来的。在这样的格局中，中国是欧共体对付外来威胁的重要力量，反之欧共体也是中国反对霸权主义可以争取和团结的"同盟军"。基于共同的对外战略权衡，中欧双方之间的政治关系发展良好，经贸关系也有较好的发展。在这一阶段，不论是欧共体的还是中国的统计数据都表明，中欧贸易在双方的对外贸易总额中的比重明显上升。虽然当时双方经贸关系的实际发展水平和各自经济实力很不相称,但经贸政策稳健,发展前景乐观。

20世纪80年代末,由于政治方面的不利因素,中欧关系面临巨大的困难和挑战。1989年6月,欧共体在西班牙马德里的首脑会议上发表了《关于中国的声明》,宣布实施对华制裁,中欧在很多领域的合作和交流遂被迫中止。但随着时间的推移和客观形势的变化,以及中国改革开放的深入和经济建设的不断发展,中国和欧共体都认识到解决现实问题和面向未来共谋发展的重要性。从1992年开始,欧共体和中国的关系基本恢复正常,中欧经济关系发展加快,进入了第二个快速发展阶段。

在该阶段,中国制定和推行了一些影响深远的大政方针。首先是1992年春邓小平的"南方讲话",随后中共十四大正式确立建设社会主义市场经济体制的目标,1997年中共十五大明确提出要进一步解放思想、扩大开放、深化改革的方向。对此,欧盟委员会及各成员国做出了非常积极的政策反应。1993年10月德国政府发表《亚洲政策纲要》后,欧洲方面出台了一系列对华重要政策,包括1994年7月的《亚洲新战略》、1995年7月的《中欧关系长期政策》、1996年11月的《欧盟对华合作新战略》,以及1998年3月的《与中国建立全面战略伙伴关系》等战略性政策文件。特别是在《与中国建立全面战略伙伴关系》中,欧盟把对华政策提高到和美国、日本、俄罗斯同等重要的地位,其主导思想是将中欧关系确立为欧盟在亚洲新战略的核心。总之,在整个20世纪90年代,随着欧洲一体化进程的推进和中国改革开放的深入,考虑到双方经济和市场的巨大潜力,中国和欧盟将各自的外交和经济政策朝有利于沟通和合作的方向调整,中欧经贸关系得到实质性发展。

进入21世纪后,得益于双方的合作基础和长远利益,中欧经贸关系日益成为世界经济的亮点和重要组成部分,我们可称之为一个新的繁荣发展阶段。正如欧盟委员会某专家在2004年所指出的,中欧经贸关系已进入蜜月期。特别是20世纪90年代末以来,在世界经济处于低谷时期、欧盟对外出口整体处于下滑的情况下,中国与欧盟之间的贸易额仍在不断增长。除个别年份外,贸易额的年增长幅度均高达两位数,这反映出了中欧双方强有力的政策支持和经贸关系的强大生命力。

在这一阶段,中国加入WTO,并推出和实施了西部大开发战略和振兴东北老工业基地战略,为中欧之间深化经济合作提供了新的契机。中国加入WTO对中欧经贸关系至少有以下益处:首先,为中欧双边进出口贸易的增长创造了更为有利的条件;其次,中国加快了在保险、证券、电信、商业和旅游等服务领域的开放步伐,以鼓励更具有优势的欧洲企业进入中国市场;第三,中国实行了更加公开、透明、平等的竞争,遵守 WTO 规则,创造更好的投资环境,这使欧洲投资者在华投资更有信心和安全感;第四,双方对贸易争端的解决有了 WTO 规则作为基础。德国政府明确表示,愿意积极参与包括西部大开发在内的中国现代化建设进程。为配合我国政府提出的西部大开发战略,中德技术合作的重点也逐渐向西部转移。欧洲企业也受到中国政策的鼓励,积极参与投资西部大开发和振兴东北老工业基地战略,可见中国经济的持续稳定增长有利于增强欧盟对华直接投资的吸引力。

在经济全球化背景下,中国市场的吸引力必将促进中国与欧盟双方在投资和技术转让等方面进一步扩大合作,并使双方都从中获益。

二、中国与欧盟的投资与贸易合作

(一)中欧贸易合作

经贸政策的调整和演进是中国的经济实力、市场容量和欧盟的政治经济一体化、科技优势相互作用产生的政策需求和客观结果。经过 30 多年的改革开放,对外贸易已经成为中国经济增长的重要驱动力。中国在全球商品贸易中的排名从 1978 年的第 32 位跃升到 2011 年的第 2 位。与中国改革开放初期相比,中国与欧盟的贸易额也随着中国对外贸易规模的不断扩大而增长了几十倍。特别是 20 世纪 90 年代后期以来,无论是与作为一个整体的欧盟还是与欧盟各成员国之间的贸易关系,且不管世界经济是否处于低谷、欧盟对外出口是否整体处于下滑阶段,中国与欧盟之间的贸易额均处于不断上升的态势;除个别年份外,增幅均高达两位数,这反映出了双方经贸关系有着强大的生命力。

最近几年,中欧贸易的成果更是举世瞩目:2003 年,中欧贸易额首次突破 1000 亿欧元大关,达到 1350 亿欧元,接近中国与美国或日本的贸易额,同比增幅达 44.4%,超过中日、中美贸易的增长速度。2004 年,欧盟第五次东扩后,当年即超过美国和日本成为我国最大的贸易伙伴;同时双边贸易迅猛发展,贸易规模连年攀高,短短三年间跃上 2000 亿美元台阶,2007 年,罗马尼亚和保加利亚加入欧盟,使欧盟成员国扩展至 27 个,同年中欧贸易规模突破 3000 亿美元大关,达到 3561.1 亿美元。2008 年,在国际金融危机影响扩散、全球经济增速放缓的不利外部环境下,我国对外贸易增速放缓,但我国与欧盟双边贸易值仍突破4000亿美元大关,达到4255.8亿美元,保持了19.5%的较快增速,在我国前五大贸易伙伴中高居首位。2009年,受金融危机和欧盟债务危机的影响,中欧双边贸易总量下降了14.5%,但此后两年,中欧双边贸易大幅回升,2010年和2011年的进出口总值增长幅度分别达到31.76%和18.25%(见表2-1)。至2011年,欧盟已连续八年成为我国第一大贸易伙伴和第一大出口市场,并于2011年超过日本成为我国第一大进口来源地(见表2-2)。

表 2-1　2001—2011 年中国与欧盟双边贸易统计

单位:亿美元

年度(成员国总数)	进出口额	同比增长(%)	出口额	同比增长(%)	进口额	同比增长(%)	顺/逆差
2001(15)	766.3	11.0	409.1	7.1	357.2	15.8	51.9
2002(15)	867.5	13.2	482.1	17.9	385.4	7.9	96.7
2003(15)	1252.2	44.4	721.6	49.7	530.6	37.7	191.0
2004(25)	1772.9	33.4	1071.6	36.7	701.3	28.7	370.3
2005(25)	2173.1	22.6	1437.1	34.1	736.0	4.9	701.1
2006(25)	2723.0	25.3	1819.8	26.6	903.2	22.7	916.6
2007(27)	3561.5	30.8	2451.9	34.7	1109.6	22.9	1342.3
2008(27)	4255.8	19.5	2928.8	19.5	1327.0	19.6	1601.8
2009(27)	3640.0	−14.5	2363.0	−19.3	1277.0	−3.8%	1086.0
2010(27)	4795.9	31.76	3112.2	31.71	1683.7	31.75	1428.5
2011(27)	5671.3	18.25	3559.7	14.38	2111.6	25.41	1448.1

注:欧盟在1994年前称欧共体,包括比利时、丹麦、英国、德国、法国、爱尔兰、意大利、卢森堡、荷兰、希腊、葡萄牙、西班牙12个国家,1995年后增加奥地利、芬兰、瑞典3个国家。自2004年5月起,统计范围增加塞浦路斯、匈牙利、马耳他、波兰、爱沙尼亚、拉脱维亚、立陶宛、斯洛文尼亚、捷克、斯洛伐克10个国家。自2007年1月起,增加罗马尼亚、保加利亚2个国家。

数据来源:中华人民共和国各年度统计年鉴。

表 2-2 2011 年中国贸易伙伴、进口来源地、出口市场前十位统计

前十位贸易伙伴		前十位出口市场		前十位进口来源地	
国别或地区	比例（%）	国别或地区	比例（%）	国别或地区	比例（%）
欧盟（27 国）	15.57	欧盟（27 国）	18.75	欧盟（27 国）	12.11
美国	12.26	美国	17.09	日本	11.16
东盟	9.97	中国香港	14.12	东盟	11.07
日本	9.41	东盟	8.96	韩国	9.33
中国香港	7.78	日本	7.81	中国台湾	7.16
韩国	6.74	韩国	4.37	美国	7.00
中国台湾	4.39	印度	2.66	澳大利亚	4.74
澳大利亚	3.20	俄罗斯	2.05	巴西	3.01
巴西	2.31	中国台湾	1.85	沙特阿拉伯	2.84
俄罗斯	2.18	澳大利亚	1.79	俄罗斯	2.32

数据来源：笔者根据《2012 年中国统计年鉴》整理所得。

表 2-3 2011 年中国与欧盟国家贸易统计

单位：万美元

国别或地区	进出口额	出口额	进口额	累计比 2010 年同期增减幅度（%）		
				进出口	出口	进口
欧盟（27 国）	56713233	35597453	21115780	18.25	14.38	25.41
欧盟（15 国）	51284061	31480029	19804031	18.07	14.27	24.67
德国	16914401	7640004.6	9274396.9	18.86	12.28	24.89
荷兰	6815979.2	5949949.5	866029.68	21.32	19.71	33.67
英国	5867847.2	4412166.1	1455681.1	17.19	13.81	28.76
法国	5206214.7	2999885.1	2206329.6	16.32	8.49	28.98
意大利	5126947.1	3369280.6	1757666.5	13.56	8.20	25.49
比利时	2910476	1897360.7	1013115.3	31.45	32.66	29.23
西班牙	2727279.7	1972125	755154.69	11.72	8.50	21.09

国别或地区	进出口额	出口额	进口额	累计比2010年同期增减幅度（%）		
				进出口	出口	进口
瑞典	1368373.5	656686.02	711687.5	17.79	15.03	20.46
芬兰	1118119.2	664036.73	454082.46	17.47	20.76	12.97
丹麦	926004.52	644659.43	281345.09	18.26	24.34	6.34
奥地利	698817.86	222681.88	476135.98	14.86	20.09	12.57
爱尔兰	586552.39	216608.52	369943.87	8.53	8.74	8.40
希腊	430297.52	394936.85	35360.671	−1.07	−0.24	−9.51
葡萄牙	396322.62	280143.37	116179.24	21.28	11.46	53.99
卢森堡	190427.97	159505.12	30922.844	52.91	61.53	19.92
新入盟国家（12国）	5429171.9	4117423.4	1311748.6	19.98	15.23	37.82
波兰	1298752.4	1093954.9	204797.55	16.64	15.91	20.71
捷克	998733.38	766940.71	231792.67	12.86	7.69	34.14
匈牙利	925823.9	680602.16	245221.74	6.22	4.41	11.58
斯洛伐克	596994.6	251260	345734.6	59.24	28.29	93.09
罗马尼亚	440002.23	345377.5	94624.728	17.00	14.95	25.14
马耳他	318131.47	232958.59	85172.877	31.77	26.27	49.60
斯洛文尼亚	187741.19	167537.14	20204.042	20.18	20.92	14.43
保加利亚	146489.74	100561.56	45928.181	48.89	52.16	42.19
立陶宛	142270.84	133510.18	8760.6619	38.87	35.91	107.85
爱沙尼亚	133627.22	113085.47	20541.749	55.63	67.10	12.92
拉脱维亚	125638.3	119294.67	6343.6323	50.82	50.21	63.10
塞浦路斯	114966.64	112340.51	2626.1288	−15.78	−16.65	52.62

数据来源：笔者根据《2012年中国统计年鉴》整理所得。

德国是中国在欧洲的最大贸易伙伴国,而中国也早在 2002 年就已超过日本成为德国在亚洲的最大贸易伙伴。2003 年,中德双边贸易达到 418 亿美元,约占中欧贸易额的 1/3;2008 年,中德双边贸易继续保持较快发展势头,双边贸易总额达 934.74 亿欧元,同比增幅 10.53%,占德国当年外贸总额的 5.17%;2009 年,德国与欧洲地区以外国家的贸易中,约 40% 来自对华贸易;2010 年,德国从中国进口额达到 765 亿欧元,占德国当年进口总额的 9.5%,同时,中国已遥遥领先于美国成为德国在欧盟之外的最大贸易伙伴;作为德国的主要出口市场,中国对德国的重要性与日俱增,2011 年,中国从德国进口的货物总值同比增长 24.89%,中国从德国第七大出口国跃升至第五大出口国。2011 年,除德国之外,中国与荷兰、英国、法国等欧盟国家的双边贸易额也大幅增加,其中,中国从这些欧盟国家进口产品的同比增长幅度分别为 33.67%、28.76%、28.98%,这预示着中欧贸易的未来仍大有可为(见表 2-3)。

(二)中欧投资合作

进入 20 世纪 90 年代后,欧盟已成为中国吸引外资的主要对象,欧盟企业对华投资稳步增长,且增长速度明显高于其他国家的平均水平,这使得欧盟在中国吸引外资总量中所占的比重,无论是投资项目数、协议外资金额还是实际投资金额都不断增加。2002 年开始,欧盟在原"欧盟亚洲投资计划"项目的基础上,又开始施行"欧盟 2002—2006 年对华投资计划",这一新的战略方针和投资计划直接为中国企事业单位提供了更富有实效的多方面投资援助,为双边合作提供了更为广阔的前景。此外,欧盟也是中国引进技术和吸收外国政府及官方金融组织贷款最多的地区,这也与中欧双方积极有效地吸引外资的政策密切相关。

1986—2005 年间,欧盟对华实际投资项目数从 32 个增长到了 2846 个,年平均对华实际直接投资金额也从 1.79 亿美元增长到 51.94 亿美元;2006 年年底,欧盟在中国设立的企业数量已超过 2.4 万家,累计实际投资约 600 亿美元;受金融危机影响,2007—2009 年间欧盟对华投资新设立企业数有所下降,但实际投资额仍有一定程度的上升。截至 2009 年年底,欧盟对华投资项目数为 31763 个,累计实际投资达 677 亿美元。至 2011 年,欧盟对华投资项目达 1655 个,实际使用金额达 52.7 亿美元,欧盟已连续多年成为中国第四大投资来源地。[1] 在投资区域的分布上,欧盟各国企业除

---

① 中华人民共和国商务部:《国别贸易投资环境报告 2012》,上海人民出版社 2012 年版。

继续在中国沿海地区大力开展经济合作外,还积极参与投资中国的西部大开发和振兴东北老工业基地建设。部分欧盟企业正将其在华生产和研发基地向劳动力和土地等成本更为低廉的西部和东北老工业基地转移,这些地区也正成为欧盟对华直接投资的新亮点。

近些年来,伴随着中国政府大力实施"走出去"战略,一批中国优秀企业也开始走出国门,到欧盟国家投资创业,改写了以往中欧投资合作中只有欧盟国家到中国来进行单向投资的局面,并已取得了初步成效。金融危机和欧洲债务危机爆发以来,中国对欧直接投资更是突飞猛进。据商务部《国别贸易投资环境报告》统计,2009 年,中国在欧盟的非金融类对外直接投资额仅为 4.7 亿美元,2010 年,该项投资上升至 22 亿美元,同比增加 368%。国际会计师事务所普华永道 2012 年 11 月公布的一项研究报告显示,2011 年中国在欧洲投资额达到 110 亿欧元,首次超过欧洲在华投资额(70 亿欧元)。该报告还称,欧元区经济体持续不确定性使中国投资者能以更优惠的条件收购债务缠身的欧洲公司,而这些欧洲公司以往对中国投资者来说是遥不可及的。由此可见,中欧之间的相互投资差距正一步步缩小,中国在中欧投资合作中的优势也日渐显现。

(三)中欧科技合作

中欧双边科技合作始于 20 世纪 80 年代初,在 90 年代中后期得到全面发展,是中欧合作中的一大亮点,并赋予了中欧战略伙伴关系以更加实质性的内涵和可持续发展的动力。1998 年 12 月,《中欧科学技术合作协定》在比利时首都布鲁塞尔正式签署,这一协定为中欧科技合作持续发展提供了政策前提和法律保障。从此,欧盟的研究、技术开发和示范框架计划与我国主要国家科技计划实现了某种程度上的相互开放。

中欧科技合作包括中国与欧盟作为整体的科技合作以及中国与欧盟成员国的科技合作两个层面,合作渠道有欧盟科技框架计划合作、中国同欧盟成员国政府间合作及中欧技术贸易三个渠道。近年来,随着中欧关系的不断升温,中国同欧盟科技框架计划的合作不断加强,我国中标欧盟科技框架计划的项目量也获得了快速增长。据不完全统计,中方机构参与欧盟科技框架计划的项目量从"第五框架计划(1998—2002)"的 81 项增长到"第六框架计划(2002—2006)"的 214 项。[1] 欧盟"第七框架计划(2007—

---

① 中华人民共和国科学技术部:《中国参与欧盟第五、第六框架计划情况调查报告》,2009 年 1 月。

2013)"于 2007 年正式启动,该计划共收到 5100 份来自非欧盟国家的项目申请,其中中国科研人员的申请达到 459 份,这表明中欧科技合作范围和规模已进一步扩大。2010 年的统计数据显示,在"第七框架计划"实施的前三年,共有 900 个中方申请的项目,其中,152 个项目得到了资助,中国已成为仅次于美国和俄罗斯的第三大受欧盟资助国家,总投入达 2800 万欧元。截至 2012 年 2 月,我国共有 181 个项目参与了该计划。2011 年 3 月,中国与欧盟在布鲁塞尔举行了第九次中欧科技合作指导委员会会议,双方全面回顾了在研发领域开展的科技合作,认为中欧科技合作自 2009 年 11 月在北京召开的第八次中欧科技合作指导委员会以来,取得了实质性的新进展,包括《中欧科学技术合作协定》如期续签,《中欧二氧化碳近零排放燃煤发电(NZEC)第二阶段合作备忘录》签署,2010 年上海世博会期间成功举办"中欧科技周"和召开第八次中欧能源合作大会,签署关于中欧创新型中小企业能源科研与创新的联合声明,以及开展其他双方研发活动和合作项目等。同时,双方也都认为,中欧科技合作丰富了双边战略伙伴关系的内涵,成为双边外交的重要组成部分。此外,中欧一致认为,创新型中小企业的科技合作应成为未来双方的合作重点。

第二节　中国民营企业与欧盟贸易关系

据欧盟统计局的统计资料,欧盟从中国进口的主要商品为机电产品、纺织品及原料和家具、玩具等。表 2-4 显示,2011 年,中国向欧盟出口超过百亿美元的商品共 7 类,其中,电机、电气、音像设备及其零附件类以 1102.33 亿美元列首位,和核反应堆、锅炉、机械器具及零件一起共占 47% 的出口份额;纺织服装及原料出口额共 457.37 亿美元,占比 11.3%;家具、玩具、杂项制品出口额 358.27 亿美元,占比 8.8%。

表 2-4　2011 年欧盟(27 国)自中国进口的主要商品类别

单位:百万美元

商品类别	金　额	占比(%)	同比增长(%)
所有商品	405847	100	8.6
电机、电气、音像设备及其零附件	110233	27.2	7
核反应堆、锅炉、机械器具及零件	80400	19.8	7.3

商品类别	金　额	占比（%）	同比增长（%）
非针织或非钩编的服装及衣着附件	22616	5.6	11.3
针织或钩编的服装及衣着附件	18780	4.6	7.9
玩具、游戏或运动用品及其零附件	17543	4.3	3.8
家具、寝具等、灯具、活动房	15953	3.9	2.3
鞋靴、护腿和类似品及其零件	10583	2.6	9.5
钢铁制品	9159	2.3	15.2
塑料及其制品	8550	2.1	13.3
有机化学品	8235	2	21.6
皮革制品、旅行箱包、动物肠线制品	8110	2	8.7
光学、照相、医疗等设备及零附件	7804	1.9	16.9
车辆及其零附件,但铁道车辆除外	6349	1.6	12.9
船舶及浮动结构体	5847	1.4	−41.6
钢铁	5293	1.3	64.7
其他纺织制品、成套物品、旧纺织品	4341	1.1	8
橡胶及其制品	4148	1	46.8
贱金属杂项制品	3372	0.8	8.7
珠宝、贵金属及制品、仿首饰、硬币	3207	0.8	14.1
贱金属器具、利口器、餐具及零件	3052	0.8	13.3
木及木制品、木炭	2899	0.7	5.9
铝及其制品	2716	0.7	46.5
无机化学品、贵金属等的化合物	2481	0.6	65.6
玻璃及其制品	2413	0.6	−1.6
杂项制品	2331	0.6	8.8
陶瓷产品	2313	0.6	−6.4
鱼及其他水生无脊椎动物	2099	0.5	15.8
纸及纸板、纸浆、纸或纸板制品	2032	0.5	2.3
钟表及其零件	1782	0.4	9.9
其他贱金属、金属陶瓷及其制品	1649	0.4	29.2

数据来源:中华人民共和国商务部:《2011 年国别贸易投资环境报告》。

　　欧盟方面的统计还显示,2011年,从中国进口的好几类商品份额在所有欧盟进口国中排名第一,主要是机电产品、纺织品及原料、鞋靴、伞等轻工产品,以及家具、玩具、杂项制品和贱金属及制品,其中前四类商品的市场份额均超过了1/3。

　　从上述统计可以看出,除了部分大型尖端设备由国有大企业生产外,我国其他的主要出口商品,如普通机械、纺织服装、鞋类制品、寝具灯具、玩具、游戏及运动器械、塑料皮革等,基本上都由民营企业生产提供。这些劳动密集型产品对欧盟出口量大、增长快,在中欧商品贸易中扮演着重要角色。

　　从中国的进口方面看,商品主要集中在以下几个方面:核反应堆、锅炉、机械器具及零件507.33亿美元,占比27%;车辆及其零附件335.96亿美元,占比17.9%;电机、电气、音像设备及其零附件201.28亿美元,占比10.7%;光学、照相、医疗等设备及其零附件93.56亿美元,占比5%。航空器、航天器及其零件77.01亿美元,占比4.1%。2011年中国自欧盟(27国)进口超10亿美元的商品统计如表2-5所示。

表 2-5　2011年欧盟(27国)向中国出口的主要商品类别

单位:百万美元

商品类别	金　额	占比(%)	同比增长(%)
所有商品	188121	100	26.4
核反应堆、锅炉、机械器具及零件	50733	27	22.2
车辆及其零附件,但铁道车辆除外	33596	17.9	41.9
电机、电气、音像设备及其零附件	20128	10.7	9.1
光学、照相、医疗等设备及零附件	9356	5	31.8
航空器、航天器及其零件	7701	4.1	17.1
铜及其制品	6867	3.7	38.1
塑料及其制品	5824	3.1	6.2
药品	5321	2.8	44.5
有机化学品	4147	2.2	17.1
钢铁	3209	1.7	30.9
钢铁制品	2850	1.5	17.1
木浆等纤维状纤维素浆、废纸及纸板	2813	1.5	47.9

商品类别	金 额	占比(%)	同比增长(%)
珠宝、贵金属及制品、仿首饰、硬币	2220	1.2	22.5
杂项化学产品	2043	1.1	31.5
矿物燃料、矿物油及其产品、沥青等	1803	1	82.9
橡胶及其制品	1758	0.9	12.6
饮料、酒及醋	1747	0.9	62.7
铝及其制品	1391	0.7	14.9
无机化学品、贵金属等的化合物	1389	0.7	38
铁道车辆、轨道装置、信号设备	1239	0.7	−10.8
纸及纸板、纸浆、纸或纸板制品	1196	0.6	18.4
生皮(毛皮除外)及皮革	1190	0.6	33.1
家具、寝具等、灯具、活动房	1085	0.6	38.6
矿砂、矿渣及矿灰	1050	0.6	51.7

数据来源:中华人民共和国商务部:《2011年国别贸易投资环境报告》。

　　从中国进口的主要商品比例上看,欧盟出口的主要是资本密集型和技术密集型产品,说明欧盟各国的经济和科技发展水平高于中国,在对华贸易中具有技术比较优势。同时,也可以看出中欧产业结构有较强的互补性,双边经贸合作具有很大潜力。

　　中国民营企业与欧盟之间的贸易是与中国改革开放和市场经济发展进程相伴而逐步发展到目前规模的。与国有大型企业相比,民营企业产权明晰,机制灵活,具有强劲的内在发展动力。国际市场风云多变,竞争激烈,这就要求经营者必须始终保持积极跟进的态度,而且要随时关注市场变化,及时调整经营战略。对于民营企业来说,其既具有体制新和机制活的特点,又具有经济激励强、市场适应能力强的内在优势,因而能很好地有效参与全球化市场。此外,由于它们能有效参与市场竞争,在管理体制、用人机制、产品开发、市场营销和市场洞察力等方面都比国有企业更具有优势,这使得它们在面对国内和国际经济环境剧烈变化时更加从容。

　　近年来,我国政府在对欧盟贸易政策的调整上也倾向于逐渐放宽限制,积极支持民营企业的对外贸易活动,并逐步实现对外贸易管理的规范化和国际化。从长远来看,政府的这些政策转变有效避免了对外贸易政策方面的短期行为。尽量减少行政干预,谨慎运用产业政策,通过鼓励国内竞争、拓宽国际市场来刺激出口企业的创新精神和活力,并通过制定严格的产业标准,来引导企业走上高质量和专业化的发展方向,这些举措必然会使中国民营企业对外贸易总量和质量获得更进一步的发展。

第三节　中国民营企业与欧盟投资互动

一、欧盟对华投资

中国进一步深化改革开放和加入 WTO 后,投资环境更加完善,欧盟企业对华投资信心也逐年增加,众多国际知名的跨国企业相继进军中国市场,抢占先机,包括诺基亚、壳牌、BP(英国石油公司)、阿尔卡特等实力雄厚的欧洲跨国集团都扩大了对中国的投资规模。1992 年以来的绝大多数年份,不论是欧盟对华投资项目个数还是实际利用外资额,都呈稳步增长态势。2003—2007 年间,欧盟对华投资项目每年都维持在 2000 个左右,2008—2012 年间,由于受金融危机和欧洲债务危机的影响,投资项目数出现了明显下降。2012 年,欧盟对华投资项目仅为 1698 个,但从投资项目所占比例看,欧盟对华投资在 2012 年有上升趋势(见表 2-6)。目前,以中国实际利用外资额计,欧盟虽次于中国香港、日本、新加坡和中国台湾,居第五位,但发展势头良好。

表 2-6　1986—2012 年间欧盟对华投资情况

年　度	项目个数(个)			实际利用外资额(万美元)		
	欧盟	中国	占比(%)	欧盟	中国	占比(%)
1986	32	1498	2.14	17853	224347	7.96
1987	40	2233	1.79	5271	231353	2.28
1988	87	5945	1.46	15727	319368	4.92
1989	78	5779	1.35	18761	339257	5.53
1990	82	7273	1.13	14735	348711	4.23
1991	163	12978	1.26	24562	436634	5.63

年　度	项目个数（个）			实际利用外资额（万美元）		
	欧盟	中国	占比（%）	欧盟	中国	占比（%）
1992	763	48764	1.56	24297	1100751	2.21
1993	1726	83437	2.07	67124	2751495	2.44
1994	1464	47549	3.08	153769	3376650	4.55
1995	1582	37011	4.27	213131	3752053	5.68
1996	1167	24556	4.75	273706	4172552	6.56
1997	1040	21001	4.95	417115	4525704	9.22
1998	1002	19799	5.06	397869	4546275	8.75
1999	894	16918	5.28	447906	4031871	11.11
2000	1130	22347	5.06	447946	4071481	11.00
2001	1214	26140	4.64	418270	4687759	8.92
2002	1486	34171	4.35	370982	5274286	7.03
2003	2074	41081	5.05	393031	5350467	7.35
2004	2423	43664	5.55	423904	6062998	6.99
2005	2846	44019	6.47	519378	7240569	7.17
2006	2619	41496	6.31	543947	7271500	7.48
2007	2384	37892	6.29	383838	8352089	4.60
2008	1844	27537	6.70	499451	10831244	4.61
2009	1578	23435	6.73	595200	9003300	6.61
2010	1688	27406	6.16	658900	10573500	6.23
2011	1743	27712	6.30	634800	11601100	5.47
2012	1698	24925	6.81	610700	11171600	5.47

数据来源：笔者根据中华人民共和国商务部历年外资统计资料整理所得。

欧盟对华投资项目以资本、技术密集型项目居多，多投资于生产领域，单项投资规模大，技术外溢效果较好。欧盟企业在投资我国从事生产经营活动以谋求收益最大化的过程中，通过研发活动、直接技术转让、非股权形式转让以及技术溢出效应向我国转让技术，成了改革开放以来我国获取最新技术尤其是某些关键技术的重要途径之一。另外,吸收外商直接投资的项目的平均规模是反映投资资金密集程度和技术水平高低的一个重要指标,欧盟企业对华直接投资的项目平均规模始终高于其他各国(地区)。

欧盟对华投资的方式呈现出多样化的特征,实现了较好的经济效益。欧盟通过各种投资方式(如合资、合作、独资、共同开发、技术转让与援助等),投资于其具有比较优势且我国亟待发展的行业,如能源、通信、汽车、医药、环保、农业以及基础设施等领域,其中独资项目近年来增长较快,大型跨国公司来华投资增长迅速。欧盟的许多著名企业积极参与投资中国重大项目的建设,在中国的市场份额越来越大,获得了可观的经济收益,如空客飞机、大众汽车、磁悬浮实验段、大亚湾核电站等已成为中欧合作的标志性项目。中国相对低廉的人力资源,加上引进外资的优惠政策和巨大市场,给欧盟投资者带来了较高的投资回报率。欧盟在华投资主要集中在东部地区,如广东、上海、江苏、浙江等地。

二、中国民营企业对欧盟的投资

目前,虽然我国对欧盟的投资占非金融类对外直接投资的比例较低,但近年来的确有所增长,且显现出较大的发展空间(见表2-7)。截至2011年年末,中国对外直接投资覆盖了欧盟全部27个成员国,当年投资流量为75.61亿美元,占我国对外直接投资总流量的10.1%,同比增长26.8%;中国在欧盟设立直接投资所的企业有1600多家,投资存量为202.91亿美元,雇用欧盟当地员工达5万多人。

表2-7 2005—2011年间中国对欧盟的直接投资状况

单位:百万美元

国家(地区)	投资流量				投资存量			
	2005年	2007年	2009年	2011年	2005年	2007年	2009年	2011年
奥地利	—	8	—	2022	7	404	155	2454
比利时	—	491	2362	3590	234	3398	5691	14050
保加利亚	172	—	—243	5390	299	474	231	7265
塞浦路斯	—	30	—	8954	106	136	136	9090
捷克	—	497	1560	884	138	1964	4934	6683
丹麦	1079	27	264	589	9659	3675	4079	4913

国家（地区）	投资流量				投资存量			
	2005年	2007年	2009年	2011年	2005年	2007年	2009年	2011年
爱沙尼亚	—	—	—	—	126	126	750	750
芬兰	—	1	111	156	90	94	904	3100
法国	609	962	4519	348232	3382	12681	22103	372398
德国	12874	23866	17921	51238	26835	84541	108224	240144
希腊	—	3	—	43	35	38	168	463
匈牙利	65	863	821	1161	281	7817	9741	47535
爱尔兰	—	20	−95	1693	4	2923	10682	15683
意大利	746	810	4605	22483	2160	12713	19168	44909
拉脱维亚	—	−174	−3	—	161	57	54	54
立陶宛	—	—	—	—	393	393	393	393
卢森堡	—	419	227049	126500	—	6702	248438	708179
马耳他	—	−10	22	27	137	187	503	337
荷兰	384	10675	10145	16786	1495	13876	33587	66468
波兰	13	1175	1037	4866	1239	9893	12030	20126
葡萄牙	—	—	—	—		171	502	3313
罗马尼亚	287	680	529	30	3943	7288	9334	12583
斯洛伐克	—	—	26	594	10	510	936	2578
斯洛文尼亚	—	—	—	—	12	140	500	500
西班牙	147	609	5986	13974	13012	14285	20523	38931
瑞典	100	6806	810	4901	2246	14693	11189	153122
英国	2478	56654	19217	141970	10797	95031	102828	253058

资料来源：笔者根据2011年《中国对外直接投资统计公报》整理所得，其中2005年的数据为中国对欧盟非金融类对外直接投资。

随着中国民营企业对外投资规模的扩大及其形式的多样化，政府主导的对外投资政策也在不断地改进，并渐趋合理。我国商务部颁布的《关于境外投资开办企业核准事项的规定》中明确提出："国家支持和鼓励有比较优势的各种所有制企业赴境外投资开办企业。"这在政策层面上保障了各种所有制企业在境外投资开办企业过程中能享受同等待遇。各地出台的政策包括适当减少企业申报材料、取消不涉及现汇投资的境外加工贸易企业的外汇资金来源审查、取消境外投资的国内投资主体所汇回的利润保证金、简化民营企业人员出国手续等。总之,在实际操作中,虽然有一些政策法规尚不健全,仍制约着民营企业对外投资的步伐,但总体上民营企业在对外投资方面的阻碍正在不断减少,企业数目逐渐增加,投资规模也逐年扩大。

目前,民营企业对外直接投资领域除了传统国有企业对欧盟投资的贸易、海运、银行等领域外,产业型投资也有所发展,显示出我国民营企业对欧盟投资的巨大潜力。有关统计数据和调查研究表明,我国民营企业对欧盟的投资主要分布在英国、法国、德国、意大利、西班牙、瑞典、捷克、匈牙利、波兰等国,以贸易流通型企业为主,生产型、服务型和混合型企业也占有一定比例。对欧盟投资的行业涉及贸易、通信、服装加工、乐器、中医药等,大部分投资都实现了适度的盈利,盈利巨大和亏损的均在少数。

近年来,中国民营企业在欧盟的投资取得了很大进展,主要表现在先进技术与管理经验的引进,以及研发能力的提高上。一般而言,发达国家的跨国公司向发展中国家直接投资所转移的并不是最新的技术,而是已标准化了的或即将被淘汰的技术,它们据此来维护自身在技术方面的垄断优势。技术是一家企业不断向前发展的保障和动力,而要想获得最新的技术,就要自主创新或到最前沿的地方去寻找。有的民营企业通过在欧盟建立合资、合作企业,招募到了很多高水平的研发人员,不仅实现了对先进技术的学习、消化和吸收,还在此基础上不断创新,获得了自己的诸多发明专利。这不但提升了中国民营企业的研发水平及创新能力,而且有助于使国内民营企业紧随全球高新技术发展步伐。部分国内民营高科技企业通过到欧盟发达国家设立产品设计和技术研发中心,既直接吸收了欧盟的许多先进技术,又随时跟踪国际科技发展的最新动态。这样,不仅充分利用了欧盟市场渠道多、资源丰富、技术力量雄厚的有利条件,而且较快地提升了自身的产品和技术开发能力,对提高中国民营企业的国际竞争力无疑起到了巨大的推动作用。

此外,一些在欧盟投资的民营企业还学到了现代企业所必需的管理经验。欧盟人才资源相当丰富,我们的管理人员通过与他们打交道,自身也得到了很大提高,在如何有效管理一家现代化的企业方面获得了许多宝贵的经验,而这些经验都是那些跨国公司用了若干年时间、经历了若干次失败才总结出来的。民营企业通过耳濡目染,获得这些现成的"财富",可以少走弯路,节约大量成本。

总之,从民营企业的发展历史和现实情况来看,它们应该且必将成为中国对外投资的主体。民营企业不仅具备国有企业对外投资的优点,更有自身的特点,在增加就业、税收、产值及其他方面为中国经济作出了巨大贡献。民营企业是未来中国对外直接投资和资本输出的主力军。政府应在WTO的政策框架下,扶持民营企业"走出去",积极推进它们同更多国家的企业和相关部门开展商务洽谈并签订双边投资保护协定。我国可以参照国际惯例,建立国家投资风险基金和对外经济合作基金,以更好地支持中国民营企业发展对外直接投资。此外,应该积极发挥我国驻外领事馆商务处的信息收集和服务作用,使其能为中国民营企业对外直接投资提供更多更有价值的信息咨询服务。

参考文献

[1]Hiro Lee and Dominique van der Mensbrugghe. *Deep Integration and Its Impacts On Nonmembers*:*EU Enlargement and East Asia*. Kobe University discussion paper series No. 184,2006.

[2]Jarko Fidrmuc. Trade Diversion in the "Left-Outs" in Eastward Enlargement of the European Union:The Case of Slovakia. *Europe-Asia Studies*,1999:633-645.

[3]Rolf,J. Langhammer and Rainer Schweickert. *EU Integration and Its Implications for Asian Economies*:*What We Know and What Not*. Kiel Working Paper No. 1264,2006.

[4]陈支农.欧盟东扩对中欧经贸的影响[J].中国外资,2004(9).

[5]樊莹.中欧关系现状及前景展望:成就、特点与问题[J].外交评论,2008(2).

[6]冯仲平.中国对欧盟政策文件初析[J].外交学院学报,2004(3).

[7]高尚全.体制创新与民营经济发展[J].中国工业经济,2001(12).

[8]黄孟复.中国民营经济发展报告(蓝皮书)[M].北京:社会科学文献出版社,2008.

[9]海闻.融入更广阔的空间——我国民营企业参与国际市场竞争的政策研究[J].国际贸易,2000(12).

[10]黎苑楚,等.中欧科技合作现状、基本经验及对策建议[J].中国科技论坛,2007(3).

[11]刘迎秋.中国民营企业竞争力报告(蓝皮书)[M].北京:社会科学文献出版社,2008.

[12]刘曙光.中国—欧盟经济关系的特点及发展前景[J].外交学院学报,2002(2).

[13]马国芝.新世纪中欧贸易关系前景[J].国际贸易问题,2000(2).

[14]裴长洪.欧盟对华贸易投资与经济合作[J].国际经济评论,1999(5).

[15]裴长洪.欧盟与中国:经贸前景的估量[M].北京:社会科学文献出版社,2000.

[16]裘元伦.欧盟对华长期政策与中欧经贸关系[J].世界经济,1999(8).

[17]裘元伦.欧盟对华长期政策与中欧经贸关系[M].北京:社会科学文献出版社,2000.

[18]裘元伦.中欧关系现状和未来[J].世界经济与政治,2004(10).

[19]孙永福.中国—欧盟:中小企业的合作与发展[M].北京:对外经济贸易大学出版社,2007.

[20]孙春玲.2002年以来中欧关系研究主要资料信息[J].国际资料信息,2003(8).

[21]肖文,等.中国民营企业国际化影响因素及模式选择[M].杭州:浙江大学出版社,2008.

[22]殷寿征.中国与欧盟的经贸关系[J].世界经济与政治,1997(3).

[23]中国改革发展研究院.中小企业发展——挑战与对策[M].北京:中国经济出版社,2005.

[24]张建雄.90年代中国欧盟关系与中国的对欧盟政策[J].世界经济与政治,1996(4).

第三章　中国民营企业与欧盟的贸易互动

　　本章我们首先探讨了中国民营企业在中欧贸易中所扮演的角色，认为民营企业在中欧经贸关系中的作用和地位可阐述为三个方面：第一，中国民营企业通过借助中欧贸易在创造国内就业、繁荣市场、促进创新等方面都发挥了重大作用；第二，中国民营企业在中欧贸易中的竞争优势十分明显；第三，这也意味着中国民营企业是推动中欧经贸关系进一步深化的重要动力。因此，民营企业与欧盟互动主要体现在贸易方面，从中国民营企业对欧贸易的特点来看，可阐述为四大方面：一是民营企业是中欧贸易持续快速增长的主要推动者；二是民营企业进出口产品与欧盟贸易产品存在较强的互补性；三是出口欧盟的产品大多来自民营企业集群式的生产；四是民营企业对欧贸易产品的附加值较低。

　　本章第二节重点分析了欧盟东扩对中国民营企业的影响。21世纪初，欧盟发生了巨大的变化，一个最为显著的特征是欧盟的范围不断扩大，属于前苏联的许多东欧国家纷纷加入欧盟。对于中国民营企业来说，这既是一种契机，也是一种挑战。为了分析欧盟东扩对中国出口贸易的影响，我们首先计算中国与新加入欧盟的10个国家对原属于欧盟的15个国家的各类出口产品的显性比较优势指数，发现中国在纺织、服装出口上拥有比较明显的竞争优势，机械及运输设备出口可以与新加入欧盟的10个国家相抗衡，但优势不明显。而通过计算出口相似性指数，发现新加入欧盟的国家和中国对欧盟原 15 国出口的产品结构相似度很高,且前者的出口产品同中国的出口产品高度可替代,两者间的出口结构相似度有逐渐增高的趋向,预示着这 10 个国家与中国在欧盟原 15 国市场上的出口产品竞争将越来越激烈。我们用引力模型对 2000—2003 年间、2004—2007 年间中国与欧盟各国的双边出口数据进行分析,回归结果明显表明:2004 年欧盟第五次扩大后新加入欧盟的国家的出口产品对中国的出口产品产生了替代作用,贸易转移效应较明显。我们认为,尽管欧盟东扩对中国出口造成了贸易转移效应,然而,欧盟东扩本身也意味着市场容量的扩大,这对中国企业,尤其是民营企业来说无疑是一种契机。中国民营企业只有抓住欧盟东扩带来的市场机遇,采取积极的应对措施,才能发挥自身的出口优势和竞争力。

最后,我们对中欧贸易中的一个主要问题——贸易摩擦进行了讨论。我们不仅讨论了中欧贸易摩擦的主要状况及其影响,也对中国民营企业与欧盟产生贸易摩擦的原因进行了分析,并提出了中国民营企业应对欧盟贸易摩擦的建设性措施。

中国民营企业自 1999 年获得外贸经营权以来,通过积极的外贸活动,推动了中国的经济增长。至 2004 年,外贸经营权已全面放开,这大大激发了民营企业扩大出口的积极性,民营企业在扩大出口、参与国际竞争方面起到了举足轻重的作用。

第一节　中国民营企业在中欧贸易中的角色

一、民营企业在中欧经贸关系中的作用和地位

近年来,中国民营企业日益成为中国对外经济增长的重要引擎之一,它们改变了中国的国际生产、投资和贸易模式,并深刻影响着欧洲经济和中欧经贸关系的方方面面。促进民营企业发展,加强民营企业与欧洲企业的交流合作,已经成为中欧经贸关系中最重要的发展主题之一。中欧双方在过去都相继推出了许多促进民营企业发展的战略和政策,不论对中国还是对欧盟,民营企业都是中欧经贸关系持续增长的关键因素和重要组成部分,有着不可替代的作用和地位。

（一）民营企业在繁荣市场、促进创新等方面发挥了重大作用

国家统计局关于民营经济的统计数据显示:早在 2006 年,我国的民营

企业已超过 4000 万家,占全国企业总数的 99.5%,民营企业创造的最终产品和劳务的价值超过了国内生产总值的 60%,生产的商品超过了社会销售额的 60%,提供了 75% 的城镇就业岗位。截至 2008 年年底,已有 8500 多家国内投资主体在境内外直接投资企业 12000 余家,非金融类对外直接投资共计 1500 亿美元。其中,由民营企业对外投资的主体数量占 9.4%,在对外直接投资存量中占 1%。2009 年,中国对外直接投资企业达到了12000 余家,从境内投资者在工商管理部门登记注册的情况看,近六成的境内投资者来自于有限责任公司,国有企业仅占 13.4%,较 2008 年下降2.7%;且私营企业占 7.5%,股份制有限公司占 7.2%,股份合作企业占4.9%,外商投资企业占 3.1%,港澳台投资企业占 1.8%,集体企业占1.2%,其他占 3.2%。2012 年发布的《民营经济蓝皮书》显示,2010 年,从事国际化经营的上规模民营企业数量进一步增加,达 446 家,占总样本数量的比重近 10%,比 2009 年增长了 30.79%。同时,由于欧盟各国的经济和科技水平高于中国,中欧经贸合作对民营企业科技创新和国际竞争力的提升起到了一定的促进作用。

(二) 民营企业在中欧贸易中的竞争优势明显

由于民营企业本身的特点和外部政策环境的影响,民营企业在中欧贸易中具有明显的竞争优势,主要体现在:(1)与发达国家企业相比,中国民营企业开拓精神强、管理成本低、国内配套产业齐备、市场适应性强;(2)与国有企业相比,民营企业具有产权优势、机制优势和成本优势等;(3)同时,由于政策原因,民营企业在海外投资中受政治因素的干扰相对较少。

(三) 民营企业是推动中欧经贸关系进一步深化发展的重要动力

随着经济全球化的深入和中国加入 WTO 后国内外两个市场的进一步发展,我国民营企业在中欧经贸互动中将面临前所未有的机遇和挑战。正如许多学者分析指出的:中国具有比较优势的低成本、劳动密集型产业的潜力在中国加入 WTO 之后被释放出来;更重要的是,中欧之间大量的贸易顺差是西方发达国家主动产业转移的结果。就前者而言,在经济全球化时代,价格相对实惠的中国产品大量进入欧洲市场几乎是一种必然,并非中国企业刻意以低价策略造成的倾销;就后者来说,中国在承接产业转移的同时也承接了贸易顺差,但是主要受益者并非中国企业,西方的转移产业者收获更大;此外,中欧经贸的深入发展使西方消费者能以低得多的价格获得与原先同等的物质享受,对他们而言,这无疑是一种巨大的福利。但现阶段的民营企业也不同程度地存在着规模小、知名度低,获取信息、人才、资金困难,开拓国际市场能力弱等劣势,因此更需要在中欧双方经贸活动的竞争和合作中增加自己的实力,提升企业自身的地位并增强自身所能发挥的作用。

总之,民营企业是中欧经贸的主体,也是未来中欧经贸合作的增长点。欧盟中小企业融资渠道多、实力强、经营领域广,在资金技术密集型产业和服务业领域具有较强的竞争力。中国民营企业目前仍以劳动密集型企业为主,在科技研发和文化创意、工艺设计和品牌建设等方面缺少技术支持,故需进一步拓展和完善民营企业的合作规模及相应机制,加大融资、参展、投资和贸易便利化等方面的实施力度。

二、中国民营企业对欧贸易的特点

近年来,民营企业获得了蓬勃发展,尤其是相关政策上的大力支持,使得民营企业逐渐成为中欧贸易的主体。中国民营企业对欧贸易的特点主要体现在以下几个方面:

(一)民营企业是中欧贸易持续快速增长的主要推动者

作为中欧全面战略伙伴关系的重要组成部分,中欧经贸近年来发展迅速。目前欧盟是中国第一大技术供应方和第四大投资来源地。据中国海关部署的数据显示,即使是在金融危机全面爆发的 2008 年,中欧双边贸易总值仍达到了 4255.8 亿美元,同比增长 19.5%,分别高于同期中美、中日双边贸易增速 9 个百分点和 6.5 个百分点。2000 年至 2008 年间,中欧贸易额增长迅速,其中欧盟对华出口额自 2000 年的 260 亿欧元增长至 2008 年的 780 亿欧元;中国进口额自 2000 年的 750 亿欧元增长至 2480 亿欧元;欧盟对华贸易逆差自 2000 年的 490 亿欧元增长至 1690 亿欧元。中国在欧盟对外贸易总额中所占的比重在这八年间翻了一倍多,成为仅次于美国的欧盟第二大贸易伙伴。欧盟自中国进口和对中国出口分别占欧盟进出口总额的 16% 和 6%。在 27 个欧盟国家中,德国仍为第一大对华贸易国,其对华出口额占欧盟对华出口总额的 43%,其次为法国、意大利和英国。德国自中国进口占欧盟自中国进口总额的 21%,其次为荷兰、英国和意大利。从产品结构来看,2008 年欧盟对华出口中近 60% 的产品为机械设备、机动车、电子电器零部件及船只、飞机和铁路设备等,20% 为其他制造业产品;进口商品中上述两大类产品占了 90%。服务贸易方面,2008 年,欧盟(27国)对华服务贸易出口 203 亿欧元,进口 145 亿欧元,顺差为 58 亿欧元。在 2007 年第四届中国民营企业家创新论坛暨民营企业国际化战略研讨会上,中国民营经济研究会会长保育钧指出,我国99%的民营企业都是小企业,目前其总量已超过1000万家。据有关部门统计,我国GDP的1/3、工业新增加值的3/4、税收的3/5和出口总额的1/2,几乎都是由小企业创造的。另外,我国专利技术的65%、技术创新的75%以上和新产品的80%也都是由小企业贡献的。2007年发布的《民营经济蓝皮书》指出,2006年我国民营企业进出口发展迅速,出口额首度超过国有企业,其中私营企业贡献突出,出口额占民营企业总出口额的80%。2013年的海关统计数据显示:2012年,我国外贸进出口总值为38667.6亿美元,欧盟继续保持我国第一大贸易伙伴和第一大进口来源地的地位;在进出口总额中,民营企业进出口12210.6亿美元,同比增长19.6%,高出我国对外贸易整体13.4%的增长速度,占我国外贸总值的31.6%;而外资企业和国有企业进出口总值则分别有小幅上升和小幅下降趋势。这些数据都表明,民营企业已逐渐成为我国对外贸易的主导力量之一,并成为中欧贸易持续快速增长的主要推动者。

(二)民营企业与欧盟贸易产品存在较强的互补性

欧盟作为中国的最大贸易伙伴、最大技术进口来源地和重要外资来源地,在世界经济政治格局中扮演着重要的角色。中欧经贸关系已经成为全球最重要的双边经贸关系之一,欧盟的优势主要是生产高端产品,中国民营企业的优势主要是生产劳动密集型和其他中低端产品,双方之间互补性很强。正如联合国贸易和发展会议前秘书长里库佩罗所说,中国以加工贸易为主的贸易结构决定了中国贸易增长带来的好处分布得更加广泛。前欧盟贸易委员曼德尔森曾援引一项研究结果称,价格低廉的中国商品每年平均为每个欧洲家庭省下了300欧元;经合组织的研究也显示,中国对欧出口至少帮助欧元区平抑了0.2%的通货膨胀。

(三)民营企业集群是出口欧盟产品的主要提供者

产业集群是企业在专业化分工和协作基础上的一种空间集聚形式,也正因为如此,产业集群比市场稳定,比层级组织灵活。实践证明,通过产业集群的方式发展区域外向型经济是一种较好的选择。民营企业的集群发展模式将极大地增强出口商品的国际竞争力。从马歇尔的外部经济理论、韦伯等人的集聚经济理论,到迈克尔·波特的新竞争经济理论中可以看出,无论是企业集群还是产业集群,都是集中在特定区域的,在业务上相互联系的一群企业、产业带和相关机构,它代表着一种能在效率、效益及柔韧性方面创造竞争优势的空间组织形式。据浙江电子口岸有限公司统计,

2009 年浙江省民营企业出口值占浙江全省出口的 55.1%，民营企业出口占比在全国（港、澳、台地区除外）各省（市、区）名列第一。其中，民营企业对前三大市场，即欧盟、美国、拉丁美洲分别出口 203.8 亿美元、108.9 亿美元和 63 亿美元，三者合计占 2009 年浙江省民营企业出口总值的 51.3%。而出口欧盟的产品则大多来自民营企业集群式的生产过程，如浙江省现拥有年产值超亿元的"块状经济"区块 601 个，总产出占全省工业总产值的 64%，在海宁市、嵊州市、东阳市分别形成了以皮革皮件、领带、磁性材料等集聚生产为优势的企业集群和产业集群带，对外提供零部件、成品、半成品及相关技术材料等产品的出口，为浙江民营企业外贸出口奠定了坚实的基础。其中机电产品、纺织纱线（含织物及制品）分别出口 296.8 亿美元和 128.9 亿美元，服装及衣着附件和鞋类分别出口 103.4 亿美元和 28.6 亿美元。2011 年，以集聚经济和块状经济为主的浙江民营经济继续发力，其进出口继续保持上涨趋势，其中，前三季度的民营企业出口为 968.6 亿美元，占浙江全省出口总值的 59.8%，同比增长 26.3%，民营外贸优势指数也有所回升。

（四）民营企业对欧贸易产品附加值较低

在中欧经贸往来日益频繁的同时，民营企业的发展也暴露出很多问题。技术含量低、产品结构单一、经营管理模式落后，是制约民营企业扩大对欧贸易的主要瓶颈。商务部课题组关于我国中小企业对欧经贸合作的调查问卷显示：外贸经营企业中的 70.4% 都处于微利状态，实现较大盈利的只占 18.4%；中小企业开拓海外市场的主要优势在于产品价格和质量方面，而且我国中小企业对欧贸易仍主要集中在欧盟原 15 个成员国，主要贸易商品多是粗加工、劳动密集产品，技术含量不高；渠道、信息、人才和资金的缺乏是困扰我国中小企业进一步开展对欧经贸合作的主要障碍。

第二节　民营企业在欧盟东扩中的出口契机

二战结束后至今，区域经济一体化已经成为当今世界经济发展最重要的趋势之一，也是当今国际经济关系中的一个重要特征。区域经济一体化的出现和迅速发展，彻底改变了原有的世界经济和贸易格局，也改变了各国制定国际经贸政策的基础，在推动全球自由贸易方面发挥了重要的作用，并正在对今后世界经济的发展和国际经济关系的演变产生着重大而深远的影响。

欧洲经济共同体开创了区域经济一体化的先河,在 2004 年实现其第五次也是历史上最大的一次扩张后,欧盟成为世界上一体化程度最高、综合实力最雄厚的区域经济一体化组织,并首次成为中国最大的贸易伙伴,而中国也成了欧盟的第二大贸易伙伴。欧盟东扩后,更为中欧贸易整体环境的改善创造了新的契机,当然,由此也可能会产生贸易转移效应并进而影响中国对欧盟的出口。

自中国加入 WTO 以来,政府信守"入世"承诺,放松了对民营企业外贸经营权的管制,使所有中外企业,无论规模大小,都可自动享有外贸权,可以从事进出口贸易,这为民营企业特别是外向型民营企业提供了难得的发展机遇。经过近几年的发展,民营出口企业已经逐渐成为中国外贸出口不断增长和发展的生力军,民营企业出口额占到中国总出口额的近 40%,涌现出了一批规模大、效益好的精英级民营出口企业,如深圳的华为、浙江的万向等企业,它们经过自身的努力发展,已经在垄断性竞争的国际市场上站稳脚跟,且出口势头呈强劲增长趋势。欧盟这一中国最大出口贸易伙伴的东扩战略,对于作为中国外贸出口生力军的民营企业来说,必将产生更加巨大而深远的影响。

如今距离 2004 年欧盟东扩已将近 10 年了,欧盟东扩给中国对欧盟出口究竟带来了什么样的影响,是为中国出口企业创造了更大的市场还是造成了中国出口贸易的损失,这些问题都值得我们深入研究。鉴于此,本书在现有文献的基础上,以具体数据为依托,通过计算显性比较优势指数(RCA)和出口相似性指数,并运用引力模型进行实证检验,来具体分析欧盟东扩给我国出口带来的究竟是正面还是负面影响,并在此基础上寻求促进中欧经贸关系进一步发展和中国民营企业出口增长的政策与措施。迄今为止,欧盟已经经历了六次扩容,其中第五次扩容规模最大,距离现在时间也比较近,且数据最容易得到,所以本书主要考察的是 2004 年欧盟第五次扩容对中国对欧盟出口的影响。

一、欧盟东扩效应的研究进展

欧盟作为全球一体化程度最高、综合实力最雄厚的区域经济一体化组织,一直备受学者们的关注,对欧盟一体化效应的研究也硕果累累。综观学者们的研究成果,可以分为以下两大研究方向:(1)每次扩容前后,学者们都会对欧盟原成员国和新加入国进行福利分析,就扩容前后就业率的变化、财政支出成本、投资和贸易收益等进行评估比较,从而证明东扩对扩容相关国家的利弊影响;(2)少数学者选择从第三国的角度进行分析,他们认为,对某些国家来说,欧盟是它们非常重要的出口市场,欧盟东扩会对它们产生一定的贸易转移效应,从而影响其出口,并对其经济造成较大的不利影响。

（一）欧盟东扩的福利效应

大多数学者都是通过福利变化这一角度来分析欧盟东扩对欧盟原成员国和新加入国的影响。菲德姆斯(Fidrmuc,1999)利用引力模型就欧盟东扩对斯洛文尼亚的经济影响做出预测,认为斯洛文尼亚将因欧盟东扩而损失与捷克的很大一部分贸易。海德拉等(Heijdra et al.,2002)运用动态可计算的一般均衡模型(DCGE)对成员国的工作机会、工资水平、贸易一体化效应、财政支出、扩大的成本和福利进行了分析。布赫和皮亚措罗(Buch & Piazolo,2000)用四组数据集来评估欧盟东扩对国际持有资产和贸易流向的影响,他们的研究发现,除捷克、匈牙利和波兰外,其他新加入欧盟的七个国家的资本和贸易都将得到较大的发展。马德森和索伦森(Madsen & Sorensen,2002)使用一般均衡模型,来确定欧盟东扩对丹麦经济的影响。研究表明,取消关税和市场一体化对丹麦经济的影响甚微,但可以预测的是,新加入欧盟的 10 个国家对丹麦商品的进口需求将会有所增加,丹麦的政府负债也会有一定程度的增加。王大任(2006)从财政预算、重构物流版图、初级劳动力市场和 FDI 流向四个方面论述了欧盟东扩的内部经济效应,认为欧盟东扩在推动经济增长、保持经济活力和提高国际竞争力方面均具有积极的作用,但不可避免地给欧盟成员国的公共财政带来了不小的挑战;同时,新成员国较廉价的劳动力自由流动对原成员国劳动力市场带来的冲击也不容小觑。

（二）欧盟东扩对第三国的影响

也有一些学者对欧盟扩容给其他国家和地区经贸发展带来的影响进行了研究。对东亚国家来说,欧盟是一个很重要的出口市场。在 2004 年欧盟第五次东扩以后,其是否会对东亚国家与欧盟之间的出口贸易造成影响,已成为学者们研究欧盟东扩对第三国影响的热门话题。李和曼斯博格(Hiro Lee & D. Mensbrugghe,2004,2006)使用动态可计算的一般均衡模型,来评估欧盟东扩对东亚国家经济福利、贸易调整程度和对东亚整体经济的影响,并得出了以下结论:(1)经济越不发达、规模越小的国家,在自由贸易或关税同盟中获利越多;(2)减少贸易摩擦(壁垒)比起关税而言,显得更重要;(3)欧盟东扩对东亚国家影响最大的是食品加工、服装制造和交通设备业,低收入和中低收入的东盟国家和中国所受的影响较大。兰格海默和施维克特(Langhammer & Schweickert,2006)就欧盟一体化对亚洲经济的影响进行了论述,研究表明,欧盟东扩意味着对第三国的贸易歧视作用增强,会影响亚洲对欧盟的出口模式。他们通过对贸易交叠指数的计算发现,欧盟、美国和日本对亚洲的出口在相似度上逐渐增强,亚洲和欧洲部分新兴国家在对发达国家的出口上也存在较强的竞争。

就欧盟东扩对中国经济的影响,国内学者也开展了一系列的研究。姜纬(2005)以浙江为具体研究对象,用贸易引力模型测算发现,欧盟扩容带来的贸易转移效应,对浙江出口的影响力随着时间的转移而逐渐削弱,欧盟东扩产生的有利影响和不利影响大致可以相抵,浙江对欧出口可以保持一个比较稳定的发展趋势。姜艳霞(2006)选取衡量纺织品贸易国际竞争力的合适指标,计算出了欧盟东扩后我国与欧盟(25国)纺织品贸易的国际竞争力,发现我国与大多数欧盟国家的纺织品产品相似度较低,竞争程度不高,彼此之间不存在根本冲突,欧盟东扩反而有利于我国纺织品贸易的发展。陈欣(2007)运用贸易引力模型,利用总量数据和《联合国国际贸易标准分类》(SITC)第7类产品的进出口数据进行研究,结果表明,由于第五次东扩加入欧盟的国家均为经济欠发达国家,因而对中国产品的替代作用有限,总体上正负效应相抵。

二、欧盟的发展与东扩历程

欧洲统一的思潮存在已久,在第二次世界大战结束后进入高潮。当时,为了能在国际舞台上和美国、苏联这两个超级大国相抗衡,为了反对战争、保障安全和稳定,为了更加自由、更加富强,西欧国家毅然走上了寻求建立"经济上发展、军事上强大、政治上稳定统一的欧洲"之路。

1950年5月9日,法国外长罗伯特·舒曼提出欧洲煤钢共同体计划,旨在约束德国。1951年4月18日,法国、意大利、联邦德国、荷兰、比利时、卢森堡六国签订了为期50年的《关于建立欧洲煤钢共同体的条约》。

1957年3月25日,上述六国外长签署了《罗马条约》,将该年六国的平均关税确定为共同的对外关税,于1958年1月1日正式成立欧洲共同体,逐步实现了成员国之间的自由贸易及劳动力和资本的部分自由流动。

1973年,英国、丹麦、爱尔兰加入欧洲共同体。

1981年,希腊成为欧共体第10个成员国,欧共体第二次扩大。

1986 年,西班牙与葡萄牙的加入,使欧共体成员国达到了 12 个,成为世界上最大的贸易集团。

1991 年 12 月 11 日,欧共体马斯特里赫特首脑会议通过了建立"欧洲经济货币联盟"和"欧洲政治联盟"的《欧洲联盟条约》(简称"马约")。1992 年 2 月 1 日,各国外长正式签署"马约",并于 1993 年 11 月 1 日正式生效,同时欧共体更名为欧盟,这标志着欧共体开始从经济实体向经济政治实体过渡。

1995 年,奥地利、瑞典和芬兰的加入,使欧盟成员国扩大到 15 个。

1999 年 1 月 1 日,欧洲统一货币——欧元正式启动,标志着欧盟一体化进程又向前迈进了一大步。

2002 年 11 月 18 日,欧盟 15 国外长会议决定邀请塞浦路斯、匈牙利、捷克、爱沙尼亚、拉脱维亚、立陶宛、马耳他、波兰、斯洛伐克和斯洛文尼亚 10 个中东欧国家入盟。2003 年 4 月 16 日,在希腊首都雅典举行的欧盟首脑会议上,上述 10 国正式签署入盟协议。2004 年 5 月 1 日,这 10 个国家正式成为欧盟的成员国。这是欧盟历史上的第五次扩大,也是规模最大的一次扩大。

2007 年 1 月,罗马尼亚和保加利亚两国加入欧盟,至此,欧盟经历了六次扩大,形成了一个囊括东西欧、人口达 4.95 亿、面积约 432 万平方公里、国内生产总值逾 15 万亿的新欧盟,成为目前世界上经济发展程度最高的区域经济政治联合体。欧盟第六次扩大后最新的 27 个成员国的基本经济概况(包括各国总人口、国土总面积、人均 GDP)如表 3-1 所示。

表 3-1　欧盟 27 个成员国基本经济概况(2011 年)

国家/区域	入盟时间 (年份)	人 口 (百万)	面 积 (平方公里)	人均 GDP (美元)	人均 GDP 购买力
欧盟(27 国)	—	502.5	4154414	33981	30937
欧盟(15 国)	—	399.4	3241316	47849	38117
德国	成立国	81.8	356854	43689	39970
法国	成立国	65.1	550000	42377	35650
英国	1973	62.4	244820	38818	35940
意大利	成立国	60.6	301263	36116	32710
爱尔兰	1973	4.5	70000	48423	33230
奥地利	1995	8.4	83870	49707	42080

国家/区域	入盟时间（年份）	人 口（百万）	面 积（平方公里）	人均GDP（美元）	人均GDP购买力
荷兰	成立国	16.7	41526	50087	43260
比利时	成立国	10.9	30528	46469	39270
卢森堡	成立国	0.5	2586	115038	64410
瑞典	1995	9.4	449964	56927	42200
芬兰	1995	5.4	338000	49391	42300
丹麦	1973	5.6	43094	59684	38500
西班牙	1986	46.2	504782	32244	31660
葡萄牙	1986	10.6	92072	22330	24480
希腊	1981	11.3	131957	26427	26090
2004年新入盟的10国	—	74.1	563688	18420	21568
波兰	2004	38.2	312679	13463	20480
匈牙利	2004	10	93000	14044	20260
捷克	2004	10.5	78866	20407	24280
斯洛伐克	2004	5.4	48845	17646	22230
塞浦路斯	2004	0.8	9250	30670	数据缺失
马耳他	2004	0.4	316	21209	数据缺失
斯洛文尼亚	2004	2.1	20732	24142	26960
爱沙尼亚	2004	1.3	45000	16556	20830
拉脱维亚	2004	2.2	65000	12726	19690
立陶宛	2004	3.2	65000	13339	17820
2007年新入盟的2国	—	28.9	349410	7782	14560
保加利亚	2007	7.5	111910	7158	13980
罗马尼亚	2007	21.4	237500	8405	15140

数据来源：Wind资讯网，笔者进行了相应处理。

三、欧盟东扩对中国出口的影响

（一）欧盟东扩与出口结构变化

欧盟东扩必然会对中国对欧盟的出口带来一定的影响，这种影响主要体现在贸易转移上，而贸易转移效应的大小在很大程度上取决于中国与新入盟的 10 国对欧盟出口结构相似性程度的高低，所以对 2004 年新加入欧盟的国家在原欧盟市场上出口优势产品的研究就显得十分重要。本书选取显性比较优势指数（RCA）和出口相似性指数这两个指数对中国和新入盟 10 国的出口贸易结构进行分析比较。

1. 显性比较优势指数

显性比较优势指数最早由巴拉萨于 1965 年提出。它是指一国某种商品或服务的出口额占该国出口总额的份额与世界该种商品或服务的出口额占世界出口总额的份额之比。这一指数反映了一国的某种商品或服务在国际竞争中的地位。用公式表示如下：

$$RCA_{ij} = \frac{X_{ij}/X_{it}}{X_{rj}/X_{rt}} \tag{3.1}$$

式中，RCA_{ij} 表示 i 国第 j 种商品在欧盟市场上的显性比较优势指数；X_{ij} 代表 i 国第 j 种商品对欧盟原 15 国的出口额，X_{it} 代表 i 国对欧盟 15 国所有商品的出口额，X_{rj} 代表欧盟 15 国第 j 种商品的进口总额，X_{rt} 代表欧盟 15 国所有商品的进口总额。如果一个国家某种商品出口的 RCA 数值大于 1，则代表该产品在国际上具有明显的比较优势，而并且 RCA 数值越大，表示其比较优势越强。本书将 2004 年新入盟的 10 国作为一个整体来计算 RCA 值，并与中国进行比较分析。

我们使用来自联合国商品贸易统计数据库（UN COMTRADE）的数据，具体分类方法是以《联合国国际贸易标准分类》第三次修订标准（SITC Rev.3）为基础的。SITC 将所有贸易商品分为十大类，其中 0～4 类为初级产品，5～8 类为工业制成品，6 和 8 类大多为劳动密集型制成品，5、7 和 9 类大多为资本或技术密集型制成品。具体分类如下：0 类——食品及活动物；1 类——饮料及烟类；2 类——非食用原料（燃料除外）；3 类——矿物燃料、润滑油及有关原料；4 类——动植物油、油脂及蜡；5 类——化学成品及有关产品；6 类——按原料分类的制成品；7 类——机械及运输设备；8 类——杂项制品；9 类——未分类商品。由此计算得出的中国和 2004 年新入盟 10 国的 RCA 指数如表 3-2 所示。

表 3-2 中国和 2004 年新入盟 10 国对原欧盟(15 国)出口的显性比较优势指数

类别	年份\国家	2000	2001	2002	2003	2004	2005	2006	2007	2008	2009	2010	2011
0	中国	0.45	0.46	0.15	0.3	0.29	0.27	0.29	0.28	0.26	0.25	0.28	0.26
	新入盟10国	0.5	0.49	0.22	0.49	0.67	0.72	0.73	0.77	0.74	0.72	0.75	0.72
1	中国	0.11	0.11	0.06	0.1	0.09	0.07	0.08	0.06	0.07	0.09	0.09	0.09
	新入盟10国	0.29	0.24	0.11	0.21	0.26	0.24	0.27	0.39	0.50	0.62	0.55	0.60
2	中国	0.73	0.67	0.67	0.46	0.49	0.48	0.37	0.29	0.30	0.27	0.34	0.29
	新入盟10国	1.16	1.02	1.13	1.05	1.13	0.94	0.88	0.89	0.87	0.88	0.90	0.83
3	中国	0.12	0.15	0.13	0.13	0.18	0.08	0.05	0.06	0.06	0.03	0.07	0.04
	新入盟10国	0.34	0.4	0.43	0.28	0.38	0.31	0.25	0.18	0.24	0.25	0.29	0.26
4	中国	0.12	0.12	0.08	0.1	0.002	0.11	0.17	0.06	0.04	0.04	0.08	0.05
	新入盟10国	0.09	0.06	0.06	0.06	0.003	0.24	0.35	0.22	0.23	0.23	0.29	0.28
5	中国	0.59	0.54	0.51	0.41	0.39	0.34	0.34	0.33	0.38	0.32	0.33	0.30
	新入盟10国	0.42	0.34	0.33	0.31	0.38	0.33	0.37	0.37	0.40	0.35	0.41	0.30
6	中国	1.08	1.06	1.11	0.93	1.1	1.01	1.13	1.14	1.13	1.04	1.20	1.01
	新入盟10国	1.44	1.41	1.51	1.39	1.52	1.35	1.36	1.24	1.28	1.31	1.41	1.37
7	中国	1	1.04	1.21	1.29	1.57	1.41	1.43	1.56	1.62	1.62	1.72	1.62
	新入盟10国	1.24	1.28	1.51	1.43	1.63	1.48	1.56	1.63	1.72	1.77	1.80	1.78
8	中国	2.61	2.41	2.8	2.32	2.38	2.34	2.33	2.09	2.34	2.37	2.43	2.01
	新入盟10国	1.36	1.26	1.38	1.21	1.3	1.12	1.08	1.06	1.06	0.99	1.10	0.87
9	中国	0.01	0.01	0.003	0.001	0.007	0.006	0.006	0.005	0.004	0.005	0.005	0.05
	新入盟10国	0.08	0.28	0.17	0.01	0.08	0.14	0.09	0.09	0.08	0.05	0.07	0.06

资料来源:笔者根据联合国贸易数据库(UN COMTRADE)的资料整理计算所得。

由表 3-2 可以看出,在欧盟出口市场上,中国第 6 类、第 7 类和第 8 类产品具有出口竞争力,其余产品的出口竞争力不明显,其中第 7 类产品的 RCA 值几乎逐年增大,至 2007 年时已与 2004 年新入盟 10 国的 RCA 值非常接近,表明其优势不断提升,但 RCA 值一直处于 1.5 左右,属于竞争力中等水平;第 8 类产品的 RCA 值虽然有逐年下降趋势,但一直保持在 2.4 左右,表明对于该类产品的出口,中国具有极为明显的竞争优势。欧盟统计局的统计数据显示:中国对欧盟出口历年来均较为集中在第 7 类产品——机械及运输设备和第 8 类产品——杂项产品(主要是服装、纺织品)上,而对于这两类产品来说,中国均有比较强的竞争力,所以综合推断欧盟东扩对中国的影响可能会比较小。

2. 出口相似性指数

中国与 2004 年新入盟 10 国之间出口的相似性可以通过出口相似性指数反映。该指数最早由芬宁和克瑞宁于 1979 年提出,主要用于衡量任意两国或两组国家在第三市场或世界市场上的出口产品的相似性程度,相似性越大,说明竞争性越大。出口相似性指数的计算公式如下所示:

$$XS(i,j) = \sum \left[\min(X_{ki}, X_{kj}) \times 100 \right] \tag{3.2}$$

在本书中,$XS(i,j)$ 表示中国和 2004 年新入盟 10 国在欧盟市场上的出口相似性指数,X_{ki} 和 X_{kj} 分别表示第 k 种产品在中国和 2004 年新入盟 10 国的出口比重。该指数的变动范围为 0 到 100 之间。如果中国和 2004 年新入盟 10 国出口到欧盟市场的商品分布完全相同,则该指数为 100,双方为完全竞争关系,反之为完全互补关系。指数越接近 100 表示在欧盟市场上竞争越激烈,越接近 0 表示在欧盟市场上双方专业化分工相异性越高。

表 3-3　中国和 2004 年新入盟 10 国对原欧盟(15 国)出口的出口相似性指数

年份 国家	2000	2001	2002	2003	2004	2005	2006	2007	2008	2009	2010	2011
捷克	76.62	76.39	74.93	79.28	84.29	82.64	82.84	86.43	84.18	81.03	81.02	80.8
塞浦路斯	74.75	76.97	73.17	73.21	74.79	68.62	73.98	67.83	44.41	43.79	67.45	67.33
爱沙尼亚	77.78	81.27	77.07	76.38	75.31	73.39	75.79	74.6	74.14	68.38	75.96	75.58
匈牙利	74.2	73.95	73.61	78.16	80.36	79.79	77.42	78.36	78.18	76.91	77.47	77.25
拉脱维亚	47.37	50.02	46.28	44.7	48.1	44.48	46.95	45.85	49.7	51.48	48.31	48.18
立陶宛	75.17	69.84	70.54	78.75	67.96	60.46	61.82	58.44	47.57	52.54	64.8	64.77

年份 国家	2000	2001	2002	2003	2004	2005	2006	2007	2008	2009	2010	2011
马耳他	88.56	88.91	87.99	91.22	91.57	92.79	86.23	88.71	89.81	87.74	89.36	89.25
波兰	83.56	83.62	81.82	81.82	81.24	80.05	81.91	83.47	81.73	82.01	82.82	82.61
斯洛伐克	77.51	78.9	79.37	81.19	84.86	83.17	81.08	84.8	81.65	79.05	81.89	81.84
斯洛文尼亚	83.35	84.41	82	84.67	84.23	84.16	81.18	83.85	83.01	81.66	83.61	83.44
2004年新入盟10国	82.08	82.03	80.22	83.73	86.92	84.47	84.75	88.17	84.36	83.42	84.78	84.41

资料来源：笔者根据联合国贸易数据库（UN COMTRADE）的资料整理计算所得。

由表3-3可以看出，中国与2004年新入盟10国的出口相似性很高。除拉脱维亚外，其他9国与中国的出口相似度几乎都在70以上，以马耳他最高，一直保持在90左右。由此可知，中国与2004年新入盟10国在对欧盟出口上存在着很强的竞争关系。2004年新入盟的10国在整体水平上与中国的出口相似度极高，保持在80以上，并且在2007年达到最大值，2008年和2009年略有下降。上述数据表明，中国与2004年新入盟10国总体上的出口竞争很强，所以2004年这10国加入欧盟对中国向欧盟出口产生了一定的替代作用。

（二）实证分析

通过对上文计算出的显性比较优势指数的分析，我们认为欧盟东扩对中国对欧盟出口的影响比较小；而通过计算出口相似性指数，我们又发现中国与2004年新入盟10国之间对欧盟的出口结构相似度较高，欧盟东扩对中国出口会造成一定的负面影响。下面我们将利用贸易引力模型衡量欧盟东扩对中国出口影响力的正负和大小。

1.引力模型

引力模型在国际贸易研究领域的应用，源于一些学者借用物理学中引力思维而得出的一个结论：一国向另一国的贸易流量等于两国潜在贸易量除以阻力因素或距离因素，因而经济规模越大、地理位置越接近的国家之间的贸易流量亦越大，其最早由丁伯根（1962）和波诺翰（1963）提出并加以应用。贸易引力模型的最基本形式如下所示：

$$X_{ij} = A \times \frac{GDP_i \times GDP_j}{D_{ij}} \tag{3.3}$$

该模型认为，两国之间的双边贸易流量规模与它们各自的经济总量呈正比,与两国的地理距离呈反比。出口国 i 的经济总量 GDP_i 反映了其潜在的供给能力,而进口国 j 的经济总量 GDP_j 反映了其潜在的需求能力,两者都是双方贸易的促进因素,而两国的地理距离 D_{ij} 所造成的运输成本则构成了两国贸易的阻力因素。上述公式两边取自然对数,可以转换成线性形式,从而构建出本书所使用的引力模型①:

$$\ln X_{ij} = \beta_1 \ln GDP_i + \beta_2 \ln GDP_j + \beta_3 \ln D_{ij} + \mu_{ij} \qquad (3.4)$$

我们在前人研究的基础上,引入两国国民生产总值(GDP)、两国人均 GDP($PGDP$)、两国人口(Pop)、地理距离(D_{ij})、进口国 j 的外贸依存度 TD_{ij} 以及是否为欧盟成员国(EU)这 6 个解释变量来构造中国对欧盟出口的引力模型②:

$$\ln X_{ij} = \beta_1 \ln GDP_i + \beta_2 \ln GDP_j + \beta_3 \ln PGDP_i + \beta_4 \ln PGDP_j + \beta_5 \ln Pop_i$$
$$+ \beta_6 \ln Pop_j + \beta_7 \ln D_{ij} + \beta_8 \ln TD_{ij} + \beta_9 EU + \mu_{ij} \qquad (3.5)$$

表 3-4　解释变量的含义、预期符号及理论说明

解释变量	含义	预期符号	理论说明
GDP_i	出口国 i 的实际国内生产总值(美元)	+	反映了出口国的出口供给能力
GDP_j	进口国 j 的实际国内生产总值(美元)	+	进口国的进口需求能力
$PGDP_i$	出口国 i 的人均国内生产总值(美元)	+	出口国的经济发展水平,也反映了该国的出口能力
$PGDP_j$	进口国 j 的人均国内生产总值(美元)	+	代表了进口国的经济发展水平,随着人均收入的增长,对进口产品数量和品种数的需求就越大
POP_i	出口国 i 的人口数(人)	—	代表了国内市场规模,因为大国一般有更加多样化的产品以便满足国内多样化的需求,小国趋向于专业化生产且更加依赖对外贸易,所以出口国人口越多,当地市场越大,对外贸易会相对减少
POP_j	进口国 j 的人口数(人)	符号不确定	一方面,进口国相对较大的人口规模可能导致该国国内生产替代国外产品,从而减少贸易机会;另一方面,进口国人口越多,随着收入水平增加进口能力增强,从而进口增加

解释变量	含 义	预期符号	理论说明
D_{ij}	两国之间的绝对距离	—	代表运输成本的高低,是阻碍贸易的重要因素
TD_{ij}	进口国 j 国外贸依存度	+	一般地,进口国经济对贸易的依赖程度越高,其进口贸易水平也越高
EU	虚拟变量		是否属于中国和欧盟成员国之间的出口贸易,是取 1,否取 0

虽然人口和人均 GDP 对出口流量的影响不尽相同,但两者在一定程度上都反映了国内市场的规模和经济发展水平,所以我们这里构造了分别只包括人口和人均 GDP 的引力模型③即公式(3.6)、引力模型④即公式(3.7)和不包括人口和人均 GDP 的引力模型⑤公式(3.8):

$$\ln X_{ij} = \beta_1 \ln GDP_i + \beta_2 \ln GDP_j + \beta_3 \ln PGDP_i + \beta_4 \ln PGDP_j + \beta_5 \ln D_{ij}$$
$$+ \beta_6 \ln TD_{ij} + \beta_7 EU + \mu_{ij} \tag{3.6}$$

$$\ln X_{ij} = \beta_1 \ln GDP_i + \beta_2 \ln GDP_j + \beta_3 \ln PGDP_i + \beta_4 \ln PGDP_j$$
$$+ \beta_5 \ln D_{ij} + \beta_6 \ln TD_{ij} + \beta_7 EU + \mu_{ij} \tag{3.7}$$

$$\ln X_{ij} = \beta_1 \ln GDP_i + \beta_2 \ln GDP_j + \beta_3 \ln D_{ij} + \beta_4 EU + \mu_{ij} \tag{3.8}$$

2.实证检验

由于 2004 年欧盟的第五次东扩规模最大,距离现在时间也比较近,所以本书以欧盟第五次东扩事件为研究对象,选取中国与欧盟(25 国)以及 3 个非欧盟最大贸易国——美国、日本和韩国为样本,用 2000 年至 2011 年共 12 年的双边出口贸易数据作为模型的实证检验对象,以 2004 年欧盟第五次东扩为分界点,分别对 2000—2003 年间、2004—2007 年间、2004—2011 年间(加入 2008 年后金融危机的虚拟变量)的面板数据进行回归,希望通过对比两个时间段回归方程的系数,来发现欧盟东扩对中国出口的实证影响。我们研究的样本观察容量为 560 个($28 \times 2 \times 10$)。

本书针对 2000—2003 年间、2004—2007 年间中国与欧盟国家相互出口贸易的面板数据,分别对引力模型②、③、④、⑤进行了回归测算,共得到 8 个引力方程(见表 3-5)。受金融危机后各种因素的影响,2008 年和 2009 年的统计数据有较大变化,加入金融危机的虚拟变量后,对 2004—2011 年间的数据进行回归,得出另外 4 个引力方程(见表 3-6)。各国的 GDP、人均 GDP 和人口数据来自世界银行官方网站的相关统计,各国的出口量来自联合国贸易数据库（UN COMTRADE），各国间的地理距离是指中国首都北京和各国首都之间的实际地表距离，数据来自网站 http://www.indo.com 中的"距离计算器"。本书研究所使用的软件是 Eviews 5.1，使用的回归方法是最小二乘法。

我们使用的面板数据的时间维度只有 6 个，所以基本上不存在序列相关问题，且通过对数变换的引力方程也基本上克服了异方差问题。回归统计结果如表 3-5 所示：

表 3-5　不同形式的引力模型 2000—2003 年间、2004—2007 年间的回归结果

解释变量	模型②		模型③		模型④		模型⑤	
	2000—2003	2004—2007	2000—2003	2004—2007	2000—2003	2004—2007	2000—2003	2004—2007
$\ln GDP_i$	19.01 (3.51)	20.61 (4.55)	1.13 (20.15)	0.86 (15.26)	0.83 (6.99)	0.95 (8.26)	1.09 (28.82)	0.93 (24.68)
$\ln GDP_j$	9.22 (1.72)	13.86 (3.12)	0.56 (10.98)	0.41 (7.46)	0.38 (3.17)	0.63 (5.42)	0.47 (14.20)	0.41 (10.89)
$\ln D_{ij}$	−2.29 (−17.89)	−1.62 (−8.23)	−2.23 (−2.18)	−1.64 (−7.85)	−2.34 (−17.86)	−1.65 (−7.88)	−2.40 (−18.92)	−1.59 (−7.68)
$\ln TD_{ij}$	0.79 (4.54)	0.70 (4.20)	0.85 (4.84)	0.52 (2.99)	0.85 (4.84)	0.52 (2.99)	0.84 (4.76)	0.60 (3.64)
EU	0.97 (5.18)	−1.02 (−2.81)	1.26 (7.46)	−0.91 (−2.36)	1.26 (7.37)	−0.91 (−2.39)	1.13 (7.30)	−0.91 (−2.38)
$\ln PGDP_i$	−18.13 (−3.35)	−19.62 (−4.32)	−0.30 (−2.18)	0.07 (0.58)				
$\ln PGDP_j$	−8.71 (−1.62)	−13.17 (−2.96)	−0.19 (−1.39)	0.20 (1.56)				
$\ln Pop_i$	−17.95 (−3.30)	−19.78 (−4.36)	0.29 (2.06)	−0.097 (−0.76)				
$\ln Pop_j$	−8.69 (−1.61)	−13.48 (−3.03)	0.18 (1.29)	−0.22 (−1.73)				
$\bar{R}^2$	0.8379	0.8091	0.8234	0.7849	0.8231	0.7854	0.8203	0.7871

注：括号内为 t 统计值。

表 3-6　不同形式的引力模型 2004—2009 年间的回归统计结果

解释变量	模型②	模型③	模型④	模型⑤
	2004—2009	2004—2009	2004—2009	2004—2009
$\ln GDP_i$	−52.45	−65.11	2.57	0.98
	(−0.71)	(−0.96)	(−2.89)	(−3.17)
$\ln GDP_j$	−2.73	1.36	2.82	1.76
	(−4.59)	(−18.69)	(−10.43)	(−22.01)
$\ln D_{ij}$	0.47	1.61	0.83	0.23
	(−1.81)	(−0.21)	(0.07)	(0.21)
$\ln TD_{ij}$	1.89	0.61	0.93	0.40
	(−1.35)	(−1.04)	(−0.88)	(−1.00)
EU	−0.01	−0.04	−0.72	−0.26
	(−1.96)	(−1.82)	(−1.79)	(−1.57)
$\ln PGDP_i$	56.68	68.73		
	(−0.57)	(−0.38)		
$\ln PGDP_j$	6.30	1.26		
	(−6.11)	(−2.45)		
$\ln Pop_j$	5.79		0.00	
	(−5.75)		(−1.64)	
f	0.80	1.54	0.16	1.31
	(−0.09)	(−0.06)	(−1.45)	(−1.23)
$\overline{R}^2$	0.82	0.69	0.52	0.61

注：f 是用来衡量金融危机的虚拟变量，2008 年之前取 0，2008 年及之后取 1；括号内为 t 统计值。

综合比较各系数的 t 值检验、伴随概率及预期符号和实际符号是否相符后，我们认为引力方程⑤最符合本书研究的需要，回归后的引力方程如下：

(1)2000—2003 年间的引力回归方程为：

$$\ln X_{ij} = 1.09\ln GDP_i + 0.4\ln GDP_j - 2.40\ln D_{ij} + 0.84\ln TD_{ij} + 1.13EU$$

$$(28.82) \qquad (14.20) \qquad (-18.92) \qquad (4.76) \qquad (7.30)$$

$$(3.9)$$

$$\overline{R}^2 = 0.8203$$

(2)2004—2007 年间的引力回归方程为：

$$\ln X_{ij} = 0.93\ln GDP_i + 0.4\ln GDP_j - 1.59\ln D_{ij} + 0.60\ln TD_{ij} + 0.91EU$$

$$(24.68) \qquad (10.89) \qquad (-7.68) \qquad (3.64) \qquad (-2.38)$$

$$(3.10)$$

$$\overline{R}^2 = 0.7871$$

(3)2004—2011 年间的引力回归方程：

$$\ln X_{ij} = 0.93\ln GDP_i + 0.84\ln GDP_j + 0.01\ln D_{ij} + 0.11\ln TD_{ij} - 0.54EU - 0.36f$$

$$(2.82) \qquad (22.14) \qquad (0.06) \qquad (1.14) \qquad (-1.73)(-1.49)$$

$$(3.11)$$

$$\overline{R}^2 = 0.8307$$

如方程(3.9)和(3.10)所示，引力方程形式⑤中所有变量的系数都通过了显著性检验，且$\overline{R}^2$较高，说明回归方程对样本观察值的拟合程度较好，引力方程⑤能较好地说明样本国之间双边贸易流量的决定因素。

GDP_i 和 GDP_j 显著性水平较高，说明中国与欧盟各国 GDP 水平的高低会对中国和欧盟之间的相互出口贸易产生显著的影响，且因为 GDP_i 的系数比 GDP_j 的系数大，说明出口国的出口供给能力对出口国出口的影响比进口国的进口需求能力的影响要大得多。

D_{ij} 的系数显著为负，说明距离因素对中国与欧盟之间的贸易出口会产生明显的阻碍作用。由于金融危机后复杂的经济形势的影响，加入 2008 年和 2009 年数据后，方程(3.11)中的 D_{ij} 系数不太显著。

TD_{ij} 也通过了显著性检验，且符号如预期中的为正，该变量表示的是进口国 j 的贸易依存度，表明进口国对贸易的依赖程度越高，其进口贸易水平也越高，从而对出口国出口量的影响显著为正。

我们采用引力模型的主要目的是考察欧盟的东扩对中国对欧出口的影响，这可以通过比较三个回归方程中 EU 的系数得出相关结论。2000—2003 年间的数据回归结果中 EU 的系数为 1.13，显著为正，说明欧盟成员国的身份会促进中国的出口贸易，对后者有正的贸易效应。而 2004—2007

年间的数据和加入金融危机影响变量的 2004—2011 年间的数据回归中 EU 系数为 -0.91 和 -0.26，都显著为负，表明欧盟成员国的身份不但不能促进中国的出口贸易，反而会对后者产生消极影响，形成较为明显的抵制效应，这说明欧盟东扩后带来的贸易转移效应大于贸易创造效应。在 EU 这个检验结果上，我们这里与以前一些学者关于欧盟东扩对中国出口影响的研究所得出的结论并不同，此前得出的结论大多认为欧盟东扩对中国出口没有产生明显影响，或是对双边贸易同时存在贸易创造和贸易转移正负两方面的影响，正负效应相互抵消，净效应为零。本书通过实证检验后认为，欧盟东扩对中国出口存在明显的负向作用，得出了与以往许多研究截然不同的结果。之所以有不同的结论，可能存在两个原因：一则以往采用的方法是对历年截面数据进行回归，没有考虑到时间趋势项，而我们采用的是面板数据，既有截面数据，又有时间序列，因此可以很好地反映趋势；二则可能是数据年限的原因，以往由于客观条件限制最多只收集到 2005 年的数据，而欧盟东扩对中国出口的影响有滞后作用，在当年或次年并没有表现出明显的贸易效应，所以以往学者用 2005 年的数据回归后并没有发现明显的影响，我们使用欧盟东扩 4 年后（2004—2007 年间）和 8 年（2004—2011 年间）的数据来进行回归分析，发现了比较明显的贸易转移效应。

3. 检验结果说明及解释

我们首先计算中国与 2004 年新入盟的 10 国对原欧盟 15 国的各类出口产品的显性比较优势指数，发现中国在第 8 类产品的出口上拥有比较明显的竞争优势，第 7 类产品出口也可以与 2004 年新入盟的 10 国相抗衡，但优势不明显。通过计算出口相似性指数，我们发现 2004 年新入盟的 10 国和中国对欧出口的产品结构相似度很高，对中国的出口产品表现出高度可替代的特点，且出口结构相似度也有逐渐增高的趋向，预示着 2004 年新入盟的这 10 个国家与中国在原欧盟 15 国市场上的产品竞争将越来越激烈。

随后我们运用引力模型对 2000—2003 年间、2004—2007 年间、2004—2011 年间中国与欧盟各国的双边出口数据进行分析，回归结果明显地表明，2004 年欧盟第五次扩容后新入盟的 10 国对中国的出口产品产生了替代作用，贸易转移效应较明显。出现这种现象的原因包括以下几点：

第一，与中东欧国家相比，中国的出口产品并不具备竞争优势。虽然 RCA 指数显示中国的第 7 类产品——机械及运输设备和第 8 类产品——杂项产品（主要是服装、纺织品）具有一定的竞争优势，但是事实上，中国机电产品的出口企业中,外商投资企业占有较大比重,而外商投资企业又以从事加工贸易为主,故机电产品出口的统计数据不能充分说明中国机电产品的竞争态势,而第 8 类产品又以劳动密集型产品为主,产品附加值低。所以在欧盟东扩后,随着运输成本的大大降低,以及中东欧国家相对较高的员工受教育水平所带来的产品质量的提升,导致原欧盟国家转向从其他新加入欧盟的国家进口商品,从而使贸易转移效应明显,导致中国出口丧失了部分市场。

第二,关于欧盟东扩后造成的贸易壁垒问题。欧盟东扩后,各成员国对外部资源、外部市场的依赖大为减少,因此提高贸易壁垒不可避免。与此同时,欧盟经济面临着区域内部体制改变和国际经济动荡所带来的种种不确定因素,经济增长缓慢,消费者信心指数不断下降,市场萎缩,欧盟企业步履维艰。为了保护国内和区域内部企业的发展,维护员工利益,欧盟不断出台针对劳动密集型进口产品的苛刻的技术标准,频繁启动反倾销调查,这也在相当程度上给中国对欧盟出口造成了负向影响。

通过实证检验我们得出:(1)中国除第 7 类、第 8 类产品外,在对欧盟出口的市场上较 2004 年新入盟的 10 国而言,产品竞争优势并不明显,且中国与 2004 年新入盟的 10 国对原欧盟 15 国出口的产品结构相似度很高,产品高度可替代,所以随着这 10 国 2004 年加入欧盟,中国对欧盟出口面临严峻挑战。(2)实证分析结果表明,2004 年欧盟第五次扩大后,新入盟的 10 国对中国的对欧出口产品产生了替代作用,贸易转移效应较明显。

四、欧盟东扩契机下我国民营企业的应对策略

近年来,中国民营经济步入了快速发展期,总体经济实力进一步增强,民营企业出口的表现也较为突出。从总量上来看,自 20 世纪 90 年代以来,民营企业出口额从 1991 年的 1.6 亿美元增加到 2005 年的 1854.9 亿美元,年均增长 98%,大大高于同期全国工业企业年均 43%的出口增长率。全国工商联公布的 2010—2011 年度《中国民营经济发展形势分析报告》显示:2010 年,我国民营企业出口总额达 4812.7 亿美元,较 2005 年增长 223%。截至 2011 年 11 月,民营经济出口总额超过 5700 亿美元,同比增长 33.3%,占全国出口总额的 1/3,可见民营企业显然已成为中国对外贸易的重要主体。

中国海关统计数据显示,目前,美国、欧盟和我国香港地区仍为民营企业出口的主要市场。但中国民营企业的出口产品以传统的劳动密集型

和资源密集型产品为主,这是由我国民营企业行业分布状况所决定的。当然,拥有进出口经营权的民营企业主要分布在纺织、食品、轻工、化工、建材和机电五金等领域,其中轻纺工业和机电工业居多;但单就技术水平和科技含量而言,其出口产品并不具有明显的比较优势,竞争力并不强;机电类产品同样是中国民营企业出口的主要产品,但以加工贸易为主,具有自主知识产权和自主品牌的民营高新技术产品出口企业则少之又少。

与此同时,随着欧盟东扩后中欧贸易的迅速发展,贸易摩擦与争端也日益增多,欧盟是最早对我国提出反倾销的地区,也是对我国发起反倾销调查最多的贸易伙伴。同时,欧盟成员国对进口产品设置了严格的技术性贸易壁垒,如对我国纺织品频繁采取的特别保障措施、反倾销手段以及在环境、安全和健康等方面设置的壁垒。在我国出口商品中占较大比重的机电产品,也因欧盟在噪音污染、节能性与安全性等方面的技术限制,其对欧出口受到明显的负面影响。上述两类产品正是中国民营企业对欧盟的主要出口产品,欧盟接连出台的严苛的技术标准和频繁启动的反倾销调查,使本就受制于发展规模且对欧盟政策敏感度较高的中国民营企业更加疲于应对。由此可知,欧盟东扩在一定程度上给中国民营企业的出口带来了重创。

欧盟是世界上最大的区域经济组织,也是中国最大的出口贸易伙伴,其广阔的内部市场、先进的技术和雄厚的资金对中国企业获得更大经济和贸易利益有着巨大的吸引力,欧盟出口贸易对中国的外向型经济乃至中国整体经济发展的重要性也不言而喻。尽管欧盟东扩对中国出口造成了贸易转移效应,然而,欧盟东扩本身也意味着市场容量的扩大,这对中国企业,尤其是民营企业来说无疑是一种契机。我们认为,中国民营企业只有实施以下措施,才能抓住欧盟东扩带来的市场机遇,发挥民营企业的出口潜力和竞争力优势。

第一,中国民营企业应提高自身的市场适应能力,优化出口产品结构,增强出口产品的竞争优势。

由于中国民营企业出口的多是劳动密集型产品,技术含量较低,与2004年新入盟10国的替代性较强,且出口产品的需求弹性较低,所以会产生明显的贸易转移效应。中国民营企业的出口产品结构急待升级,出口企业要加快高新技术产品的研发生产,努力扩大高技术含量、高附加值、自主研发生产的机电产品的出口,同时加大对传统部门的 R&D 投入,加快纺织品、服装等传统出口商品的升级换代,从而提高出口产品的质量和档次,增强自身的国际竞争力。

第二，中国民营企业应重视产品质量，实施品牌战略，积极应对欧盟在关税、技术壁垒、环保限制和反倾销等方面设置的障碍。

近年来，欧盟不断出台日益苛刻的技术法规和环保标准、严格控制的认证制度、繁琐的检验检疫程序，给中国企业出口造成了很大的进入障碍，而这根本上是由于中国出口企业技术层次相对较低、环保意识相对较弱等原因造成的。相关部门要重视产品质量，重视产品技术标准、质量标准的研究和制定工作，健全和完善认证制度。同时要努力增强培育自主品牌的能力，引导企业开创国际品牌，用品牌开拓市场、创造价值，这样便在保证信誉的同时规避贸易壁垒，提高我国经济的综合竞争力。

第三，中国民营企业要看准形势，实施灵活的区分战略。

欧盟东扩后，其内部经济政治情况更加复杂，与具有独立主权的单个国家相比，区域特征也更加明显。民营企业要对欧盟不同国家的市场层次、商品结构、消费水平进行细化研究和分析，以便区别对待，灵活应付。对于经济实力强弱不同的国家，企业可制定多层次的发展战略，趋利避害，灵活发展。

第四，行业协会要充分发挥信息搜集、传递和指导作用，企业自身要加强信息化建设。

民营企业由于受制于自身规模和资金实力，对欧盟政策关注度不高，很多对企业至关重要的法律已经实施了很长一段时间，因而变得过时且不符合时代发展要求，但还有企业未曾严肃意识到，从而延误了应对时机。同时，由于单家企业搜集信息的成本较高，行业协会应充分发挥自身作用，及时搜集掌握最新最快信息，指导企业调整生产以更好地满足市场需求，并力图将欧盟东扩对民营企业出口所带来的负面影响降到最低程度。企业自身也要加强信息化建设，提高信息敏感度，密切关注欧盟有关技术标准和规定的调整，不断调整生产流程，提高出口产品的技术标准，以增强自身出口产品的竞争力。

第三节　中国民营企业与欧盟贸易摩擦分析

随着中国对外开放程度的扩大和中国比较优势的显现，很多国家将中国作为世界工厂，把产品的生产基地转移到中国，这就给了中国民营企业一个模仿、学习和借鉴国外先进管理和技术的良好机会。许多民营企业生产出大量与国外产品类似,且质优价廉的产品,并通过各类渠道销往全球各地,部分民营企业更是将生产经营活动延伸到欧洲本土,实现了跨国经营,欧洲市场也成为中国民营企业的重要出口基地。例如,奥康集团作为我国著名的民营鞋业公司,其欧洲市场的出口量已占到集团出口总量的60%有余。但是,随着中国贸易顺差的扩大和中国国际地位的提升,对原有利益格局的冲击也越来越大,中欧贸易摩擦不断增加,对双边贸易和投资关系产生了很大的负面影响。

一、中国民营企业与欧盟的贸易摩擦

作为经济全球化的一项重要协调机制,WTO 的重要职能之一就是解决成员之间的贸易争端。为维护公平贸易和正常的竞争秩序,WTO 允许成员国使用反倾销、反补贴等贸易救济和保障措施,保护国内产业不受非正当损害。

(一)中欧贸易摩擦

中国民营企业在发展壮大过程中,一直把低成本作为主要竞争优势,纺织、服装、鞋类等行业的大量以出口为导向的劳动密集型企业发展迅猛,对欧盟原有产业形成了一定的冲击。与发达国家相比,中国许多民营加工企业因享受出口退税等优惠措施,有能力在短时间内聚集一定的财富投入深加工,因而其产品价格低廉,在国际市场上颇为畅销,国际上一些竞争对手不得不降价销售,这样就造成了亏本,于是当地行业协会便通过 WTO 机制对中国出口企业提出了反倾销调查。因此在中欧经贸往来日益频繁的同时,中国也成为世界反倾销诉讼案最多的国家,中国与欧盟国家的贸易摩擦和冲突更是呈现出大幅增长的势头,这在欧盟东扩之后表现得尤其突出(见表 3-6)。

表 3-6　欧盟对华反倾销案件占其对外反倾销案件总数的比例

年　份	欧盟对华反倾销案件(起)	欧盟对外反倾销案件(起)	所占比例(%)
1996	6	25	24.0
1997	5	45	11.1
1998	1	29	3.4
1999	12	85	14.1

续表

年　份	欧盟对华反倾销案件（起）	欧盟对外反倾销案件（起）	所占比例（%）
2000	6	31	19.4
2001	1	33	3.0
2002	4	28	14.3
2003	3	8	37.5
2004	9	29	31.0
2005	8	26	30.8
2006	12	35	34.3
2007	6	9	66.7
2008	6	20	30.0
2009	7	21	33.3
2010	8	15	53.3
2011	5	11	45.5

数据来源：WTO 官方网站及欧盟历年反倾销报告；这里的"对华"仅包括中国大陆，即不包括我国港、澳、台地区，本书其他地方的"对华"所指同样如此，其中 2011 年的数据为 1—8 月的数据。

自 1995 年以来，我国已连续 17 年成为全球反倾销措施的最大受害者。尤其是近些年来，国外对华反倾销调查数量激增，对我国出口产品造成的损失也不断增加。2006 年，我国贸易救济调查涉案金额为 21 亿美元；2007 年激增至 46 亿美元，增加了一倍多；2008 年继续增至 62 亿美元；2009 年，受金融危机影响，国际贸易保护主义急剧升温，我国遭遇的贸易摩擦明显增多，中国出口产品全年共遭受 116 起贸易救济调查，涉案总金额约 127 亿美元；2010—2011 年，针对我国出口产品的贸易救济调查数量有所下降，分别为 66 起和 69 起，涉案金额分别为 71.4 亿美元和 69 亿美元；2012 年，我国出口产品共遭遇 72 起贸易救济调查，且仅前三季度的涉案金额就达到 243 亿美元，我国的对外贸易环境不容乐观。①

从欧盟反倾销措施在 1996—2011 年这 16 年间的使用情况看（见表 3-6），欧盟对华反倾销案件数在欧盟对外反倾销案件总数中所占的比例整

---

① 本段数据源自中华人民共和国商务部的历年《国别贸易投资环境报告》。

体上呈上升趋势,2007年甚至达到66.7%,可见其反倾销措施的使用在中国出口产品上是较有针对性的,欧盟已经把中国看成其反倾销的主要目标国。与此同时,中国所面临的反倾销案件也以欧盟居多,在中国受理的反倾销案件中,占案件总量比例超过10%的国家和地区有三个,分别是印度、欧盟和美国,而来自欧盟的案件比例占13%,仅次于印度的18%。在2006年这一年中,欧盟对华反倾销案件数为35起,已经超过了印度的31起。据欧盟2008年反倾销报告中所称,欧盟对中国大陆发起的6起反倾销调查中,涉及了冷轧不锈钢板、钢绞线、各种蜡烛及类似品、钢丝筋条、无缝钢铁管及空心异型材、铝箔等产品。2009年,据中国贸易救济信息网统计,共有20个国家(地区)对华启动118起贸易救济调查,同比增加10起;其中,反倾销75起,反补贴13起,涉华保障措施23起,特别保障措施7起。在16个对华启动反倾销调查的国家(地区)中,欧盟对华启动反倾销调查占同期欧盟反倾销调查总数的比重高达33.3%。而在2010年,这一比重则超过了50%,达到53.3%。

欧盟针对中国民营企业出口产品采取的反倾销举措,主要是出于三个原因:一是国内民营企业只把客户需求作为产品质量标准,只顾满足客户需要,缺乏主动了解相关产品进口国法规、标准的意识;二是部分国外进口商不足以完全信赖,它们不了解本国法规、标准和当地市场最新动态,没有向我国民营企业提出符合本国规定的需求;三是市场价格竞争原因,使国外进口商和我国民营出口企业在材料选用上,一开始便达成了廉价但低质的共识。

(二)中欧贸易摩擦对我国民营企业的影响

欧盟对来自中国民营企业的产品实施反倾销等措施,会导致产品与要素价格扭曲,对资源配置和收入分配造成负面影响,即欧盟相关产品的价格会升高,资源会从其他产业流向该类产业。同时,欧盟内部产品价格上升会使生产者得益,消费者的福利将因此受到损失,进而使欧盟的总体福利下降。具体而言,中欧贸易摩擦将给中国民营企业带来以下几方面的影响:第一,贸易摩擦使相关产品出口减少,其生产也会相应减少,从而导致一部分资源在产业之间发生转移;第二,部分产品出口的减少会引起相关行业、产业就业吸纳能力的萎缩,而摩擦的焦点大多集中于劳动密集行业,因此,失业问题会随着贸易摩擦的增加而更严重;第三,贸易摩擦在一定程度上可能会加快某些产业的转型升级。出口受阻会促使民营企业将部分资源从技术相对落后的传统产业转移到技术相对先进的现代产业,加快落后产业转型升级的步伐,贸易摩擦带来的短期资源配置扭曲可能换来长期更有利的发展。

二、民营企业与欧盟贸易摩擦的原因分析

近年来,欧盟整体经济增长减缓,GDP 增长率出现下降趋势,与此同时,中国经济却持续、快速、稳定增长,对欧盟出口增长迅速。这使得欧盟对我国的贸易逆差不断扩大,欧盟一些国家惧怕中国经济崛起之后会挤占欧盟市场,对本区域内部的企业造成威胁。为了保护其内部竞争力较低的产业,但又碍于 WTO 关于关税方面的条款,欧盟对中国越来越多地采取了反倾销手段。反倾销措施在国际贸易当中越来越多地被运用为一种合法的贸易保护工具,运用反倾销措施可以有效地保护本国相关产业,削弱从国外进口产品的竞争力,从而使本国产品具有竞争优势。所以,欧盟对中国的反倾销不可避免地存在保护本国相对竞争力较弱的产业这个最基本的原因。概括起来,中国民营企业在中欧贸易中摩擦不断增加的内在原因主要包括下面几个方面:

（一）产品结构单一

我国民营企业出口到欧盟的产品以纺织品、鞋类、五金等低附加值、低技术含量的劳动密集型产品为主。这些产品的生产技术国外已经很成熟,只是由于其劳动力成本较高,所以难以和我国抗衡,如果大量进口必将导致本国或本地区工厂关闭、工人失业。这些产品对某一国家出口量的急剧增加,势必对该国当地市场和就业产生冲击,隐藏着较大的市场风险,容易引起贸易争端。很多民营企业仍采用原始家族式的一元化产权结构,这便对企业的发展壮大、规模扩张和产品结构的升级换代造成了严重的制约。

（二）竞争策略单一

民营企业大多从低成本扩张起步,依靠低廉的资源和要素价格来发挥自身的竞争优势,也缺乏自有品牌。民营企业的特点决定了绝大多数出口企业采用成本优势战略,这在初期可能会有着比较好的发展空间,但随着市场竞争的日益激烈,以及企业自身规模的扩大,原有的竞争策略开始显得单一,需要有新的发展战略来支撑企业的发展,保证企业出口竞争能力的持续提高。现在的很多民营企业仅有的一些品牌也大多是代工和贴牌生产,这种曾经的优势已逐步成为参与同行竞争的劣势,不仅直接导致了相关产业国际竞争力的削弱,而且最终容易引起国际贸易争端。

（三）生产规模小、产业集群化水平不高

民营企业平均生产规模相对较小,经营分散,集团化程度低,产业集群

化规模不足,难以形成规模经济优势。例如,2006年,我国登记注册的私营企业有343万家,注册资本金3.68万亿元,从业人员4700多万,平均每家仅13个从业人员,平均资本金仅百万元。截至2012年9月的统计数据显示,全国登记注册的私营企业已达1059.8万户,注册资本达到29.8万亿元,企业平均资本金虽较之前有大幅度的上升,但规模仍然较小。大多数民营企业的发展主要依托的是经营方式灵活、劳动力廉价等优势,其生产装备、生产方式、产品技术含量都还处于较低水平,科研开发能力不足,缺乏自己的核心技术。此外,民营企业主要采取粗放式的经营模式,特别是在企业进行原始积累的初始阶段。有的企业为追求短期目标,急功近利,生态环境保护和可持续发展意识不强,生产经营中存在着资源消耗高、环境污染严重等问题。

(四)应对方式不积极

目前,大型企业因为出口量大,经济实力强,也更善于与政府机构进行沟通,政府在要求大企业应诉上也可以发挥一定的影响,所以大型企业应诉率比较高,且胜诉率也比较高。但是对于中小型民营企业来说,其为难之处以及要顾虑的地方很多,一方面受到人力物力的限制,另一方面缺少对有关反倾销信息的了解。因此,小企业在面临反倾销起诉的时候,往往是既不知所措又求助无门,存在侥幸心理,当然也有搭便车的心理因素,对政府援助有过分的依赖思想。绝大多数民营企业对欧盟提出的反倾销不予应诉,因为相对于涉案产品的贸易金额来讲,高额的应诉成本让企业觉得不合算。此外,它们也对应诉的整个程序和法律规定心里没数,对国际市场环境缺乏了解。我们认为,在中国企业走向国际市场的进程中,出口企业应该更多地学会用市场的方法去解决问题,而不是过多地依赖政府,特别是在企业管理和应对国际贸易争端方面。

三、民营企业应对欧盟贸易摩擦的措施和建议

欧盟反倾销在相当长的时间都将是我国出口的主要障碍之一,解决如何跳出过度依赖低级产品出口结构的惯性思维问题已是势在必行。这种战略调整,不但有助于避免民营企业陷入"比较优势陷阱",同时也将使更多的企业学会如何适应和利用国际规则保护自己,从而减少不必要的贸易摩擦。民营企业首先应加强自律,避免短视行为,确定质量取胜的品牌策略,防止相互削价竞争,实施出口多元化战略,全方位地开拓国际市场,以降低市场过于集中所带来的风险。在出口产品进入某一国市场时,要事先熟悉

和分析该国的有关法律,有针对性地改变业务操作手法和会计技术,从而降低触犯进口国法律的风险。此外,要对可能会产生诉讼的引诱倾销行为保持一定的警惕性,及时采取措施,争取使对方无法提出反倾销和制裁申诉。

面对日益严峻的国际贸易摩擦这一形势,民营企业可以从以下三个方面加强应对贸易摩擦的能力:

(一)在生产环节上严格按照市场经济规则运作。

民营企业应当树立科学的发展观,按照统筹经济社会发展、统筹人与自然和谐发展等要求,从以牺牲环境质量、消耗大量资源为代价的数量扩张向注重质量、注重效益的质量扩张转变,不断增强自身竞争力。特别需要指出的是,当前情况下,民营企业更应注重建立一套完善的、规范的财务会计制度,加强财务管理,完善和规范会计资料库,因为这有利于在反倾销调查中及时向外方提供"正常价值"的资料,有利于在反倾销调查中保持主动性。否则,民营企业即便能够在应诉中证明自己的市场经济地位,也可能会因混乱的财务会计制度无法提供调查机关要求披露的相关资料,从而招致败诉。

(二)在出口环节,积极实施市场多元化、以质取胜的经营策略。

民营企业应避免出口市场过于集中的状况,在巩固现有市场的同时,实施出口市场多元化策略,积极、果断地选择合适的合作伙伴,并联合国内乃至国际大公司,走国际化竞争与合作道路。在产品营销策略上,要认识到国际市场上的价格竞争是建立在非价格竞争优劣上的,要更加注重增加产品的花色品种,提高产品的技术含量和质量,改善售后服务以增加产品的附加值。这才是从根本上避免贸易摩擦的行之有效的办法之一。

(三)善于运用贸易救济手段维护自身权益。

首先,民营企业要积极应诉。欧盟打火机案、欧盟彩电案、加拿大挡风玻璃案和欧盟节能灯案等四大成功应诉案例,就是民营企业积极应诉最终有效维护了自身利益的最好例证。应诉就有机会争取有利结果,不应诉则只能遭受损失,这已经成为一个共识。其次,企业要充分了解进口调查国的相关法律规定,以争取获得较好的反倾销应诉结果。最后,企业在应诉时要重视团结作战,形成同盟,因为这不仅有利于信息收集与传递,还有利于解决困扰民营企业的应诉资金短缺等问题。

政府相关部门也应更加关注民营企业,完善反倾销预警机制和快速反应机制建设,使企业真正从该预警机制中获得有用的信息和帮助,提高民营企业应对各类贸易摩擦的能力和积极性。建立和完善重要产品的出口数量、价格、出口国家和地区监测系统,一旦发现有竞价销售、扰乱出口秩序的情况,要及时做出反应和预警提示。

　　行业协会要真正承担起收集竞争情报、协调竞争秩序、沟通组织资源等职能,以此降低民营企业的应诉风险,提高民营企业的应诉速度和效率。并且,配合政府建立和完善相关预警机制和快速反应机制,对重点出口产品、敏感产品设置动态跟踪评估体系。此外,行业协会要充分利用本身丰富的人才资源,组织法律界和贸易界对相关的反倾销案例进行研究和分析,总结经验教训,为今后贸易摩擦提供更多更有效的信息和数据分析支持。

参考文献

[1]Aitken and Outewicz. A Cross-sectional Study of EEC Trade with the Association of African Countries. *Review of Economics & Statistics*, 1976: 425-458.

[2]Ben J. Heijdra, Christian Keuschnigg and Wihelm Kohler. *Eastern Enlargement of the EU: Jobs, Investment and Welfare in Present Member Countries*. CESifo working paper series No. 718, 2002.

[3]Claudia M. Buch and Daniel Piazolo. *Capital and Trade Flows in Europe and the Impact of Enlargement*. Kiel working paper No. 1001, 2000.

[4]Hiro Lee and Dominique van der Mensbrugghe. *Deep Integration and Its Impacts on Nonmembers: EU Enlargement and East Asia*. Kobe University discussion paper series No. 184, 2006.

[5]Hiro Lee and Dominique van der Mensbrugghe. EU Enlargement and Its Impacts on East Asia. *Journal of Asian Economics*, 2004: 843-860.

[6]Jarko Fidrmuc. Trade Diversion in the "Left-Outs" in Eastward Enlargement of the European Union: The Case of Slovakia. *Europe-Asia Studies*, 1999: 633-645.

[7]Jeffrey H. Bergstrand. The Gravity Equation in International Trade: Some Microeconomic Foundations and Empirical Evidence. *Review of Economics and Statistics*, 1985, 67: 474-481.

[8]Richard Baldwin and Daria Taglioni. *Gravity for Dummies and Dum-

mies for Gravity Equations. NBER working paper No. 12516,2006.

[9]Rolf J. Langhammer and Rainer Schweickert. *EU Integration and Its Implications for Asian Economies：What We Know and What Not.* Kiel working paper，No. 1264,2006.

[10]Simon Evenett and William Hutchinson. The Gravity Equation in International Economics：Theory and Evidence. *Scottish Journal of Political Economy*,2002,49：489-490.

[11]Simon Evenett and Wolfgang Keller. On Theories Explaining the Success of Gravity Equation. *Journal of Political Economy*,2002,110：281-316.

[12]Tamim Bayoumi and Barry Eichengreen. *Is Regionalism Simply a Diversion? Evidence from the Evolution of the EC and EFTA.* NBER working paper series,1995.

[13]陈晓健.我国中小企业在欧盟市场开展国际化经营的策略分析[D].天津财经学院硕士学位论文,2003.

[14]陈欣.欧盟东扩对中欧贸易影响的实证分析[D].浙江大学硕士学位论文,2007.

[15]谷克鉴.国际经济学对引力模型的开发与应用[J].世界经济,2001(2).

[16]郭关玉.国际合作理论视野下的中国—欧盟合作:动因和条件[D].华中师范大学博士学位论文,2006.

[17]胡振华,胡东滨.关税同盟的静态经济效果分析[J].数量经济技术经济研究,1997(4).

[18]姜玮.浙江对欧出口受欧盟东扩影响的理论研究与实证分析[D].浙江大学硕士学位论文,2005.

[19]姜艳霞.欧盟东扩对中欧纺织品贸易的影响及我国应采取的对策[D].东北师范大学硕士学位论文,2006.

[20]李向阳.全球化时代的区域经济合作[J].世界经济.2002(5).

[21]李雅源.浙江企业应对国际反倾销行为模式分析[D].浙江大学硕士学位论文,2003.

[22]李玉举.发展中国家参与区域经济一体化兼论中国的战略选择和安排[M].北京:中国市场出版社,2008.

[23]盛斌,等.中国的贸易流量与出口潜力:引力模型的研究[J].世界经济,2004(2).

[24] 施敏颖. 欧盟东扩对我国出口的影响及对策[J]. 世界经济, 2003(7).

[25] 孙小中, 马涛. 欧盟东扩对中欧经贸关系的影响[J]. 国际贸易问题, 2003(10).

[26] 孙秀娟. 民营企业应对反倾销之路[J]. 中国民营科技与经济, 2008(5).

[27] 孙永福. 中国—欧盟: 中小企业的合作与发展[M]. 北京: 对外经贸大学出版社, 2007.

[28] 唐宇. 中国面临的贸易摩擦现状与根源[J]. 东北财经大学学报, 2004(9).

[29] 田东文, 王方明. 基于引力模型的双边贸易流量计量研究——对包含中国数据样本的适用性检验[J]. 国际贸易问题, 2005(12).

[30] 田青. 国际经济一体化理论与实证研究[M]. 北京: 中国经济出版社, 2005.

[31] 王大任. 欧盟东扩的经济学分析[D]. 吉林大学硕士学位论文, 2006.

[32] 张彬, 等. 美国在 NAFTA 中的贸易创造与贸易: 1994—2003[J]. 世界经济, 2005(8).

[33] 张鸿. 区域经济一体化与东亚经济合作[M]. 北京: 人民出版社, 2006.

[34] 赵伟, 赵婷. 民营企业国际化: 模式分析[J]. 浙江经济, 2006(22).

[35] 中国财经报道. 出口大户生存调查[EB/OL]. 2009-10-20.

[36] 中华全国工商业联合会. 中国民营经济发展报告 NO.6(2008—2009)[M]. 北京: 社会科学文献出版社, 2009.

第四章 欧盟 FDI 对民营企业的技术外溢与创新效应

　　欧盟是中国引进先进技术和设备的最大供应者,中国引进技术的一半左右来自欧盟国家。欧盟对华出口的先进技术和设备在中国技术引进中占绝对优势的原因主要源于两个方面:一是欧盟企业对华直接投资以制造业的大企业、大型跨国公司为主体,这些投资主体多以技术和资本密集型为特征,在来华投资过程中,以实物资本形式注入为载体,将先进技术和设备转移到中国;二是与美国等其他西方国家相比,欧盟各国对向中国进行技术转让持积极态度,对技术出口的管制较松,限制较少,从而使得欧盟出口商和投资商更有可能将先进技术与设备转移到中国。因此,研究欧盟对中国技术进步的推动作用具有重大的现实意义。

　　随着经济全球化和知识经济的到来,知识、信息等生产要素作为企业参与竞争的利器和一个国家经济增长的重要推动力,在企业层面和国家层面都引起了人们广泛而深刻的关注。一方面,知识产权保护对提升一个国家的自主研发能力及对跨国公司的对外直接投资利益有着重要的影响。欧盟对华投资的特点是单项金额大、技术含量高,鉴于这些特点,欧盟 FDI(外商直接投资)对中国的技术转移效应理应比较明显。同时,FDI 的大量进入也对我国的技术进步产生了积极影响,一定程度上增强了各地企业的自主创新能力。在此背景下,研究欧盟在华投资对中国技术转移效应的影响程度,并深入分析在当前情况下中国民营企业如何应对欧盟在华投资,就显得尤为重要。另一方面,中国的知识产权制度的建立和发展过程也是漫长和复杂的,中国在吸引外资的过程中也遇到了相应的问题和瓶颈。欧盟作为对华外商直接投资的重要主体,是我国获取关键技术的重要来源之一。如何在当前的知识产权制度下更有效地学习、吸收、消化外商先进的技术和管理经验,从而推动我国自身的技术进步,也是我们重点关注的问题。

中国民营企业经过 30 多年的发展壮大,对我国经济发展做出了重要的贡献。广大民营企业优化了所有制结构,促进了生产力的发展,扩大了社会就业,推动了国有企业的改革,繁荣和活跃了市场经济,并培养和造就了一大批企业家和管理人才。外商直接投资的进入,给中国民营企业带来了机会和挑战。民营企业通过观察和学习外商直接投资的过程和进展,可以获得先进的技术和管理方法,但不可否认的是,民营企业在跨国企业强大竞争优势的压迫下也面临着各种各样的危机。

第一节 欧盟 FDI 的发展阶段和表现特征分析

自从 1975 年中欧建交以来,欧盟(前身为欧共体)就开始了对中国的直接投资。但是欧盟在华直接投资的发展过程相对来说比较缓慢,总体上可以分为起步、发展、调整、新一轮的上升这四个阶段(见图 4-1)。

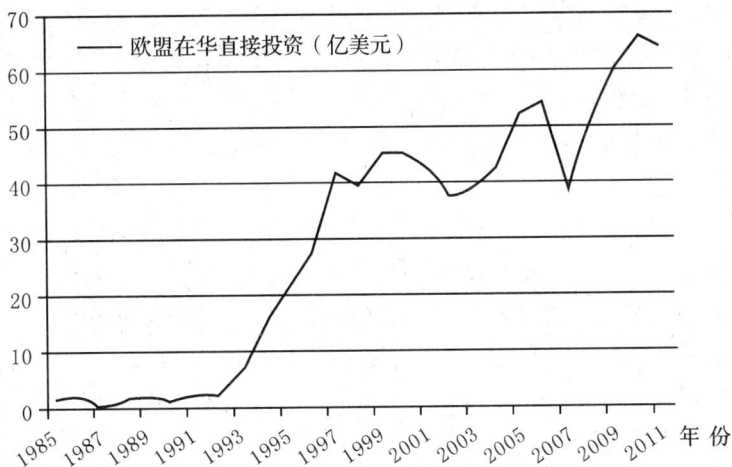

图 4-1 1984—2011 年间欧盟在华直接投资
数据来源:《中国对外经济贸易年鉴》、中华人民共和国商务部
官方网站和中国投资指南网。

第一阶段(1984—1992年)是起步阶段。这一阶段,由于中国与欧盟的经济关系基础较差,欧盟在华投资的规模相对较小,每年只有大约100个欧盟投资项目,合同外资额每年都未超过10亿美元,而实际利用的欧盟直接投资更是低于2亿美元。到1986年之后,欧盟在华投资的发展更是进入了一个停滞阶段,其所占外商在外实际投资的份额也逐渐减少。欧盟在华投资项目占中国全部外资项目数的比重由1986年的2.14%下降到1992年的1.56%,欧盟合同外资额占比从1986年的10.57%下降到1992年的1.66%,实际利用欧盟投资额占中国总投资额的比重从1986年的7.96%下降到1992年的2.21%。

第二阶段(1993—1999年)为发展阶段。这一阶段,中国改革开放和社会主义市场经济建设提高了欧盟投资者对中国的兴趣,政府出台的外商投资优惠政策和中国巨大的市场潜力吸引了众多领域的投资者,一些国际著名的跨国公司开始加大对中国的投资。这个阶段期间,欧盟每年的投资项目都超过1000个,实际投资额从1993年的6.47亿美元上升到1999年的44.79亿美元。

第三阶段(2000—2006年)为调整阶段。这一阶段,在经济全球化的发展背景下,跨国公司以强化市场地位、降低成本、提高效率、优化资源配置为目的进行的国际并购活动异常活跃。但这些并购活动大部分发生在欧美发达国家之间。同时,1999年欧元的启动使得欧元区一些国家成为初级加工产品和劳动密集产品的供应国。欧盟东扩战略也使部分中东欧国家成了中国吸引欧盟直接投资的主要竞争对手。在这种国际背景下,欧盟对华直接投资停滞不前,实际投资额一直徘徊在40多亿美元上下,占外商在华实际投资的比重不足10%。[①]

第四阶段(2007年至今)为新一轮的上升阶段。2007年,欧盟对外直接投资总量大幅增加,对华投资项目也从2006年的1793个增加到了2474个,但是对中国的直接投资金额却减少了将近16亿美元。其主要原因是来自其他新兴市场的国家吸引外资的竞争力得到了加强,这些新兴市场国家(特别是俄罗斯和印度)加大了吸引外资的力度,与此同时,欧盟认为中国的部分产业例如金融和电信等,开放程度还不够,这使得欧盟对中国的投资出现了相应减少。2008年的金融危机,使得全球的投资环境恶化,欧盟对外直接投资总量也减少了28%。中国虽然也受到了经济危机的影响,

---

① 王洪庆:《欧盟在华直接投资对中国与欧盟贸易的影响》,《国际贸易问题》2007年第4期。

但是影响程度远不如欧美及其他新兴市场国家那么严重,相比较而言,中国的市场更具有吸引力。为确保资本的稳定升值,欧盟在其对外直接投资总额大幅下降的情况下,依然加大了对华直接投资规模。2009—2012年间,在全球经济持续低迷的情况下,中国经济依然保持了年均8%的增长率,吸引外资的能力进一步提高,欧盟对华投资金额也基本呈上升趋势。

总的来说,欧盟在华直接投资金额虽然不是很大,但是具有比较突出的特点,主要体现在以下几个方面:

首先,欧盟在华投资主要集中在汽车及零部件制造业,医药及医疗器材制造业,电子、电气及通信设备制造业以及机械工业等支柱型行业,投资额相对较集中。欧盟投资中国汽车及零部件制造业的项目数占所有行业投资项目数的比重仅约为8%,但投资额却占投资总额的27%。同样地,欧盟投资医药及医疗器械的项目数的比重约占4%,但投资额却高达21%。当然,欧盟对华投资领域也在不断拓宽,正从科技、海洋开发、能源等领域,扩展到核能、空间技术、电力、化工、冶金遥感等领域。许多中小型欧盟企业也开始加大了在华投资力度。

其次,欧盟在华直接投资主要集中在上海、江苏、浙江等长三角地区,而非广东、福建等地。长三角地区的项目数约占欧盟对华投资总数的43%。欧盟投资之所以集中在这一区域,主要是看中了该地区雄厚的工业基础、丰富的人才资源和发达的交通,这都便于形成地区辐射,从而有助于其开拓更广阔的市场。①

最后,欧盟在华投资的个体平均规模和技术水平均领先于其他国家和地区。欧盟在华投资的单个项目的资金水平为405.5万美元,高于美国的181.3万美元和日本的178.8万美元,且75%的欧盟投资项目的技术水平都处于20世纪90年代或21世纪的先进水平。欧盟已渐渐成为中国第一大技术供应方。正是由于欧盟在华直接投资的这一特点,使得其对中国企业的技术转移成为了可能,欧盟在华投资的良性发展很可能会在一定程度上对中国的技术进步带来巨大的促进作用。

第二节 欧盟 FDI 对民营企业技术外溢的研究

欧盟对华投资的特点是单个项目金额大、技术含量高。鉴于这些特

---

① 李晓光:《欧盟在华直接投资的实证分析》,《经济纵横》2002年第7期。

点,欧盟 FDI 对中国的技术转移效应理应比较明显。但不能忽视的是,FDI 的大量进入也可能对我国的技术进步产生消极的影响,因为它会强化外国公司在技术上的垄断地位,并在一定程度上影响到我国企业的自主研发环境。本节在现有文献的基础上,通过构建欧盟 FDI 对我国技术进步的计量模型,以具体数据为依托,分析欧盟在华投资对中国技术转移效应的影响程度,并深入探讨当前情况下中国民营企业面对欧盟在华投资应该采取的策略和措施。

一、理论模型的构建

(一) 欧盟 FDI 的技术溢出效应机制

在经典的内生增长理论中,达到规模经济和效率提升的途径可以通过资本或产出积累(干中学)、人力资本积累及技术研发的机制内生实现,开放经济条件下的 FDI 可以被看作是一种"高能资本",在人力资本积累和技术研发方面具有天然优势,更重要的是其技术溢出渠道可以直接被视为经济效率的源泉。与此相对应的现实问题是,具有技术优势的欧盟 FDI 企业在中国市场上所扮演的角色,即它们具有的高科技如何影响市场上其他中国企业的行为和绩效,并进而影响中国经济的发展。我们认为,欧盟 FDI 企业有两种重要的技术溢出途径,即总体规模效应和平均规模效应。总体规模效应是指 FDI 的绝对数量或 FDI 占 GDP 的比重对技术溢出的作用,现有的大部分研究都是对该效应的讨论。虽然有研究认为根据 FDI 的绝对数量或 FDI 占 GDP 的比重又可把该效应分为直接效应和间接效应,但我们认为两者本质上都只是表明 FDI 的总量对技术溢出的影响。鉴于这方面已有大量研究文献,我们不再就此展开讨论。我们关注的是企业的个体规模,即 FDI 的平均规模效应如何影响技术溢出。我们认为,总体规模效应和平均规模效应在本质上是不同的,前者强调的是宏观上的量,后者强调的是微观上的量,而微观上量的变化实际上更有其质变上的意义。所以本书的研究同时关注总体规模效应和平均规模效应,即充分重视欧盟对华 FDI 的个体规模显著大于其他投资国这一重要特点。

假设技术进步与外商直接投资的总体规模效应和平均规模效应符合 Cobb-Douglas 的技术形式,则:

$$A_t = f(FDI\_scale_t, FDI_t) = B_t \cdot FDI\_scale_t^\eta FDI_t^\theta \qquad (4.1)$$

其中,A_t 代表 t 时期的全要素生产率,它是由外商直接投资的实际总额(总体规模效应)和外商直接投资的个体平均投资额(平均规模效应)内生决定的。B_t 为全要素生产率的影响因素的残余值，表示影响技术进步 A_t 的所有因素中除去由劳动力、资本和 FDI 带来的影响之外的剩余部分。根据以上假设，技术进步与外商直接投资的总体规模效应和平均规模效应具有对数线性关系。

上式表明，外商直接投资通过技术进步来促进经济内生增长主要有两条渠道：一是提高外商直接投资的实际总额，其中的一个关键是提高外资企业的平均相对要素生产率 θ，即 FDI 企业相对于国内企业的平均生产技术水平越高，对 FDI 技术溢出的效应就越大；二是通过提高外商直接投资的个体平均投资额，其中的一个关键因素是个体 FDI 企业规模对当地企业的技术外溢效应 η。理论上讲，η 可正可负，η 的符号和大小取决于在特定的市场条件下 FDI 企业的个体规模对本土企业的技术外溢效应，即许多因素（如本土企业的技术吸收能力和自主研发能力、FDI 企业的竞争战略、市场结构、人才流动等）都将不同程度地影响 η 的大小甚至符号。所以，外商直接投资促进我国技术进步的综合效应由 FDI 的总体规模效应、平均规模效应、技术系数 θ 以及 FDI 企业的个体规模效应系数 η 共同决定。

（二）计量模型的构建及说明

根据以上分析，综合欧盟在华投资的特点及其他相关因素，可以构建计量模型：

$$TFP_t = \alpha + \beta_1 EUFDI_t + \beta_2 FDI_2 + \beta_3 EUFDI\_scale + \beta_4 FDI_2\_scale$$
$$+ \beta_5 TRADE\_ratio + \beta_6 R\&D + DD + \varepsilon \qquad (4.2)$$

其中，TFP_t 是全要素生产率，以此来表示不包括港、澳、台地区的中国各省（市、区）的地区技术进步水平 A_t，$EUFDI_t$ 表示欧盟在中国各省（市、区）的投资总额，FDI_2 表示除欧盟外其他外商在各省（市、区）的直接投资总额，$EUFDI\_scale$ 表示欧盟投资企业的平均规模，$EUFDI_2\_scale$ 表示除欧盟外其他外商直接投资企业的平均规模，$TRADE\_ratio$ 表示中国各省（市、区）的外贸依存度，即进出口值占 GDP 的比重，$R\&D$ 表示中国各省（市、区）的当地研发投入，DD 表示虚拟变量，用来区分 2006 年前后全球金融危机对各省（市、区）技术进步的不同影响程度。

关于增加的其他解释变量的说明：全要素生产率不仅与外商直接投资有关，还受到其他诸多因素，比如国际贸易的规模或外贸依存度、本土投入的研发费用及同期经济周期环境的影响。此外，一国的生产技术水平的提升同时也与该国的经济开放程度、对科研创新的激励强度及内外市场环境密切相关。

在回归分析前,我们首先测算了各省(市、区)的 TFP 值。假设社会总生产函数为 Cobb-Douglas 形式:

$$Y_t = A_t L_t^{\alpha} K_t^{\beta} \tag{4.3}$$

两边取对数变换得:

$$\ln A_t = \ln TFP_t = \ln Y_t - \alpha \ln L_t - \beta \ln K_t \tag{4.4}$$

根据上式,我们选取 2000—2011 年间的数据分别对全部样本进行全要素生产率测算,得出各省(市、区)在不同年份的技术进步数据。在测算过程中,产出数据按同期的居民消费价格指数(CPI)折算,劳动力数据取自各省(市、区)就业人数,资本存量数据基于 Goldsmith 于 1951 年提出的永续盘存法(PIM),并参考国内近期研究文献的算法计算得出。数据均通过历年《中国统计年鉴》和各省(市、区)统计年鉴整理而得。

二、数据说明及实证分析

我们采用面板数据进行计量实证分析,研究欧盟在华直接投资对中国的技术溢出效应。数据的选取方面,在对各省(市、区)的统计年鉴进行查阅之后我们发现,只有浙江、江苏、江西、黑龙江、广东、湖南、河南、山东、山西、辽宁、陕西这 11 个省份以及北京、上海这两个直辖市有较为完善的外商投资项目和金额方面的统计数据,并且这些省(市、区)的统计年鉴具有相对明确的分类统计。而有些省份,如青海、宁夏,虽然也有欧盟投资统计数据,但是投资项目和金额很小,并且数据不具有连续性,不适宜拿来做实证研究。另外的省份,如湖北、云南、海南、福建等,则并没有分国别和地区对外商直接投资进行统计。我们发现,除了数据可得性外,上述 13 个省(市)的区域分布和经济结构也具有一定的代表性。因此,我们便基于这 13 个省(市)的面板数据进行实证检验。各项数据的单位均为万元或者万元/项,对统计时以美元为单位的,均采用 2000—2011 年间人民币对美元的平均汇率值进行换算。

本书的研究运用先前测算的 13 个省(市)TFP 值和连续稳定的 2000—2011 年间的面板数据进行回归,结果如表 4-1 所示。由于 Hausman 检验法得出的样本数据更适用于固定效应模型,故我们的研究采用此估计方法进行回归分析。在回归的过程中,对 $EUFDI$、FDI_2、$EUFDI\_scale$ 和 $EUFDI_2\_scale$ 这四个指标采用滞后一期的处理,对 $R\&D$ 采用滞后两期的处理,原因是考虑到欧盟和其他外商的直接投资进入中国之后需要经历一定的时间才会对 TFP 产生作用,而中国的 $R\&D$ 从研发投入到取得成果再到普遍应用都会经历相对更长的时间。此外,我们使用交叉面板的赋权法来消除截面异方差的影响。

表 4-1　欧盟在华投资技术溢出效应的实证结果

变　量	系　数	t 统计值	P 值
C	0.904	22.6*	0.000
$EUFDI(-1)$	0.001	0.32	0.762
$EUFDI\_scale(-1)$	-0.392	-4.3*	0.001
$FDI_2(-1)$	-0.921	-3.6*	0.001
$FDI_2\_scale(-1)$	0.004	-0.7	0.328
$R\&D(-2)$	0.004	9.22*	0.000
$TRADE\_ratio$	0.073	2.3**	0.005
DD	0.019	2.33**	0.005
R^2	0.976	F 统计值	2832.0
调整后的 R^2	0.943	$D-W$ 值	1.506

注:＊和＊＊分别表示在 1‰ 和 5% 的显著性水平下通过检验。

由表 4-1 的回归结果可以发现,在设定的现有模型下,欧盟在我国各省(市、区)直接投资的总额与除欧盟外其他外商在各省(市、区)直接投资的平均规模,对我国各省(市、区)的技术进步都没有产生显著的作用。这与本节之前的分析并不矛盾,因为欧盟在华直接投资的总额不大、项目数较少且仅限于特定的地区和行业,所以其投资的影响范围不如其他外商的影响范围广泛。因此,欧盟直接投资的总体规模效应不大,技术溢出效果似乎也并不明显。同理,其他外商直接投资的情况正好与欧盟相反。回归不显著也可能说明影响其他外商投资的个体平均规模效应的各种因素之间存在相互作用,由此导致了此消彼长的结果。

为了更有效地估算欧盟在华投资对中国各省(市、区)的技术溢出效应,我们对模型进行了修正,去掉两个回归不显著的解释变量,得出如下模型:

$$TFP_t = \alpha + \beta_1 FDI_{2t} + \beta_2 FDI_2\_scale_t + \beta_3 TRADE\_ratio_t + \beta_4 R\&D_t + \beta_5 DD_t + \varepsilon$$

(4.5)

保持其他的处理方式不变,再利用各省(市、区)的面板数据重新回归,可得到结果如表 4-2 所示:

表 4-2　欧盟在华投资技术溢出效应的实证结果

变　量	系　数	t 统计值	P 值
C	0.983	27.2*	0.000
$EUFDI\_scale(-1)$	-0.481	-2.2*	0.003
$FDI_2(-1)$	-0.004	-3.1**	0.004
$R\&D(-2)$	0.002	7.8*	0.000
$TRADE\_ratio$	0.483	5.2*	0.000
DD	0.109	6.9*	0.000
R^2	0.971	F 统计值	2093.8
调整后的 R^2	0.922	$D-W$ 值	1.501

注：* 和 ** 分别表示在 1% 和 5% 的显著性水平下通过检验。

从上表可以看出，在进行了修正后的模型里，各解释变量对全要素生产率（TFP）的影响在 5% 的水平下都是显著的，调整后的 R^2 值在 0.92 以上，$D-W$ 值偏低，但是根据 $D-W$ 检验表，其并不能说明存在自相关，回归的整体效果不错。

回归结果显示，欧盟在华直接投资的企业规模和除欧盟外其他外商直接投资总额，对中国各省（市、区）全要素生产率（TFP）的影响均为负，即都不利于中国技术进步的增长，这也可以被视作是欧盟直接投资的个体平均规模效应和其他国家直接投资的总体规模效应的现实反映。在现阶段，综合各种因素，欧盟直接投资的个体平均规模可能还不是很有利于充分发挥其技术溢出作用的规模优势。回归结果还表明，中国的外贸依存度和中国本土 R&D 经费的投入对全要素生产率（TFP）的影响为正，即国际贸易和中国本土的研发能促进当地的技术进步。

三、实证结果的进一步探讨和初步结论

（一）欧盟企业的技术门槛和本土企业的学习能力

企业的资本规模一方面是目前技术含量的指标，另一方面可以侧面反映该企业的研发能力，也就是在长期内持续保证技术领先的潜能。从项目的平均规模看，欧盟在华投资一般都有较高的技术含量，从投资行业的角度看也是如此。近年来欧盟投资较多的汽车、化工等行业，我国均尚处于起步阶段，企业自身技术力量较薄弱，这显露了两者之间巨大的技术差距，

不利于外商直接投资对我国企业的技术转移。在回归结果中,欧盟在华投资的个体平均规模效应为负就是现实技术鸿沟的体现。当前的主要问题不是欧盟在华投资企业相关技术的高低、先进或落后与否,而是本土企业在何种程度上吸收和消化这些技术。本书研究分析得出的一个结论是,中国本土企业自身学习能力的低下及和外商直接投资项目之间的技术差距过大,正在阻碍欧盟在华投资企业的技术溢出效应和中国本土企业的健康发展。

(二)其他投资国在华直接投资对技术溢出的负效应

回归结果显示,其他外商直接投资对中国技术进步的增长作用同样为负。其他外商直接投资的总体规模效应为负,说明在当前的经济环境下,外资企业带来的过度竞争等负面作用总体上超过其技术外溢给中国本土企业带来的利益。究其现实原因,可能是其他外商直接投资项目的规模相对较小且涉及面较广,这样一来,一方面有些小项目不具有更高的技术含量,本身不存在技术溢出的条件;另一方面相近的技术水平和更宽阔的行业领域又可能加剧了过度竞争的深度和广度。在某些行业,外资严格的"技术锁定"策略,挤占市场份额行为,以及竞争带来的成本上升都使本土企业面临着前所未有的生存压力(见图4-2)。近年来的一些行业研究报告显示,中国某些行业的产能已经全面过剩,而外商直接投资的注入会使这一状况进一步恶化。

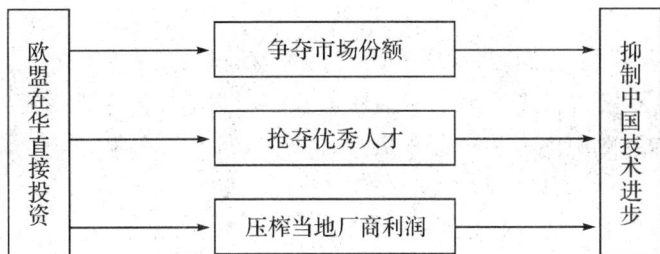

图 4-2 欧盟在华直接投资抑制中国企业技术进步的渠道

(三)国际贸易和 R&D 支出对技术进步的促进作用

回归结果显示,国际贸易和 R&D 支出对技术进步的促进作用非常显著。国际贸易的技术溢出机制有多种渠道:首先,资本品的进口本身就隐含着较为先进的技术的输入,通过学习使用这类资本品进口方可以实现技术进步;其次,国际贸易可以增加中间品的种类和提高中间品的质量,而中间品种类的增加和质量的提高则会推动最终产品的质量提高和技术进步;

此外,国际贸易也会带来竞争激励效应和干中学效应。同样,自主创新是推动一个国家或地区技术进步的另一源泉,自主创新带来的技术进步和对外资技术溢出的消化吸收都是促进经济长期发展的重要渠道。

四、政策建议

首先,要坚持通过自主研发创新来推动技术进步。正如本书研究的实证结果所显示的,在统计上中国各地研发经费的投入对中国技术进步有显著的正向作用,大量的研究也表明自主创新是中国经济发展和技术进步的长期和最根本的动力。从理论分析角度看,长远来看研发投入不仅有益于技术进步,而且能通过本国人力资本的积累和干中学等渠道更有效率地提高本国吸收外商直接投资先进技术的能力,这对中国的科研机构和企业正确高效地鉴别、选择、学习和运用外商的先进技术有着不可估量的作用。所以自主研发和学习外国先进技术不仅不矛盾,而且两者还相得益彰。有鉴于此,我们必须努力改善目前的科研创新环境,加大基础研究和前沿科技开发的投入力度,为培育本土战略型新兴产业提供优惠的政策支持。坚持通过对自主研发的政策扶持和增加经费投入等途径来推动技术进步,并使之成为中国的长期战略和基本国策。

其次,要努力促进欧盟在华直接投资方式的改变。欧盟在华直接投资项目规模大且技术水平高,并且主要采用独资和兼并收购的方式,这使得技术溢出相对困难,也对中国本土企业的技术吸收能力提出了更高的要求。要有效吸收欧盟直接投资的高新技术,就必须在我国国际地位不断上升的背景下,努力促使欧盟在华直接投资向技术合作、合资经营等方式转变,使其加强对中国本土企业和员工的技术培训,进而促进技术溢出的发生。在这方面最为典型例子的便是中国的高铁技术,因为德国的投资合作方式有利,中国走上了“引进——吸收——改进”的创新道路,从而使中国的高铁技术在短时间内达到了世界先进水平。

最后,要有选择有方向地引进外资。相关研究表明,中国的外商直接投资为了获取更大的市场利益和超额利润,维持其技术优势和垄断地位,普遍会采用各种“技术锁定”的方式抑制技术溢出。而中国当前的国情已经发生了变化,资金已经远不像以往那样短缺。目前中国很多行业已经出现了产能过剩的情况,如果仍然不加选择地盲目引进外资,不仅不能达到吸收先进技术的目的,还会给中国本土企业,以及尚处于发展初期的产业带来更大的生存压力。

因此,中国必须立足于自主研发创新的国家战略,通过改善投资方式和注重外资引进质量等途径,促进外商在华直接投资的正向技术溢出,以有利于本国的技术进步和经济发展。

第三节　欧盟 FDI 对民营企业自主创新的效应

一、自主创新能力评价指标体系的建立

(一) 自主创新的内涵

自主创新能力评价指标体系本质上涉及如何使用数学统计量来定义自主创新能力,从而为讨论 FDI 与自主创新之间的关系提供衡量依据。要做到这一点,首先要正确理解自主创新的科学内涵。

熊彼特(Schumpeter,1934)对"创新"进行了定义,他认为"创新"就是"建立一种新的生产函数或供应函数,是在生产体系中引进一种生产要素和生产条件的新组合"。后来,国外学者又分别从技术角度、制度角度对创新能力进行了研究和探索,如伊诺思(J. L. Enos,1962)、林恩(Lynn,1962)、曼斯菲尔德(Mansfield,1974)、弗里曼(Freeman,1973)以及美国国家科学基金会(NSF,1976)等分别对"技术创新"进行了定义。缪尔塞(Museser)通过对 300 余篇有关"技术创新"论文的系统整理与分析,给出如下定义:技术创新是以其构思的新颖性和成功实现为特征的有意义的非连续性事件。

自主创新是与模仿创新相对应的,我们沿袭熊彼特对创新的定义,把自主创新定义为:自主创新指的是一个经济体使用自身人力资本、研发等创新要素投入,在一定的创新环境下,基于自身能力创造出具有独立知识产权的新知识、新技术、新管理理念等创新成果,以及将这些创新成果转化为再生产要素的一个过程。

下面我们将构建一个数理统计量作为衡量自主创新能力的指标,为本书的计量分析提供研究基础。

(二) 自主创新的衡量指标

国家统计局国家经济景气监测中心曾在 2006 年发布《中国企业自主创新能力分析报告》,确定了衡量中国自主创新能力的 4 个一级指标和 30个二级指标,具体如表 4-3 所示。

表 4-3　自主创新能力评价指标体系

序号	指标	单位	序号	指标	单位
	技术创新活动评价指标	（一级指标）	15	占全国比例	%
1	科技活动人员	万人	16	高技术产业规模以上企业增加值率	%
2	科学家工程师	万人	17	工业企业增加值中高技术产业份额	%
3	万人口科技活动人员	人	18	高技术产品进出口额	亿美元
4	R&D 人员	万人/年	19	占全国份额	%
5	R&D 科学家工程师	万人/年	20	高技术产品进口额	亿美元
6	科技经费支出额	亿元	21	占全国份额	%
7	科技经费支出占 GDP 的比重	%	22	高技术产品出口额	亿美元
8	R&D 经费	亿元	23	占全国份额	%
9	R&D 经费占 GDP 的比重	%		技术创新产出能力指标	（一级指标）
	技术创新环境指标	（一级指标）	24	专利申请受理量	项
10	地方财政科技拨款	亿元	25	发明专利受理量	项
11	占地方财政支出的比重	%	26	专利申请授权量	项
	潜在技术创新资源指标	（一级指标）	27	发明专利申请授权量	项
12	高技术产业规模以上企业产值	亿元	28	国内中文期刊科技论文数	篇
13	占全国比例	%	29	技术市场成交合同数	项
14	高技术产业规模以上企业增加值	亿元	30	技术市场成交合同金额	亿元

　　我们使用 SPSS 软件,对 4 个一级指标下的 30 个二级指标,采用因子分析法确定各个地区的自主创新能力。因子分析的主要目的是从多个原始变量中导出少数几个主要因子,使这几个因子尽可能多地保留原始变量中的信息,且彼此间互不相关,以方便计量分析时对数据资料的利用。

　　我们对 2000—2011 年间我国(港、澳、台地区除外)31 个省级行政单位

的自主创新指标进行了方差分析。我们以 2000 年为例,对自主创新能力
进行因子分析,得到的 2000 年方差解释如表 4-4 所示。

表 4-4　2000 年因子分析总体方差解释

主成分	初始方差			加总方差		
	特征根	方差贡献(%)	累积方差贡献(%)	特征根	方差贡献(%)	累积方差贡献(%)
1	18.870	67.393	67.393	18.870	67.393	67.393
2	4.393	15.689	83.082	4.393	15.689	83.082
3	1.376	4.913	87.995	1.376	4.913	87.995
4	1.072	3.828	91.823	1.072	3.828	91.823
5	0.788	2.813	94.636			
6	0.551	1.969	96.605			
7	0.535	1.912	98.518			
8	0.132	0.472	98.989			
9	0.103	0.368	99.358			
10	0.081	0.289	99.647			
11	0.046	0.164	99.811			
12	0.021	0.076	99.887			
13	0.011	0.041	99.928			
14	0.007	0.026	99.954			
15	0.005	0.016	99.971			
16	0.004	0.014	99.985			
17	0.003	0.009	99.994			
18	0.001	0.003	99.997			
19	0.001	0.002	99.999			
20	0.000	0.000	99.999			
21	0.000	0.000	100.000			
22	$6.499E-5$	0.000	100.000			
23	$6.860E-8$	$2.450E-7$	100.000			

续表

主成分	初始方差			加总方差		
	特征根	方差贡献(%)	累积方差贡献(%)	特征根	方差贡献(%)	累积方差贡献(%)
24	2.268E−8	8.100E−8	100.000			
25	5.731E−9	2.047E−8	100.000			
26	1.102E−9	3.937E−9	100.000			
27	8.163E−11	2.915E−10	100.000			
28	−2.306E−17	−8.236E−17	100.000			

数据来源:2001—2012 年《中国科技统计年鉴》。

注:由于 2000 年各省份在第 29、30 个二级指标上有数据缺失,为了保证分析的科学性,这里仅使用了前 28 个二级指标。

从表 4-4 中可以发现,只有第 1—4 个二级指标特征根大于 1,从严格意义上讲可将第 1—4 个二级指标作为以上自主创新指标的主因子,前 4 个二级指标累计方差贡献为 91.823%,而第 1 个二级指标的累计方差贡献仅为 67.393%,因此本书研究选取前 4 个二级指标作为衡量自主创新能力的评价指标,分别记为 F_1,F_2,F_3 和 F_4。根据表 4-4 中两个主因子的方差贡献,构筑自主创新综合统计量 F:

$$F = \frac{\lambda_1}{\lambda_1 + \lambda_2 + \lambda_3 + \lambda_4} F_1 + \frac{\lambda_2}{\lambda_1 + \lambda_2 + \lambda_3 + \lambda_4} F_2$$
$$+ \frac{\lambda_3}{\lambda_1 + \lambda_2 + \lambda_3 + \lambda_4} F_3 + \frac{\lambda_4}{\lambda_1 + \lambda_2 + \lambda_3 + \lambda_4} F_4 \quad (4.6)$$

根据上式,可得到各年自主创新综合统计量 F,并计算出我国(港、澳、台地区除外)31 个省级行政单位 2000—2009 年间各年自主创新能力的综合指标,如表 4-5 所示。

表 4-5 2000—2011 年间中国自主创新能力指标

年份\省份(市、区)	2000	2001	2002	2003	2004	2005	2006	2007	2008	2009	2010	2011
北京	0.86	0.57	0.46	0.34	0.27	0.09	0.23	0.1	0.56	−0.05	0.44	0.47
天津	0.37	0.47	0.67	0.39	0.63	0.61	0.61	0.44	−0.25	−0.15	0.57	0.49
河北	−0.3	−0.29	−0.32	−0.33	−0.38	−0.4	−0.43	−0.39	−0.29	−0.28	−0.29	0.03

省份（市、区）	2000	2001	2002	2003	2004	2005	2006	2007	2008	2009	2010	2011
山西	−0.36	−0.35	−0.38	−0.36	−0.37	−0.4	−0.41	−0.37	−0.42	−0.37	−0.15	0.03
内蒙古	−0.33	−0.3	−0.31	−0.29	−0.32	−0.28	−0.28	−0.25	−0.53	−0.4	−0.09	−0.07
辽宁	−0.16	−0.17	−0.14	−0.16	−0.21	−0.26	−0.32	−0.3	−0.05	−0.2	0.15	0.03
吉林	−0.21	−0.25	−0.24	−0.27	−0.26	−0.31	−0.27	−0.3	−0.45	−0.37	0.02	−0.27
黑龙江	−0.37	−0.36	−0.32	−0.3	−0.37	−0.32	−0.4	−0.37	−0.36	−0.35	−0.23	−0.24
上海	0.64	1.01	0.79	1.12	1.32	1.46	1.45	1.56	0.75	1.05	1.30	1.21
江苏	0.71	0.68	0.72	1.1	1.26	1.44	1.54	1.63	2.11	2.25	1.51	1.54
浙江	0.03	−0.2	−0.11	−0.25	−0.24	0	−0.15	−0.19	0.9	0.4	0.10	0.11
安徽	−0.41	−0.37	−0.39	−0.33	−0.34	−0.37	−0.36	−0.36	−0.34	−0.33	−0.06	−0.11
福建	0.23	0.1	0.22	0.2	0.18	0.22	0.12	0.11	−0.14	−0.1	0.44	0.25
江西	−0.22	−0.23	−0.22	−0.23	−0.26	−0.24	−0.24	−0.21	−0.47	−0.36	−0.01	0.11
山东	−0.22	−0.3	−0.28	−0.35	−0.37	−0.37	−0.3	−0.31	0.8	0.4	0.01	0.27
河南	−0.35	−0.39	−0.42	−0.41	−0.42	−0.45	−0.49	−0.48	−0.12	−0.22	−0.27	−0.26
湖北	−0.35	−0.3	−0.41	−0.4	−0.42	−0.43	−0.38	−0.43	−0.15	−0.23	−0.13	−0.26
湖南	−0.35	−0.53	−0.43	−0.43	−0.44	−0.43	−0.39	−0.39	−0.27	−0.3	−0.10	0.02
广东	3.5	3.66	3.59	3.54	3.36	3.3	3.24	3.25	2.93	3.33	3.52	3.39
广西	−0.25	−0.26	−0.29	−0.3	−0.3	−0.29	−0.27	−0.27	−0.48	−0.38	−0.03	−0.11
海南	−0.27	−0.17	−0.23	−0.2	−0.18	−0.19	−0.17	−0.17	—	−0.41	0.17	0.02
重庆	−0.36	−0.3	−0.3	−0.26	−0.25	−0.25	−0.28	−0.3	−0.47	−0.37	−0.23	−0.01
四川	−0.14	−0.14	−0.18	−0.21	−0.29	−0.36	−0.39	−0.38	−0.05	−0.12	−0.05	−0.10
贵州	−0.19	−0.19	−0.2	−0.18	−0.19	−0.19	−0.16	−0.16	−0.56	−0.41	−0.10	0.09
云南	−0.3	−0.33	−0.33	−0.35	−0.35	−0.35	−0.29	−0.29	−0.5	−0.39	−0.29	0.05
西藏	—	—	—	—	—	—	—	—	—	—	—	—
陕西	−0.2	−0.14	0.15	−0.14	−0.09	−0.29	−0.35	−0.42	−0.33	−0.34	0.07	0.19
甘肃	−0.35	−0.33	−0.38	−0.31	−0.33	−0.38	−0.3	−0.33	−0.58	−0.45	−0.15	−0.19
青海	—	—	—	—	—	—	—	—	—	—	—	—
宁夏	−0.28	−0.26	−0.31	−0.28	−0.28	−0.24	−0.24	−0.19	−0.65	−0.45	0.04	−0.02
新疆	−0.35	−0.32	−0.39	−0.34	−0.35	−0.32	−0.3	−0.23	−0.58	−0.41	−0.30	0.01

数据来源：2001—2012 年《中国科技统计年鉴》。

二、欧盟 FDI 与中国民营企业自主创新效应的实证研究

(一) 模型构建

1. 模型构建

自主创新本质上是新技术的产生过程,在这个过程中需要很多要素投入,如科研经费和研发人员等,因此,我们在这里借鉴了投入—产出模型,用生产函数来定义自主创新。

$$I = F(L, K, PGDP, FDI) \tag{4.7}$$

其中,I 表示各地区自主创新能力,L、K 分别表示我国各地区的 R&D 人员和 R&D 经费;FDI 表示各地区欧盟直接投资水平,用来衡量欧盟对华投资水平对我国企业自主创新的影响;$PGDP$ 表示衡量各地区经济发展水平的控制变量。

根据式(4.7),我们得出具体的回归模型如下:

$$I = \alpha + \beta_1 L + \beta_2 K + \beta_3 FDI + \chi PGDP + \mu \tag{4.8}$$

模型中的 α 为常数项,β_1 和 β_2 用来衡量科研投入要素对地区自主创新能力的作用,β_3 是衡量欧盟对中国各地区的 FDI 对其自主创新能力的影响,$PGDP$ 是衡量各地区经济发展水平的控制变量。

(二) 实证检验

1. 数据说明

实证分析的样本包含了 2000—2011 年间浙江、江苏、江西、黑龙江、广东、湖南、河南、山东、山西、辽宁、陕西这 11 个省份以及北京、上海这 2 个直辖市的面板数据(共 150 个),样本的区域分布和经济结构具有一定的代表性。其他省份或地区的数据未被采用的原因是,这些省份和地区的外商直接投资数据未进行明确的国别或地区分类,无法得出欧盟的具体投资金额。其中,各地区 R&D 人员和 R&D 经费数据来源于历年《中国主要科技指标数据库》,人均 GDP 和欧盟 FDI 数据来源于历年各地区的《统计年鉴》,并利用 2000—2011 年间人民币对美元的平均汇率值对欧盟 FDI 进行单位换算。

2. 回归结果与分析

利用 Stata 10 分析软件对样本数据进行统计分析,回归结果如表 4-6 所示,方程(1)为模型(4.8)的回归结果,方程(2)为剔除不显著变量以后的最终回归结果,Hausman 检验均选择了固定效应。

表 4-6　欧盟 FDI 对各地区自主创新能力的回归结果

解释变量	方程(1)		方程(2)	
	固定效应	随机效应	固定效应	随机效应
L	−0.006	0.006		
	(0.83)	(0.28)		
K	0.003***	0.003***	0.003***	0.003***
	(0.00)	(0.00)	(0.00)	(0.00)
EUFDI	0.011***	0.012***	0.009***	0.011***
	(0.00)	(0.00)	(0.00)	(0.00)
PGDP	0.001***	0.002***	0.000***	0.001***
	(0.00)	(0.00)	(0.00)	(0.00)
C	0.289**	0.219	0.211***	0.274
	(0.02)	(0.15)	(0.00)	(0.20)
R^2	0.39	0.42	0.39	0.39
F	11.32***		17.48***	
	(0.00)		(0.00)	
Hausman 检验	12.22***		10.74**	
	(0.01)		(0.01)	

注:括号内为 t 统计值;＊＊＊表示在 1%水平下显著,＊＊表示在 5%水平下显著。

从回归结果看,欧盟在华直接投资对我国各地区的企业自主创新能力具有正面效应,系数为 0.011,且在 1%水平下显著,这说明欧盟对我国各地区的直接投资促进了当地企业自主创新能力的提高。先前一些运用全国总 FDI 数据、用专利数或 TFP(全要素生产率)来衡量自主创新的研究认为,FDI 对我国企业的自主创新作用并不明显,或者有一定的抑制作用。而本书研究选用了更为综合性的指标来表示自主创新能力,并结合具体的投资来源(欧盟 FDI)进行面板数据分析,得出了与先前一些研究不同的结论,但这一结论与冼国明(2005)使用分行业数据得出的结果一致。虽然欧盟对华直接投资尚未成为我国 FDI 的最主要来源,但其带来的本土企业创新能力的提升应该引起足够的重视。

此外,从回归结果来看,人力资本投入即 R&D 人员对各地区自主创新能力的作用不明显,而研发资本投入即 R&D 经费对各地区自主创新能力却有非常明显的促进作用,其系数为 0.003,这说明了当前情况下研发资本投入对我国自主创新能力的重要性。结果还显示,各地区经济发展水平(人均 GDP)与自主研发能力的提升无必然的联系。

第四节　欧盟 FDI 技术转移与中国知识产权制度

随着经济全球化和知识经济的到来,知识、信息等生产要素作为企业参与竞争的利器和一个国家经济增长的重要推动力,在企业层面和国家层面引起了广泛而深刻的关注。知识产权保护对提升一个国家的自主研发能力非常重要,对跨国公司对外直接投资利益有着重要的影响,这一问题也是国际经济理论学界争论的热点和前沿。特别是伴随着经济全球化进程和国际竞争的深化,知识产权保护成为影响外资引进和技术转移的重要因素,发展中国家的知识产权保护政策状况受到了越来越多的关注。在发达国家的强大压力下,经过 GATT(关税与贸易总协会)乌拉圭回合的谈判,国际社会最终达成了《与贸易有关的知识产权协定》,确立了各成员国必须接受的知识产权保护的最低标准,一些知识产权保护规则在双边和区域贸易安排以及世界知识产权组织框架下的政府间谈判中也得到了体现。知识产权体制的变化将对一个国家的贸易、投资、技术转让以及市场结构、技术创新、经济增长和福利的改善产生直接或间接的影响,而知识产权对外商直接投资和技术转让的影响更是备受关注。到目前为止,国内外已经有一些学者对知识产权可能对东道国吸引外商直接投资及技术转移的影响做了研究,并取得了一些理论成果。

同时,中国作为最大的发展中国家,其经济发展速度之快、吸引外资规模增加的速度之快备受瞩目。然而,中国知识产权制度的建立和发展过程也是漫长和复杂的,中国在吸引外资的过程中也遇到相应的问题和瓶颈。欧盟作为外商直接投资的重要参与者,是我国获取关键技术的重要来源。中国通过吸引欧盟在华投资,可以有效地学习、吸收、消化先进的技术和管理经验,从而推动自身的技术进步。但与此同时,欧盟在华投资规模大、技术含量高,对中国企业的吸收能力有更高的要求,并且在一定程度上采取"技术锁定"策略以阻止技术转移的产生。本节在知识产权保护对外商直接投资技术转移影响的理论基础上,结合几十年来中国知识产权制度的发展及其产生的相应影响,分析了当前知识产权制度下我国吸引欧盟在华直接投资的成效及其对技术转移的影响,并通过对现存问题的探讨,得出了有针对性的结论。

一、知识产权保护对 FDI 技术转移影响的理论研究

(一)知识产权保护对 FDI 技术转移影响的相关理论

目前,国内外对于知识产权保护影响 FDI 的机理和途径的研究主要集中在跨国技术转移上。跨国技术转移的主要方式有产品出口、FDI 和技术许可等,外商在选择技术转移的方式时主要考虑到以下因素:转移后利润与成本的比较、进行技术转移的目的、投资国的市场风险等。学者们的研究重点在于知识产权保护程度的变化是否影响技术转移方式的选择以及转移技术质量的高低,其理论基础主要体现在以下三方面:

(1)企业契约理论。基于该理论的研究主要关注企业双方合作契约的制定和执行能力,通过比较利润与设定成本来决定技术转移方式。虽然相关研究得出的结论不尽相同,但多数研究均表明跨国企业根据其技术被模仿成本来确定技术转移方式及转移质量,而当知识产权保护程度提高时,契约执行力增强,企业也更有可能倾向于通过技术许可方式转移最新技术。

(2)国际生产折中理论(OLI 范式)。基于该理论的研究详细分析了知识产权保护影响发达国家跨国公司的所有权优势、区位优势、内部化优势的机理,学者们通过对三种技术转移方式比较后得出结论:强知识产权保护会增加发达国家跨国企业的所有权优势,促进各种双边技术活动的发生,这种效果在模仿能力强的国家尤其明显;同时,强知识产权保护将提高区位优势,促进发达国家外向的 FDI 和技术许可;强知识产权保护将减少内部化需要,因而相对于出口和 FDI 而言,会进一步促进发达国家外向的技术许可。

(3)南北创新的动态一般均衡理论。该理论将知识产权保护经济学效应的研究放在南北框架下,研究表明:在模仿能力外生且无成本时,弱知识产权保护不利于 FDI 的发生但有利于创新,而知识产权保护程度的增加会促进技术许可行为的发生。

除了上述三个方面的理论外,关于知识产权保护与 FDI 关系的理论研究,还包括产品生命周期理论、动态博弈模型等。

(二)知识产权保护对跨国公司进入东道国市场策略的影响

在此,我们以邓宁(Dunning)的国际生产折中理论为例,来阐述知识产权保护对 FDI 及其技术溢出效应可能产生的影响。首先,跨国公司作为拥有世界先进知识资产的企业组织,具有一般当地企业无法比拟的技术优势。跨国公司可能会通过采取以下手段获得这种技术优势的最大价值:利用该技术进行国内生产并出口;通过 FDI 在东道国建立独资企业并在当地生产;通过技术许可或特许权,转让其知识资产给东道国非关联公司以收取提成费或使用费;建立合资企业联合生产或建立技术共享协议。跨国公司会对以上决策进行对比和权衡,选择合适的决策组合来实现自身利益的最大化,而影响这些选择的因素主要是选择上述各种方式的相对成本以及东道国市场的区位特点。知识产权保护水平作为东道国重要的区位特点之一,在其中也起到相当重要的作用。然后,我们将结合邓宁的国际生产折中理论,对知识产权与跨国公司对进入东道国市场方式的决策选择之间的关系进行详尽分析。

1. 知识产权保护的加强将促进 FDI 替代出口

跨国公司选择出口供应产品还是直接在东道国投资,这主要取决于运输成本、东道国关税制度及其知识产权保护水平。当运输成本和关税相对于 FDI 和技术许可成本而言较低,且东道国知识产权保护较弱的时候,跨国公司可能会优先选择出口供应国外市场;而当固定成本较低,东道国劳动力成本较低且市场规模较大,研发和产品市场集中度较高的时候,FDI 便有可能替代商品的出口。当东道国知识产权保护水平较弱的时候,跨国公司的技术可能被模仿,东道国企业可能直接与投资者进行竞争,跨国公司不再具有明显的技术所有权优势,其利益明显下降,FDI 也因此受到影响;反之,当知识产权保护较为完善时,在研发和产品市场集中度较高的情况下,产品差异化程度和技术水平较高的直接投资将会在东道国占有较明显的优势,FDI 可能会替代商品的出口。

2. 知识产权保护的加强将促进技术许可替代出口

相对于企业自己生产出口产品来讲,技术许可成本相对较低,其能通过加速技术开发成本的回收来获得较高的收益。但是,在知识产权保护较弱的国家,跨国公司的先进技术很可能被当地企业模仿学习,不但不能实现技术研发效益,反而可能会使研发成本无法收回。另一方面,为出口而从事生产经营虽然能够控制生产或市场,但投资成本较大,而且面临着固定投资的周期性及技术折旧等问题。因此,在知识产权保护较为完善的国家,技术被模仿的风险、不确定性和技术合同成本都会相应地减少,因而鼓励了技术许可交易。

3. 知识产权保护的加强将促进跨国公司更偏好于技术许可,而非 FDI

戴维森和麦克特里奇(Davidson & McFetridge,1984,1985)指出,在知识产权保护相对较弱的国家,通过技术许可投资于高技术部门被认为是较有风险的。尤其是当通过技术许可方式进行技术转让的成本较高、拥有复杂的技术和产品差异较大的情况下,企业更可能选择 FDI 而不是技术许可。之所以这样选择,是因为技术许可存在知识资产的非排他性、信息不对称性、被东道国企业模仿的高风险以及高转让成本将使跨国公司不愿意进行技术许可。反之,当知识产权保护得到改善、技术许可成本降低以后,技术许可可能会替代 FDI。当然,较强的知识产权保护对 FDI 和技术许可都有利,因为知识产权保护的加强同样也鼓励了 FDI,因此两者之间很难说存在完全的替代关系,都可能随知识产权保护的加强而增加。

4. 知识产权保护的加强将促进跨国公司开展与东道国企业的合资

当知识产权保护尚不够完善时,跨国公司会担心当地合作伙伴泄漏先进技术而导致技术被东道国企业所模仿。此时,跨国公司往往通过 FDI 转让新技术,而通过技术许可或者合资企业转让旧技术。随着知识产权保护的加强,对合作企业保护投资企业专有技术有了更为严格的要求,这使跨国公司与当地企业组成合资企业联合生产有了可能。

综上所述,知识产权保护对 FDI 和技术转让的影响,总体而言并不是显而易见的。但是除了上述东道国知识产权保护水平与跨国公司进入策略之间的关系外,也有些经济学家强调了知识产权保护鼓励 FDI 的间接作用——知识产权的信号作用。较强的知识产权保护水平向潜在投资者发出了一个信号,即表明东道国愿意承认和保护外国公司的权利,或向国外的投资者传达了市场体制转变的一个承诺,表明东道国即将转向制定透明的法律制度、执行无偏见的商业法律以及专业化的公共管理。这种间接作用无法通过数据来证明,但在现实中却被许多致力于加强知识产权保护的国家所认可。

(三)知识产权保护对 FDI 技术转移的产业间差异

不同部门对 FDI 和技术转让的鼓励程度也是不尽相同的。马斯库斯(Maskus,1998)认为,在那些产品较为成熟、已实现标准化生产和劳动密集型的技术部门中,投资和技术转让对知识产权差异相对缺乏敏感。在这些部门中,FDI 主要受要素成本、市场规模、贸易成本和其他区位优势的影响。相反,在容易被抄袭的技术部门中,当其他条件相同时,FDI 很可能会随着知识产权的加强而增加。与此同时,知识产权保护加强的同时也会降低技术许可的成本,当发展到一定程度时,FDI 也可能被更有效率的技术许可所替代。根据对知识产权保护的敏感程度的不同,学者们一般把相关产业划分为三类:

(1)对知识产权保护要求较低的劳动密集型产业,如纺织品、轻工、玩具等技术含量低的产业。这类产业产品的市场竞争主要依靠成本优势、市场规模、交易费用等,对东道国的劳动力成本、市场机会和优惠的外资政策较为敏感,所以对知识产权保护的依赖程度要小一些。

(2)对知识产权保护要求一般的资本密集型产业,如电力、钢铁和汽车制造业。在这类产业中,尽管其产品也涉及许多科技含量较高的技术专利,但由于这些产品的生产除了要有较高的技术支持外,往往还需要投入大量资金和相关设备,产品或技术被模仿或复制的成本很高,模仿者进入这些行业的壁垒也就相当高。因此,这些产业的企业在向外投资时也较少关注知识产权保护。

(3)对知识产权保护要求很高的技术密集型和知识密集型产业,主要集中在化学(包括医药行业)、电子技术、计算机软件等高新技术产业,这类产业受知识产权保护的影响很大。这是因为:高新技术具有投资高、产出高、风险大的特点,容易被模仿和复制,易于扩散而不易于被保护。高新技术在一定时期内存在技术上的垄断优势,但不拥有相关技术的企业会产生学习和仿效的内在利益动机,在转化为实际生产力的过程中,容易形成"搭便车"现象。这样,会使跨国企业试图通过直接投资形成的绕开贸易壁垒、降低生产成本、直接占领海外市场的优势丧失,企业不仅无法收回技术的研发成本,还会抑制企业技术创新和对外直接投资活动。对于此类企业而言,知识产权保护状况与对外直接投资行为之间的关系十分密切。

二、中国知识产权保护制度对欧盟在华投资技术转移的影响

(一)中国知识产权保护制度的发展及吸引欧盟在华投资的成效

在过去 20 多年,中国在知识产权保护的立法方面取得了显著进步。表 4-7 即为改革开放以来我国在知识产权立法和保护上的重要举措。

表 4-7　改革开放以来我国知识产权立法和保护的主要举措

年　份	法律、法规及相关举措
1980	加入世界知识产权组织
1982	制定《商标法》
1984	通过《专利法》
1985	加入了《保护工业产权巴黎公约》
1989	加入《商标国际注册马德里协定》和《关于集成电路知识产权保护条约》
1990	通过《著作权法》
1992	加入《保护文学艺术作品伯尔尼公约》、《世界版权公约》,中美两国政府签署《关于保护知识产权备忘录》
1993	加入《保护录音制品制作者防止未经许可复制其录音制品公约》
1994	加入《商标注册用品和服务国际分类尼斯协定》、《专利合作条约》和《商标法律条约》
1995	加入《布达佩斯条约》和《与贸易有关的知识产权协定》
1998	颁布《植物新品种保护条例》
2000	全面修改《专利法》
2001	全面修改《著作权法》和《商标法》,颁布《集成电路布图设计保护条例》
2003	发布新修订《中华人民共和国知识产权海关保护条例》
2006	颁布《信息网络传播保护条例》
2007	党的十七大提出"实施知识产权战略",中国成为《世界知识产权组织版权条约》(WCT)与《世界知识产权组织表演和录音制品条约》(WPPT)签约国
2008	《国家知识产权战略纲要》正式发布,明确到 2020 年把我国建设成为知识产权创造、运用、保护和管理水平较高的国家
2010	中华人民共和国第十一届全国人民代表大会常务委员会第十三次会议通过《全国人民代表大会常务委员会关于修改〈中华人民共和国著作权法〉的决定》
2012	颁布新的《专利标识标注办法》(第 63 号)

资料来源:中国知识产权保护网、中国知识产权网、中华人民共和国国家知识产权局。

　　知识产权法律制度的完善对我国吸引欧盟在华投资起到了重要的影响。一方面,使我国吸引外资规模不断上升,我国在 1992—1993 年、

2000—2001 年两次大规模制定和修改了知识产权方面的法律。在这之后，中国利用欧盟在华投资呈现出快速增长的态势。1993 年，中国利用欧盟投资金额为 6.47 亿美元，比 1992 年的 2.43 亿美元增长了 176%。2001 年，中国加入 WTO，并且再次全面修改了知识产权相关法律法规，使之与 TRIPS 要求相一致。2005 年，中国利用欧盟在华投资金额突破 40 多亿美元。改革开放以来，我国之所以能够成功地大量引进欧盟在华直接投资及其先进技术，很大程度上取决于我国知识产权制度的建立和不断完善，为欧盟跨国公司提供了较为良好的法律保护环境。随着中国知识产权保护制度的日趋健全，欧盟跨国公司到中国申请专利的数量和开办研发中心的数量不断增长，这表明中国对欧盟直接投资的吸引力在不断增强，而欧盟作为世界上先进技术的代表，对中国技术转移也有可能起到非常重要的示范作用。

欧盟是全球最大的外资流出区域，但欧盟对华直接投资的总额并不高，对中国的直接投资占其对外投资的比重也不高，同时，欧盟在华投资占中国吸引外资的总额还不足 10%。此外，欧盟在华投资的项目数总体来说是偏少的，1986—2007 年，欧盟整体对华投资的项目数低于美国对中国投资的项目数。然而，欧盟在华投资项目的平均规模较大，经计算，1986—2009 年这 24 年间，欧盟在华直接投资项目总数 29718 个，平均投资额约243.3 万美元，高于同期中国吸收外商投资项目的平均规模（152.1 万美元），也高于美国（104 万美元）和日本（158 万美元）在华外商投资项目的平均规模。总体来说，从各年度的情况来看，1986—2009 年间，欧盟对华直接投资实际投入金额大多数年份都落后于美国和日本，投资项目数也远少于美国和日本，但项目平均投资规模却高于美国和日本。

此外，欧盟在华投资主体主要是著名的大型跨国公司，投资领域集中在制造业，如石化、汽车、电子通信、机械设备和钢铁等领域。欧盟中小企业在华直接投资较少，并且中小企业多是在其关联企业——大型跨国公司的引导下在中国进行配套投资的。到目前为止，排名世界 500 强的大多数欧盟企业都已经进驻中国，并有较稳定和成熟的投资计划。欧盟跨国公司在华投资的大型项目主要集中在石油化工、汽车、电子、机械设备和钢铁等领域，其中相当一部分投资投入到中国急需的基础原材料工业部门。在石化领域，数十亿美元的超大型项目均由欧盟跨国公司投资；在汽车领域，欧盟大型跨国汽车公司都投资上亿美元在中国建立生产企业，并在中国市场占据绝对优势。随着中国"入世"后履行 WTO 相关承诺，扩大对服务贸易领域的对外开放,欧盟企业积极投资金融、保险、批发、零售、物流和旅游等服务业领域。近些年来,欧盟在华研发投资处于稳定发展的状态,R&D 机构的数量增加,水平也较高,主要分布在上海、深圳和北京等地。欧盟跨国公司的研发活动主要集中在技术、资金密集型行业,如电子、信息、化学和医药等行业。从中可以看出,我国知识产权保护水平的提高,有利于吸引技术先进的外商投资企业,引进附加值较高的项目,同时也有利于跨国公司在中国设立研发机构,带动我国产业结构的优化升级。

2008 年 12 月 27 日,第十一届全国人大常委会第六次会议通过了关于修改《专利法》的有关决定,修改后的《专利法》自 2009 年 10 月 1 日起施行,这是我国专利制度发展史上的又一座里程碑。此次修改明确了《专利法》的立法宗旨是"提高创新能力,促进经济社会发展"。为提高专利质量,适度调整了专利授权标准,例如将相对新颖性调整为绝对新颖性,将主要起标识作用的设计排除在外观设计授权客体之外,等等。此次《专利法》修改与前两次有着很大不同,前两次《专利法》修改的主要目的在于履行国际承诺,使我国专利制度与国际接轨,尤其 2000 年的第二次修改,主要是为了符合 TRIPS 的有关规定。而本次修改是在《专利法》已经完全符合 TRIPS 的情况下启动的,是从我国国情和市场需求出发,为提高自主创新能力,服务于创新型国家建设而修订的。从这个意义上来说,第三次修改是主动修改,更具灵活性和有针对性,也更加符合我国的发展现状。新《专利法》的施行,必将对我国经济和社会发展起到更大的推动作用。

(二)中国知识产权制度的发展对欧盟在华投资技术转移的影响

在知识产权对欧盟在华投资技术转移的影响方面,可以分如下三个阶段:

第一阶段是在欧盟投资进入我国初期,由于我国的知识产权立法起步晚,其产生法律效力也比较晚。在当时,欧盟跨国公司的投资重点是劳动密集型产业,战略重点是开发市场而不是横向竞争。欧盟跨国公司会给中国带来传统技术的技术溢出,然而这种溢出效应对欧盟跨国公司的市场垄断地位并不构成威胁,因此是否有良好的知识产权保护环境对于欧盟跨国公司的进入来说并没有什么特别大的影响。

第二阶段是欧盟在华投资快速增长阶段,由于我国的市场增长空间潜力巨大,投资环境和法制也日益完善,欧盟跨国公司的大量涌入使得市场竞争日趋激烈。很多欧盟跨国公司适当转移了一些相对先进的、符合产品市场开拓需求的技术来满足市场需求和应对竞争。然而由于知识产权保护尚不够完善,欧盟跨国公司先进的技术很容易被中国国内的企业效仿和移植。技术在国外被非法占用使得欧盟跨国公司的市场份额出现一定程度的萎缩。为了控制技术转移的溢出和扩散速度,这些跨国公司采取了一系列技术控制措施,这使得先进技术的转移速度开始放慢了步伐。

第三阶段是欧盟在华投资的调整阶段,一方面中国国内尚缺乏完善的知识产权法规制度,欧盟跨国公司在我国不愿采用先进技术,从而放缓了技术转移的脚步,或者采取一系列"技术锁定"策略防止技术外溢。另一方面,随着中国知识产权立法的不断改善,某些领域又开始重新吸引欧盟跨国公司转移其先进技术,但考虑到技术优势的丧失和被盗用的风险,绝大多数的欧盟跨国公司都把技术的关键部分留在了母国。几乎所有的欧洲公司都没有把研发能力完全转移到国外。目前,虽然有些跨国公司认识到我国政府改善政策的趋势,但是仍然处于对我国知识产权制度变化的关注状态。因此,知识产权保护水平无疑是欧盟跨国公司考虑进行技术转移和研发能力配置决策时的一个重要因素。

很多跨国公司希望 WTO 和欧盟委员会施加政治压力,迫使我国政府改善知识产权保护水平。知识产权管理的缺陷不仅直接反映了治理的高成本,而且间接反映了欧盟跨国公司经营环境的不稳定,这种不稳定的环境通常会阻碍投资积极性并进而阻碍技术的转移。因此,我国是否具备有效的知识产权保护体制和良好的标准执行制度,是欧盟跨国公司在华进行直接投资的首要考虑因素。我国要想引进欧盟更多的先进技术,首先就必须规范知识产权法律环境,知识产权保护越完善,越与国际水平相接轨,就越有利于营造一个国际化的投资环境,从而吸引更多的高新技术成为我国产业升级的助推器。

(三)中国知识产权制度下欧盟跨国公司的"技术锁定"策略

"技术锁定"是指具有先进技术的跨国公司利用其技术垄断优势和内部化优势,在技术设计、生产工艺、包装广告等关键部分设置一些难以破解其中诀窍的障碍,使东道国在本地化生产过程中难以仿造,以达到严密控制尖端技术扩散的目的。"技术锁定"是跨国公司基于实施全球战略以及应对国际技术市场激烈竞争而采取的新举措,尤其是在知识产权保护相对较弱的国家,为了防止自身先进技术被模仿,加强东道国对自己的技术依赖,从而牟取巨额的垄断利润,欧盟跨国公司采取了各种"技术锁定"方法。例如在我国,汽车、家用电脑和通信设备等产业中的欧盟跨国公司都严格实行"技术锁定"。即使某些行业不实行严格的"技术锁定",欧盟跨国公司仍然会采取措施保证关键技术的保密性,从而抑制东道国企业在该行业的快速发展。虽然我国知识产权制度在过去几十年内发展迅速,但是目前与欧盟等发达地区还存在一定的差距。因此,跨国公司在对中国进行投资时采用各种"技术锁定"方式防止其先进技术的扩散,主要表现在以下几个方面:

1.欧盟在华直接投资越来越倾向于采取独资的方式

随着我国外资政策的放宽,欧盟跨国公司进入中国市场越来越倾向于采取独资控股和兼并收购的方式。近年来欧盟在华独资、控股和兼并收购的项目日益增多,如英国BP公司独资运营珠海PTA项目和宁波LPG储库项目,德国拜耳在与上海氯碱化工股份签订的聚碳酸酯合资项目协议中持股比例高达90%,并独资运营38万吨/年的异氰酸酯项目。英国BP公司在2002年通过收购合资公司的中方股份,全资拥有了珠海九丰阿科能源有限公司,成为中国第二大LPG进口商,而其在华投资中采取独资方式的比率还有继续上升的趋势。从研发机构的投资方式和股权结构来看,欧盟跨国公司在华设立的研发机构也主要采取独资形式,如西门子等。欧盟跨国公司设立独资研发机构主要是出于防止技术外溢、延长技术收益期以及强化总公司对全球R&D活动的控制等战略考虑。欧盟跨国公司在华研发机构的另一种重要形式是与我国的大学及科研机构进行合作开发,但跨国公司一般都会对合作的最终成果提出知识产权要求。

2.实行核心技术严密封锁,仅转移"夕阳技术"

这主要体现在两个方面:一方面,欧盟跨国公司严格控制对行业发展有重要作用的较复杂的关键技术,只转移国际市场已经较为成熟的技术,从而使关键技术成为制约行业发展的阻力;另一方面,欧盟跨国公司为了实现利益最大化,向中国转移"夕阳技术",收取高额的技术转让费用或者以此作为出资的资本来分离我国国内企业的利润。在以往实践中,有些欧盟的跨国公司密切注视着我国相关行业技术的研究进展,当发现我国在一些领域的技术上有较大突破时便积极在我国投资办厂,倾销商品,以此抑制我国本土相关领域应用技术的研究进程以及本土企业的发展壮大。欧盟跨国公司利用国产化的周期差距,不断将相对落后的技术转移至中国,直到此项技术在中国被普遍适用并且完全落后时才转移相对先进的技术,据此延缓中国的产品升级和技术更新,以牟取暴利。

3.欧盟跨国公司实行"人事锁定"和"空间锁定"策略

"人事锁定"是指在合资企业中,欧盟跨国公司虽然并不占有大部分股份,甚至只占有少数股权,但却可以安排掌握秘密技术与海外订单资源的高级技术管理人员进入决策管理阶层,这样一来,既可以达到"技术锁定",又可以达到实质控制合资企业的目的。而技术转移的一个重要手段便是人力资本的流动,"人事锁定"便是旨在防止出现通过人事流动造成技术转移的可能性。"空间锁定"是指欧盟跨国公司将生产流程或者工艺中的关键原材料、零部件等放在本国生产,将其他部分和流程转移到中国进行生产,从而在一定程度上制约中国的技术进步,以维持其竞争力和高额利润。

此外,欧盟跨国公司还可能通过专利和技术标准及技术的逆向扩散实现技术控制,并采取内部技术转移实行"技术锁定"。欧盟跨国公司的"技术锁定",为其牟取了高额的垄断利润,但同时也抑制了中国技术水平的发展进步。"技术锁定"一方面逐步削弱了中国当地企业的竞争力,另一方面逐步形成了欧盟跨国公司对市场的垄断,挤占了国内企业的市场份额。中国当地企业,尤其是民营企业,普遍缺乏核心竞争力,规模小、运营能力差、盈利能力低。在当前中国的知识产权制度下,欧盟的跨国公司一旦通过独资化形成对市场的垄断,向中国民营企业的技术转移将被放缓,从而对国内企业的生存和发展造成严峻考验。

(四)中国促进欧盟在华直接投资技术转移的应对策略

1.面对欧盟跨国公司"技术锁定"的应对策略

在当前的知识产权制度下,为突破欧盟跨国公司的"技术锁定",促使其进行技术转移,从而推动自身的技术进步,中国的企业,尤其是中小型民营企业可以采取以下应对措施:第一,努力促进欧盟在华直接投资方式的改变。欧盟在华直接投资项目规模大,技术水平高,并且采用的主要是独资和兼并收购的方式,这对中国本土企业吸收其先进技术的能力提出了更高的要求,使得技术溢出相对较为困难。要有效吸收欧盟直接投资的高新技术,就必须在我国国际地位不断上升的背景下,努力促使欧盟在华直接投资向技术合作、合资经营等方式转变,加强其对中国本土企业和员工的技术培训,进而促进技术溢出的发生。在这方面最为典型的便是中国的高铁技术,几年前中国的高铁技术还主要借鉴具有世界先进水平的德国,后来中国与德国开展了技术合作,走上了"引进、吸收、改进"的创新道路。然而到2010年,中国高铁的轮轨技术已经超越德国、日本及美国,成为世界上关于此项技术最先进的国家。从这一例子中可以看出,要吸引欧盟外资的先进技术,就要促进其在中国投资方式的转变,让中国企业有机会学习,有能力学习,进而取得长足发展。第二,培育良好的产业集群,促进欧盟跨国公司的技术外溢。就目前的经验来看，在产业集群中，企业与企业之间通过各种交流和学习，密切合作以共同促进技术在整个产业链和集群中得以扩散。通过采取特殊的激励政策培育产业集群，借助产业集群的创新优势和竞争优势吸引跨国公司加入其中，可以使当地的企业经由向跨国公司的模仿学习实现技术能力的跟进，以此带来跨国公司对我国企业的"拉动效应"。例如，我国浙江义乌、海宁等地的产业集群，都为增强民营企业技术进步和创新起到了重要的作用。第三，不断加强当地民营企业与欧盟跨国公司的前向联系和后向联系，以此推动自身的技术升级。鼓励跨国公司与我国企业建立分包商或供应商关系，加强两者之间的前后向联系，以实现欧盟跨国公司对我国企业的人员培训和技术转让。与欧盟跨国公司加强前后向联系可以获得许多市场信息资源，同时又可从广泛的技术联系中获得额外的利益。政府可以制定一些相应的政策，以限制欧盟在华跨国公司从国外进口零部件、原料等，迫使其在国内寻求合适的供应商，并进行技术转移。这样不仅可以带动一类企业的技术创新与进步，而且对于整个产业链的集体进步和技术升级都能起到重要作用，对于促进中国民营企业的长期稳定发展有着重大意义。

2.推动技术进步和知识产权制度建设的长期应对策略

从长期来看，我国必须将自主创新和研发放在最重要的位置。自主创新是中国经济发展和技术进步的根本推动力，鼓励自主创新，提高本国企业的研发能力，不断缩小与发达国家技术水平的差距，才能使其更好地吸收利用欧盟在华直接投资带来的先进技术，这对中国长期有效的发展及国际市场竞争力的提高具有举足轻重的作用。目前中国已进入了经济领域的深刻变革时期，转变经济发展方式显得尤其紧迫，这对我国进一步的改革开放和社会主义现代化建设具有重要的意义。而自主创新是推动经济发展方式转变的根本出路，推动自主创新，就要加快推进中国的创新体系建设，做到以企业为主体、以市场为导向，产学研相结合，以期取得技术进步的实质性突破。首先，要注重培育和发展中国本土的战略型新兴产业，推进重大专项的实施；其次，要注重多方面的科技合作，提高基础研究和前沿科技的投入；再次，要鼓励企业的自主创新，加快民生科技创新，为其创造良好的环境，提供优惠的政策支持。只有始终坚持对自主研发的政策扶持和加大经费投入，才能推进我国长期的科技进步。在知识产权制度的建设方面，《专利法》的第三次修改明确表明《专利法》的立法宗旨是"提高创新能力，促进经济社会发展"。此次《专利法》修改与前两次有着很大不同，是从当前我国国情和市场需求出发,为提高自主创新能力,服务于创新型国家建设而修订的,更具灵活性和针对性,也更加符合我国的发展现状。这说明,我国的知识产权立法已经将重心转移到推动自主创新上来,知识产权制度的日趋完善,不仅能在一定程度上吸引欧盟等发达地区企业来华进行先进技术和行业的投资,而且将为中国本土的民营企业提供不断创新发展和实现技术进步的机会。随着我国知识产权制度的日益完善,市场经济推动技术进步的趋势将会更加明显地体现出来。

参考文献

[1] Andrew Levin and Lakshmi Raut. Complementarities Between Exports and Human Capital in Economic Growth: Evidence From the Semi-industrialized Countries. *Economic Development and Cultural Change*, 1997,46: 155-174.

[2] Borensztein, E., De Gregorio and Lee, J. W. How Does Foreign Direct Investment Affect Economic Growth? *Journal of International Economic*, 1988,45: 115-135.

[3] Buckley, P. J. and M. Casson. The Optimal Timing of Foreign Direct Investment. *Economic Journal*, 1981, 91: 75-87.

[4] Caves, R. E. *Multinational Enterprises and Economic Analysis*. Cambridge University Press, 1996.

[5] Cypher James and Dietz, L. Static and Dynamic Comparative Advantage: A Multi-period Analysis with Declining Terms of Trade. *Journal of Economics Issues*, 1998, 32:305-310.

[6] Findlay Ronald. Relative Backwardness, Direct Foreign Investment, and the Transfer of Technology: A Simple Dynamic Model. *Quarterly Journal of Economics*, 1978, 62: 1-16.

[7] Grossman, G. M. and E. Helpman. Product Development and International Trade. *Journal of Political Economy*, 1989, 97: 1261-1283.

[8] Haddad, M. and A. Harrison. *Are There Positive Spillovers from Direct Foreign Investment? Evidence from Panel Data for Morocco, Mimeo*. Harvard University, Cambridge M. A.: World Bank, Washington D. C., 1991.

[9] Hapaaranta, P. Competition for FDI. *Journal of Public Economics*,

1996，63：141-153.

[10]Healand M. Wooton. International Competition for Multinational In-vestment. *The Scandinavian Journal of Economics*，1999，101：631-650.

[11]Hejazi，W. and Safarian，E. *Trade，Investment and United States R&D Spillovers Toronto*. Canadian Institute for Advanced Research Working Paper，1996.

[12]Horstman，I. and J. R. Markusen. Endogenous Market Structures in International Trade. *Journal of International Economics*，1992，20：225-247.

[13]James，R. and Authony J. Foreign. Direct Investment As a Catalyst For Industrial Development. *European Economic Review*，1998，43：335-356.

[14]Kokko，A. Technology，Market，Characteristics and Spillover. *Journal of Development Economics*，1994，43：279-293.

[15]Magnus Blomstrom and Fredrik Sjoholm. Technology Transfer and Spillovers：Does Local Participation with Multinationals Matter? *European Economic Review*，1999，43：915-923.

[16]包群,赖明勇.中国外商直接投资与技术进步的实证研究[J].经济评论,2002(6).

[17]陈涛涛,白晓晴.外商直接投资的溢出效应：国际经验的借鉴与启示[J].国际经济合作,2004(9).

[18]崔校宁,李智.外商对华直接投资经济效应实证分析[J].世界经济研究,2003(6).

[19]何兵.外商在华直接投资的行业间溢出效应——基于我国工业部门相关数据的初步分析[J].亚太经济,2006(1).

[20]何洁.外国直接投资对中国工业部门外溢效应的进一步精确量化[J].世界经济,2000(12).

[21]黄静波,付建.FDI与广东技术进步关系的实证研究[J].管理世界,2007(9).

[22]李平,钱利.进口贸易与外商直接投资的技术溢出效应[J].财贸研究,2005(6).

[23]刘金钵,朱晓明.跨国直接投资技术溢出效应实证研究[J].国际经济研

究,2004(8).

[24]刘宇.外商直接投资技术外溢效应下降之谜[J].财贸经济,2006(4).

[25]吕立才,黄祖辉.外商直接投资中国农产品加工业的技术转移效果分析——基于面板数据的实证考察[J].南开经济研究,2006(4).

[26]王美今,沈绿珠.外商直接投资技术转移效应分析[J].数量经济技术经济研究,2001(8).

[27]严兵.外商在华直接投资的溢出效应[J].世界经济研究,2005(3).

[28]张爱玲,夏平.FDI技术溢出对发展中国家的影响[J].国际经济合作,2005年(6).

[29]张宇.外资企业股权结构与FDI技术外溢效应[J].国际经济研究,2006(11).

第五章　中国民营企业拓展欧盟
市场的动因与模式选择

在中欧经贸往来过程中,中国民营企业对欧盟市场的开拓也取得了长足进展,这一方面是出于企业短期经营的需要,另一方面也预示着民营企业长期对欧投资计划的逐步实施,是我国民营企业国际化经营的重要表现。本章分析了中国民营企业拓展欧盟市场的动因与模式选择,发现民企对欧盟国家直接投资的主要动因是出于开拓欧盟市场、规避欧盟反倾销等贸易壁垒和获得新技术的需要。从不同的视角来看,可以将民营企业拓展欧盟市场的行为分为以下几种模式:绿地投资与并购、贴牌生产与自主品牌、自建海外营销网络与集群式海外投资。我国民营企业拓展欧盟市场的成功案例中不乏一些极具分析和借鉴价值的故事,通过实地调研,在对民营企业拓展欧盟市场的动因和模式选择分析的基础上,我们认为:具有比较优势的产业是中国民营企业对欧盟差异化投资的重点,中国民营企业要尽量避免在进入欧盟市场初期实力尚不雄厚的情况下,盲目进行多元化扩张;中国民营企业要加快培养适应国际经营管理的现代化人才,可以通过招聘优秀的国际人才和跨国公司经营人才本土化来缓解人才不足给企业发展带来的制约;政府要加大对民营企业海外投资的支持,给予民营企业融资便利或资金上的支持,让企业能在更短的时间内以比竞争对手更低的经营成本开展对外投资业务;民营企业也要正确选择对欧投资的路径,可以通过先进入东欧和南欧市场再逐步打入欧盟核心市场;通过建立民营企业联盟的形式,弥补中国民营企业规模偏小、融资能力弱、信息掌握不全面的软肋,使对欧投资具有规模优势,提高企业国际化经营的成功概率。

第一节　中国民营企业拓展欧盟市场的动因分析

一、中国民营企业对欧盟市场的拓展

法国国际投资署主席菲利普·法夫尔表示:"中国企业对外投资额正呈高速增长状态。外汇储备超过 1 万亿美元表明中国已变得更加富裕,中国企业也因此进入了大规模国际化的阶段,这不仅体现在'出口国际化',也体现在'投资国际化'。"2007 年,我国人均 GDP 超过 2000 美元,按照邓宁的投资发展周期理论,我国已经进入对外投资的初期阶段。尽管目前我国企业对外投资的数量和规模尚难与发达国家相比,特别是对民营企业来说,目前更是处在"摸石头过河"的初期阶段,但在经济全球化背景下,我国民营企业的对外投资趋势已经显露出来。

上海市商务委员会的统计显示:2008 年,上海民营企业对外投资开办企业 69 家,投资额 3.42 亿美元,投资额比 2007 年猛增 2.26 倍。上海民营企业 2008 年对外投资的项目数和投资额,在上海企业当年年度对外投资的"大盘子"中分别占 57% 和 48.3%,显示出民营企业的"主力"地位。中国社会科学院民营经济研究中心 2008 年对浙江省台州市民营企业境外投资的调查表明:按国家或者地区来划分,台州民企到美国和墨西哥投资的企业数量最多,占海外投资企业总数的 27%;到中东地区阿联酋投资的企业占 24%,排第二;到欧盟新成员国和俄罗斯投资的企业占 19%,排第三。中国国际贸易促进委员会在 2010 年 4 月发布的《中国企业对外投资现状及意向调查报告》中指出,从设立境外企业的地区分布看,亚洲、欧洲和北美是吸引中国民企对外投资较为集中的地区,在曾经进行过对外投资的 344 家企业中,有 49% 的企业在亚洲投资,33% 的企业在欧洲投资。① 浙江省商

---

① 中国国际贸易促进委员会(简称贸促会)于 2009 年 12 月至 2010 年 3 月开展了第四次"中国企业对外投资现状及意向调查"。本次调查共发放问卷 3000 份,回收有效问卷 1377 份。在所有填写问卷的企业中,民营企业占 69%,国有企业占 12%,其他所有制企业(包括合资企业、外商独资企业)占的比重都不足 10%。

务厅发布的数据显示,在民营企业国际并购"浪潮"的带动下,2011年浙江全省实际对外直接投资额突破21亿美元,从地域上看,亚洲仍然是浙江民企投资流量集聚度最高的地区,但欧盟的瑞典和德国在浙江民企对外投资排名中分别居第2位和第4位。同时,受欧洲债务危机的影响,欧盟对外资的需求进一步增加,这将是浙江民企"走出去"的好机会。

欧盟的经济发展水平和技术水平普遍较高,我国民营企业直接投资于欧盟地区面临着诸如资金不足、技术水平落后、企业规模过小、创新能力弱等困难,但民营企业固有的一些优点使其在欧盟市场上仍有一定的竞争力,目前的国际金融危机更为一些有实力的中国企业提供了"走出去"的难得机遇。新希望集团、万向集团、中兴、华为、力帆、创维等一批开拓能力强、发展势头猛的民营企业已逐渐成为我国海外投资企业的重要角色,特别是在广东、福建、浙江等地区,民营和股份制企业已成为新一批境外投资企业的主体,并正从个体分散投资向成片海外投资发展。

二、中国民营企业投资欧盟的主要动因

在跨国投资中,虽然民营企业技术不够先进或规模不够大,但在国际市场上仍具有相当大的生存和发展空间,特别是在消费者偏好和购买能力差别很大的市场上,其产品的竞争优势更加明显。欧盟市场上,东欧2004年新入盟的10国与西欧各国市场发育程度和消费需求等方面的差异为民营企业提供了极大的投资空间。基于刘国光对中小企业国际竞争力影响因素的实证分析,我们把民营企业对外投资的优势总结为四个方面:(1)经营机制灵活,产权关系明晰,能够比较快地适应国际市场的变化。(2)小规模技术优势。民营企业由于受到自身研发能力的限制,对技术的开发研究投入少,所以使用的一般不是最先进的技术,但其在吸收较先进的技术之后,只要进行较小的改动和创新,就能使自己掌握的技术以成本低、适用性强及创造就业岗位多等特点深受东道国市场的欢迎。(3)民营企业的集群化效应有助于中小企业克服市场的交易分散性和不确定性风险,降低中间产品的交易成本,提高集群内企业的国际竞争力。(4)贸易积累的对外投资优势。用出口行为理论分析企业海外经营渐进过程时发现,当出口积累到一定的程度后,企业可能会从偶尔的出口阶段发展到对外直接投资阶段。

邓宁认为,企业对外直接投资主要是为了寻求资源、寻求市场、提高效率,或者是基于全球战略考虑的需要。刘易斯总结了发展中国家跨国企业

对外投资与经营的六大动机,它们分别是保护出口市场、突破配额限制、谋求低成本、利用种族纽带、分散资产以及其他动机。对于发展中国家的跨国公司而言,最重要的是寻求市场型的直接投资,在具体情况下,不同的动机因跨国公司经营活动的区别而存在差异。中国民营企业对外直接投资起步晚、规模小,具有自身的特点,故必须从民营企业自己的实际情况来研究其对外直接投资的动因。中国著名跨国公司问题专家、南开大学教授滕维藻和陈荫枋认为,中国企业对外直接投资的动因归结起来主要有:(1)保护市场和扩大出口;(2)谋求降低产品成本,提高竞争力;(3)确保原料供应等。不少海外华人学者也认为,中国企业对欧盟市场进行投资就是对海外市场的渴求。在国内部分消费品(如服装、自行车、日用电器等商品)市场已日趋饱和的前提下,民营企业有强大动机寻求开辟海外新市场和保障中国在欧盟的市场份额,以使自身免遭反倾销诉讼。

中国社会科学院研究员鲁桐对英国中资企业投资动因的调查结果(见表 5-6)表明:在所有主要动因中,"母公司长期发展战略的组成部分"被列为首位;"向新市场扩张"和"获得外国市场信息"成为中国企业在英国投资的主要动机;而诸如"获得技术(主要指硬件技术)"、"寻求资源"、"分散经营风险"等因素只占次级重要的地位;"降低成本"和"获得较高的利润"均不是现阶段中国企业对英国直接投资的主要目的。

表 5-6 中国企业在英国的投资动因

投资动因	平均值
母公司长期发展战略的组成部分	4.82
向新市场扩张	4.45
获得外国市场信息	4.39
保护原有市场	4.27
根据母国发展战略为企业的其他业务发展创造条件	3.55
母国市场的压力	3.45
靠近出口市场	3.39
分散金融风险	2.94
掌握技术和管理技能	2.5
靠近供给资源	2.48
获得更高利润	2.18

续表

投资动因	平均值
更高的财务管理	2.15
规避母国政府管制	2.03
绕过东道国贸易壁垒	1.88
靠近资本市场	1.03

注:该调查采取 5 等级评分方法:1=最弱,2=较弱,3=一般,4=较强,5=最高。

根据《中国企业对外投资现状及意向调查报告》中对问卷企业的调查(见表 5-7):在对欧盟国家的投资中,"中国政府的'走出去'政策及相关优惠条件"对大多数接受调查的企业来说似乎起着决定性作用,而"国内市场的不景气"也是一个重要因素,其他因素如"可供投资使用的资金数量"、"国内日益上涨的劳动力成本"及"海外投资节省运输成本"等则被视为不重要或不太相关的因素。

表 5-7　中国企业对欧盟(27 国)投资的推动因素

欧盟(27 国)	决定性因素	非常重要因素	重要因素	不重要因素	不相关因素	总计
中国政府的"走出去"政策及相关优惠条件	25%	22%	18%	3%	31%	100%
国内市场的不景气	7%	19%	22%	13%	39%	100%
可供投资使用的资金数量	14%	23%	21%	5%	37%	100%
国内日益上涨的劳动力成本	11%	15%	19%	9%	46%	100%
海外投资节省运输成本	9%	20%	21%	7%	43%	100%

上述调查结论对我们考察我国民营企业对整个欧盟的直接投资动因具有较大的借鉴作用。总的来看,对于大多数对外投资活跃的民营企业而言,在影响其向欧盟(27 国)投资的因素中,当地市场潜力、自然资源、当地掌握一定技术的劳动力、当地先进的技术和研发能力、获取已经成型的品牌以及使企业打入目标市场等,起了决定性或非常重要的作用。当地低廉的劳动力成本和是否容易进入公共采购市场,表面上似乎也比较重要,但是对于大多数企业来说并不是重要因素。而其他如接触国际化管理体制、节省运输成本及从优惠政策中获利等因素,对于中国企业来说影响不大。因此,结合中国对外开放的实际和民营企业自身的发展特点,我们将中国

民营企业对欧盟国家直接投资的主要动因归结为以下几个方面：

（一）开拓欧盟市场的需要

国外跨国公司已逐渐渗入我国各个领域的市场，中国民营企业迟早要与跨国公司在国际市场上一争高下，这就促使中国企业必然走向国际市场，寻找企业新的生存和发展空间。在世界市场一体化的条件下，我国民营企业要想占有更大的份额，就必须建立国际销售网络，在国外直接投资并按当地要求提供生产和服务，这样才能获得发展机遇。另外，我国市场已经由卖方市场转向买方市场，尤其是近年来出现了供大于求的状况使我国的部分行业生产过剩，国内市场已趋于饱和，例如国内的纺织业，生产能力为世界第一，但国内需求仅占其生产的 1/3～1/2，还有彩电行业，其生产能力高出需求量达 60%。面对这种情况，企业选择对外直接投资可以发挥自己的优势，建立新的市场，达到扩大出口的目的，并且还可以为国内的产业发展提供更大的空间。

欧盟是世界上最具潜力的消费市场之一。欧盟扩大到 27 国后，更是形成了拥有 4.998 亿人口、GDP 总量达 18.4 万亿美元的统一大市场。据统计，单是电视机，欧盟每年的销售量就超过 3000 万台。因此，欧盟市场是一个诱人的"大蛋糕"，吸引了包括美国、日本等国在内的几乎所有国际资本前往投资。对于中国民营企业来说，统一的大市场意味着更多的投资机会。随着消费者数量的增多和消费水平层次的拉大，欧盟统一大市场对商品的容量和商品种类的需求将不断扩大，从而为中国企业拓展欧洲市场提供了契机。当欧盟发展到更高阶段时，尤其是新成员国完全适用欧盟统一的对外贸易政策和市场准入标准后，中国民营企业就可以简化进入新成员国市场的规则，降低市场开发成本，扩大与新成员国的经济贸易。同时，与现有欧盟国家相比，新成员国生产成本较低，劳动生产率和管理水平与我国相对较接近，有利于我国具备比较优势的企业在这些国家投资办厂、建立生产基地，这既带动了我国原辅材料和部件出口，又能提高我国产品在中东欧的竞争力和市场占有率，还可向其他欧盟国家进行辐射。

（二）规避欧盟反倾销等贸易壁垒的需要

绕过进口国的关税及非关税壁垒和其他限制、在目标国直接投资设厂也是企业寻求开拓海外市场的一种表现。金融危机影响下，国际贸易保护主义在当今世界有抬头趋势，其主要通过反倾销法规、原产地规则等非关税壁垒的实行来实施贸易保护，这时如果采取对外直接投资的方式就可以绕过这些壁垒，避免贸易摩擦，增加技术设备和劳务的出口。

无疑,欧盟反倾销是当今中国产品进入欧盟市场遇到的最大障碍。资料显示,反倾销是欧盟对华采取的最主要的贸易救济手段。自1979年欧盟对华发起第一起反倾销调查至今,欧盟总共对华发起了140余起反倾销调查,是对中国发起反倾销调查最多的WTO成员之一。20世纪90年代以后,欧盟对中国的反倾销占其全部对华反倾销案件的70%以上。据欧盟委员会公布的数据,2009年上半年,欧盟只发起了两项新的反倾销调查,全部针对中国产品。进入2009年8月以来,欧盟已经接连对中国出口至欧洲的葡萄糖酸钠、铝合金轮毂、聚酯高强力纱产品发起3起反倾销调查。相关预警信息表明,欧盟业界还正在酝酿对户外服装、三聚氰胺以及太阳能电池板等中国产品发起贸易救济措施调查,中国产品面临着严峻挑战。特别值得关注的是,由于欧盟拥有完整、复杂的反倾销复审制度,所以很容易就对中国产品频繁发起以日落复审为代表的各种形式的反倾销复审。例如,2009年以来,陆续对中国金属硅、甜蜜素产品发起了复审调查,并准备对草甘膦产品进行日落复审。2007年至2011年8月,中国累计遭受欧盟反倾销调查31起,占欧盟同期对外反倾销调查总数的46%,中国已成为欧盟反倾销的第一大立案对象。

欧盟的反倾销给中国产品出口带来的危害是深远的。初步统计显示,欧盟目前对华仍在执行的反倾销措施有50余起,其中有10余起是经过日落复审程序而不断延续的,如1984年的碳化硅案件通过复审程序至今仍在执行。过度依赖以商品贸易形式进入欧盟市场使我国企业付出了巨大代价,深层原因是中国出口贸易的迅猛增长(年均递增近13%),几乎高于全球贸易同期增幅的一倍,并在中欧贸易中长期处于出超地位。从20世纪90年代起,欧盟反倾销主要对象已从日本、韩国和东欧国家改为中国,欧盟对华商品进口的严格限制最可能的解释就是其担心中欧贸易中欧盟赤字进一步上升。同日、韩等国企业相比,中国企业尚没有开展投资性市场进入,其结果只能是欧盟对华商品反倾销越演越烈。另外,欧盟扩容后,欧盟区内贸易趋势增强,贸易保护也将加剧。因此,以投资形式促进中国产品在欧盟国家"当地生产、当地销售",不单是中国产品进入欧盟市场的方式选择,而且是中国企业绕开欧盟贸易保护壁垒和保护中国传统对欧出口产品市场份额的实际需要。

(三)获得新技术的需要

我国民营企业在国际上和跨国公司进行竞争时,最大的劣势就是缺乏企业赖以生存和发展的核心技术,缺乏持续的竞争能力,这也是绝大多数发展中国家企业面临的主要难题。出现这种情况的原因是,民营企业普遍存在资金不足、规模较小、研发能力不够、企业技术设备老化等问题。以高新技术企业为例,2008 年,时代集团公司总裁王小兰对中关村 811 家民营高新技术企业的调研结果发现,在这些企业中,研发投入占总收入比达到或超过 10% 的占 32%,不足 10% 的占 68%。2011 年,中关村科技园区内企业的研发投入占收入的平均比重为 3.8%,而早在 2000 年,美国高新技术产业 R&D 投资强度就已高达 22.5%,日本、德国和法国也分别高达 21.7%、23.2% 和 27.1%。可见,中国与发达国家对高新技术企业的研发投入存在明显差距。由于资金短缺,研发经费投入少,企业很难拥有核心技术和在国际市场上的竞争力。另外,资金不足直接影响到人才引进,特别是高层管理人才及专业技术人才的引进。目前学校培养的绝大多数优秀人才毕业后的首选目标,已从出国改为考公务员、留校、进研究所,真正自愿到企业工作的一流人才不是很多,加上大型国企及外资研发机构的人才竞争,民营科技企业在人才吸引方面还存在一定的劣势,这更是加重了民营企业技术创新的困难。

自工业革命以来,欧盟地区一直是世界技术创新的重要发祥地之一,在许多领域居世界先进水平。近年来,欧盟各国为提高国际竞争力,设立了名目繁多的新技术开发区,如德国巴伐利亚硅谷、英国苏格兰硅谷、泰晤士硅谷和法国索菲亚安蒂波利斯科学城等,专门吸引世界各国电子、通信、航空、信息和生物学领域的最新技术和优秀人才。考虑到基础设施质量高、研发环境优越以及有利于投资的优惠政策等因素,中国企业可以通过对欧盟直接投资和开展研发活动实现核心技术的市场化,通过在上述地区开展企业的研发活动,必将使中国一大批在电子、通信、信息和生物学领域具有自主知识产权的高技术产品实现开发、生产的国际化,从而大大提高中国企业的国际竞争能力。同时,通过与新技术开发区内的欧盟企业合作,在联合生产和开发过程中,获取先进的技术和管理经验,有助于使中国企业的技术创新机制、管理体制和产品质量体系等与国际接轨,从而获得技术和管理的双重效益。从长远来看,在欧盟市场从事经营活动,直接利用当地的技术和聘请当地经营管理人员,也有利于我国企业突破原有的经营体制,加快国际化的步伐。

因此,通过对欧盟的直接投资活动,特别是通过"与外资合作－向外资学习－与外资竞争"的技术学习路径,有助于中国民营企业获取现代化所需的各种高新技术。我们可以看到,海尔、TCL 等公司正在通过在欧盟核心市场投资和建立企业研发中心，来学习欧盟先进技术，实现企业自身技术创新，并使产品更接近欧盟消费者，从而占据市场领先地位。

第二节　中国民营企业拓展欧盟市场的模式选择

一、民营企业拓展欧盟市场的模式选择

不同时期和不同国家的企业，由于面临的外部环境及其主客观条件有所差异，国际化经营的路径和模式也往往各不相同。欧盟是中国引进先进技术和设备的最大供应者，近年来欧盟的高速发展，为欧盟区域以外企业的进入提供了良好的环境和机遇。欧盟是中国民营企业走出去的一个重要去向，如何针对民营企业自身的竞争优势、国际经验、学习能力、资源特征以及东道国制度环境和市场结构等因素，动态选择最优的对外投资模式，实现跨国公司国际化发展的最优边界，并长期保持国际核心竞争力，这已成为当代国际商务管理领域的关注焦点。

（一）绿地投资与并购

民营企业对外投资模式的选择，除了与企业自身经营状况密切相关以外，还受企业对外投资动因、投资绩效以及国内外经营环境的变化等因素的影响。布拉泽斯等（Brouthers et al.，2000）把海外直接投资进入模式分为两类：一是收购（Acquisition）；二是绿地投资（Greenfield Start-up）。贝尔（Bell，1996）主要围绕跨国并购与绿地新建（无论独资或合资）的重要差异展开论述，他的主要观点是：其一，跨国并购缩短了绿地新建所需的初始建设周期，是投资速度更快、风险更低的进入方式；其二，与绿地新建相比，跨国收购并不增加东道国目标行业的存量产销规模。对于新进入的企业而言，处于上升期的行业，比处于饱和状态、增长减弱的行业有更大的市场空间。温特（Winter，2003）把动态学习能力加入 FDI 模式选择研究，认为并购与新建投资的基本差异是，并购企业通过购买其他企业的股权将其纳入自己的经营体系，比新建企业更好地实现了双方企业文化的融合，因而可以促进跨国企业向东道国合作者吸取和补充经营经验。而绿地投资只是在利用企业既有的知识和经营模式，容易形成认知学习惰性和日常运作的路径依赖。

国内学者张小庆（2007）认为，跨国公司对外投资主要是基于利润的考

虑,至于采用跨国并购的方式还是采取新设投资的方式,是企业综合权衡两者成本与收益之后做出的决策。通过对并购的价格、运用低技术时企业的垄断利润和新设投资的净利润等因素的考虑,跨国公司会最终决定进入东道国的模式。胡麦秀和薛求知(2007)把技术-环境壁垒区分为创新性壁垒和差异性壁垒。在此基础上,他们利用霍特林(Hotelling)的线性双寡头模型,分析了跨国企业为跨越进口国的差异性壁垒和对外直接投资而作出的最佳进入模式选择。其研究表明,当绿地投资的固定成本比较高时,并购将成为企业的最佳投资模式;如果跨国企业较东道国企业拥有更明显的技术优势,则跨国企业更愿意选择绿地投资方式;若东道国的市场规模比较大,并且绿地投资对跨国企业来说是可行的,则并购将成为跨国企业的最佳选择;市场竞争强度与进入方式选择之间并不呈现单调关系。张树明和徐莉(2008)对中国企业FDI海外进入模式的投资绩效进行了实证分析,研究结果表明,海外市场的进入模式对中国企业对外直接投资的经营绩效影响较为显著:采用新建进入模式的中国企业相对于并购模式,其经营绩效表现更佳;采用并购进入模式的中国企业相对于新建模式,其市场绩效尤其是获投资者认可方面表现更佳。因此,中国企业应结合对外直接投资的主要动机选择合适的海外进入模式。其他学者还从交易费用、文化差异的视角探讨了中国海外投资的模式选择,他们认为,应当以是否有利于企业实现海外资产开发和资产创造的战略目标,并最大限度地规避投资风险作为选择的标准。

(二)贴牌生产与以自主品牌"走出"国门

品牌经济是市场经济发展的高级阶段,品牌竞争也是市场竞争的高级阶段。品牌竞争的基础是产品的技术和质量,但又比技术和质量内涵更加宽阔。在跨国经营中,品牌竞争有两种形式:一种是利用国际品牌贴牌生产(OEM)的形式,另一种是依托自己品牌生产的自主品牌(OBM)形式。前者是一种过渡形式,最后必然发展到自主品牌,从而演变为成熟的跨国经营和跨国公司。从民营企业跨国经营的实践来看,一般的民营企业是遵循"价格竞争——技术竞争——品牌竞争"的顺序,循序渐进地发展(欧阳峣,2006)。当然也不排除一些基础好、技术力量强、国内市场知名度高的企业和产品,从进入国际市场的初期就开始实施"品牌"战略,开展品牌竞争。

从提升企业结构、促进产业升级、实现经济增长的角度出发,中国民营企业要实现对欧盟先进企业的赶超,就需要通过持续的学习和创新形成自身的核心技术和研发能力,在此基础上培育独立自主的全球品牌。具体来讲,加工企业首先要树立品牌意识,在为发达国家企业开展 OEM 业务时,通过对生产过程的学习,有意识地积累自己的制造经验,同时通过反求工程,对引进的设备、工艺进行摸索、探求、仿制和改进,这本身也是一个引进、消化、吸收、再创新的过程。在企业形成自己的设计和初步研发能力之后,逐渐过渡到原始设计厂商(ODM),并开始向产业链的上游扩展。随着企业实力的进一步增加,企业可以向 OBM 发展,ODM 形成的自有知识产权将为自有品牌的发展提供必要的支撑。这样,在实现从 OEM、ODM 到 OBM 演进的同时,企业也成功实现了技术和产品的不断升级(汪建成、毛蕴诗,2007)。

（三）"单兵"自建海外营销网络与"集群式"海外投资

随着终端为王的时代悄然逼近,对国内众多消费品生产企业而言,今后谁掌握着规模大、效率高、运作灵活、运营成本低的销售渠道,谁就赢得了市场,就能有效地战胜自己的竞争对手。海外营销网络作为企业核心竞争力的重要组成部分,它的设立可以使企业在海外逐步树立起自己的品牌声誉和市场影响力,为最终在海外投资生产、更好地推进全球化战略奠定良好的基础。这种模式有三个主要特点:从企业背景看,是国内名牌,有的甚至历史悠久;从方式看,是投资自建销售网络,产品境外研发或生产没有太大必要;从目标看,是扩展国际市场,从国内名牌走向国际名牌。通过构建海外销售渠道和网络,企业可以将产品直接销往海外市场,减少中间环节。同时,通过这种投资较少的方式深入了解市场需求,有利于企业积累宝贵的经验。目前,建立海外营销渠道是中国民营企业海外投资的主要模式之一。

与"单兵"企业依靠自身力量"进入"海外的模式不同,"集群式"海外投资将大大提高群内企业跨国投资的成功率。产业集群作为一种介于纯市场和层级之间的中间性组织,不仅能为群内民营企业带来信息、技术、服务等专业化资源的共享,而且可以有效克服市场失灵和内部组织失灵的难题。这种模式对于缺乏核心竞争力、抵御风险能力差、内部规模效应低的民营企业来说,值得借鉴和推广。以集群式海外工业园投资模式为例,它的主要优点具体表现在:一是工业园区为中国民营企业集群式进入欧盟,搭建了一个公共的投资信息与运营服务平台;二是在欧盟等国建立工业园区一般需要经过东道国政府的审批,在与当地政府良好的沟通与合作中便于园区内企业获取较多政策上的优惠与资源上的支持;三是海外工业园区模式能有效改变我国民营企业对外直接投资中各自为营的松散状况，大大增强区内企业对海外经营风险的抵御能力。

二、民营企业拓展欧盟市场的典型案例

近 10 多年来，民营企业对欧盟海外投资的国际化实践，已探索出了多种行之有效的实践模式，这里仅选取部分初获成功且具有一定典型借鉴意义的企业案例进行深入剖析。

（一）跨国并购的"TCL 模式"

并购（M&A）已成为当今国际市场跨国资本流动的主要方式之一，这也将是中国民营企业进入欧盟市场的主要手段。收购通常意味着获得当地的熟练员工、管理人员、市场、顾客以及与政府的关系。从减少进入障碍和风险、加快进入速度、尽快获得短缺资源的角度看，一些有足够资金和技术实力的民营企业应充分利用发达国家资本市场发达、开放度高的特点，尽量选择并购方式，或者通过横向兼并扩大企业产品的海外市场占有率，又或者通过纵向兼并实现自己的多元化战略。

民营企业采取并购模式主要是为了获取海外销售渠道或实现产品的当地生产，实现开拓国际市场的战略目标。一方面，由于市场结构、消费习惯和文化的差异，企业自建销售网络有时很难迅速融入当地成熟市场，而M&A 却可以迅速获得渠道，即便要经历企业整合的考验。另一方面，当企业的产品特征确实表明境外生产有一定的必要性（如直接出口有贸易壁垒限制，本土化生产成本更低或更能适应当地市场），而绿地投资成本又高于并购方式时，M&A 就成了企业海外投资的首选。

并购模式的主要特点有三个：首先从企业背景看，采取该模式的企业不仅在国内具有优势，而且往往是所在领域的国内领先者；其次从方式看，并购跨国公司的业务对象多为国际知名大公司；再次从目标看，并购主要是为了获得技术、品牌、渠道、人力资源等，实行全球资源整合，开拓包括欧美发达国家在内的全球市场。

TCL 集团是采用这种模式的典型代表。TCL 集团股份有限公司创立于 1981 年，是中国最大的、全球性规模经营的消费类电子企业集团之一。1999 年，公司开始了国际化经营的探索，在新兴市场开拓推广自主品牌，在欧美市场并购成熟品牌，成为中国企业国际化进程中的领头羊。2002 年 9月，中国 TCL 集团下属的 TCL 国际控股有限公司，通过其新成立的全资附属公司施耐德电子有限公司，收购了具有 113 年历史、号称"德国三大民

族品牌之一"的百年老店施耐德电子有限公司的主要资产,其中包括"SCHNEIDER"及"DUAL"等著名品牌的商标权益。2003 年 7 月,TCL 集团全资收购了美国著名的家电企业戈维迪奥公司。2004 年,TCL 集团又分别掌控了法国汤姆逊的家电业务、阿尔卡特的手机业务以及日本东芝的白电业务。借助外国品牌开拓海外市场,已成为 TCL 集团独特的国际化模式。TCL 通过跨国并购重组获得了品牌和渠道,迅速地扩大了海外销售规模。

　　TCL 进行跨国并购的重要原因是为了获得品牌和渠道,扩大海外市场和企业规模。欧美发达国家的市场发展非常成熟,一些知名消费电子品牌的市场地位十分稳固,其产品和服务不仅容易被消费者接受,而且控制着当地销售渠道。因此,并购是中国企业进军这些国家的重要手段。另外,一些跨国公司由于经营战略转型需要业务重组,也可能为中国优势企业跨国并购带来机会。市场瞬息万变,竞争中求生存、求发展是企业永恒的主题。由美国次贷危机引发的全球性金融危机对众多中国民营企业来讲,既是一个巨大的挑战,也是一个重要的机遇。2009 年以来,全国就出现影响比较大的几起收购案,其中尤其不乏浙江民营企业的身影,如浙江美邦纺织有限公司的全球最大无缝内衣并购案、吉利汽车收购了全球第二大独立自动变速器制造商。正如有些学者指出的,当前是企业并购比较好的时机,企业发展有一条规律,"牛市"的时候卖资产,"熊市"的时候买资产。

　　(二) 研发国际化的"华为模式"

　　海外研发投资是指我国一些高科技民营企业通过建立海外研发机构,利用海外研发资源,使研发国际化,从而取得居于国际先进水平的自主知识产权。中国高科技民营企业总体上实力尚弱,大规模"走出去"的条件还不具备。对于大多数高科技企业而言,"走出去"的可行方式是在海外自建研发基地,而不是大规模的投资或并购。研发机构可大可小,其作用一是跟踪发达国家在某个领域的最新动态,二是吸引人才或引进国外的先进技术。联想、华为的"走出去"实践就是这方面较好的典范。

　　深圳华为技术有限公司成立于 1988 年,是一家员工持股的高科技民营企业,主要营业范围是交换、传输、无线和数据通信类电信产品,在电信领域为世界各地的客户提供网络设备、服务和解决方案。在国际化初期阶段,华为利用国内派出的销售队伍,采取直接与电信运营商洽谈的直销模式,在中东等发展中国家取得了良好的效果。在发展中国家获得快速发展后,华为开始向发达国家市场进军。2001 年,华为公司的 10GSDH 光网络产品进入德国;2003 年,华为在法国 LDCOM 公司的 DWDM 国家干线传输网项目、英国电信的 VOIP 卡长途商用网项目相继中标,成功打入欧美主流运营商市场。华为公司坚持自主研发,将自主开发的核心技术应用于海外市场的拓展,但公司也不拒绝合作,而是不断推进产品研发的国际化,积极建立全球性的研发网络。

目前华为在瑞典斯德哥尔摩、美国达拉斯及硅谷、印度班加罗尔、俄罗斯莫斯科,以及中国的深圳、上海、北京、南京、西安、成都和武汉等地都设立了研发机构,并通过各种激励政策吸引国内外优秀科技人才进行研发,从而能够及时掌握业界最新动态。华为长期坚持使研发投入不低于销售收入的 10%,并坚持将研发投入的 10% 用于预研,对新技术、新领域进行持续不断的研究和跟踪。根据华为公司官方网站数据,华为连续 6 年蝉联中国企业专利申请数量第一,发明专利连续 3 年位居中国申请数量第一。截至 2008 年 9 月底,华为累计申请专利 32822 件,包括中国专利申请 24073 件、国际专利申请 4858 件、国外专利申请 3891 件。华为依托全球化技术开发网络,利用遍布世界各地的研发机构,以提供优质的产品和服务、更快的响应速度和更好的性能价格,帮助全球运营商确立可持续赢利的运营模式。2007 年,华为在欧洲、美国和日本等发达市场实现超过 150% 的增长。目前,华为的产品和解决方案已经被应用于全球 100 多个国家,以及 35 家全球前 50 强的运营商。依靠掌握越来越多的核心技术,华为在世界电信市场上已经能与跨国公司比肩较量。

自工业革命以来,欧盟地区一直是世界技术创新的重要发祥地之一,在许多领域居世界先进水平。中国高科技民营企业在欧盟设立研发基地,通过“与外资合作—向外资学习—与外资竞争”的技术学习路径,从而获取先进的技术和管理经验,使企业的技术创新机制、管理体制和产品质量体系等与国际接轨,获得技术和管理的双重效益。这对改善民营企业在国际竞争中普遍缺乏自主知识产权、技术创新能力不足等薄弱环节,提升科技水平的国际竞争力具有重大的推广价值和实践意义。

(三)贴牌国际化的“贝发模式”

贝发集团有限公司始创于 1994 年,专业从事以笔类为主的文具用品的研发、生产、销售及国际商贸服务。贝发集团从一家仅有 30 人的作坊式制笔厂起步,之后因广交会上接到阿拉伯客户的订单而逐渐走上国际化道路,目前已在西班牙、美国、俄罗斯、巴拿马、阿联酋迪拜等国家和地区设有海外分公司。作为国内文具领军企业,凭借自身在国内同行中最早实施

"走出去"战略的先发优势,贝发集团 90% 以上的产品销往北美、欧洲、拉美、亚洲、中东和非洲等 150 多个国家和地区。2007 年贝发集团有限公司产值达到 1.5 亿美元,2008 年约为 1.3 亿美元。其中,对欧洲市场的销售额占到整个公司销售额的 20% 以上,年均约为 2000 万～3000 万美元。

贝发集团有限公司以一站式服务为主要竞争战略,在公司的整个出口业务中,贴牌服务占到了非常重要的地位。这是由公司所处的行业背景、产业特点以及企业自身条件所决定的。贝发集团开拓欧盟市场的主要优势和机遇在于:规模化经营(笔类生产规模为世界第三、欧洲第一、中国第一);先进的机器设备;优质服务和相对于欧盟内部较低的价格。其开展国际化经营的主要劣势和挑战在于:与竞争同行相比缺乏价格优势;采购搜寻能力不足,有些产品类型无法满足客户的个性化定制;生产周期较长,下单至交货需要 45 天左右;语言障碍以及采购量问题等。正是基于以上考虑,贝发开始在海外建立销售代表处,并积极融入跨国公司的采购体系。目前已经与 Wal-Mart、Staples、Office Depot、Tesco 等近 30 家"世界 500 强企业"建立了战略贸易关系,形成了全球化、多业态互动的营销网络,并已成为多家跨国巨头笔类产品采购依存度最高的核心供应商和海外多个国家消费者识别率最高的中国笔类品牌。14 年间,屡获美国 Staples 和 Office Depot 公司颁发的"全球产品创新奖"、Tesco 的"全球最佳供应商奖"和 Global Sources 的"顶级供应商奖"。

贝发集团有限公司的成功主要是依靠在国际市场上提供有专利保护、品牌效应、优质的客户服务,以及与客户长期合作的良好关系。公司在积极依托跨国公司采购体系进军海外市场的同时,也在不断加大研发投入,并在知识产权、专利权和商标权等方面苦下工夫。从 1998 年起,贝发集团已在包括美国在内的世界多个国家和地区申请了 425 项专利,其中 300 多项已取得授权,并在 73 个国家注册了商标。这意味着贝发集团已经在世界范围内构建了拥有自主知识产权的庞大的产品体系。2004 年,世孚公司借"337 条款"向其供应商企业"发难",在涉案的全球 12 家企业中,有 4 家中国内地企业,其中以贝发集团的出口量最大。贝发集团总裁邱智铭介绍,贝发笔从笔的质量、工艺先进水平来看,与世孚公司的笔没什么区别,但价格上却占据优势。2004 年年初该款贝发笔在沃尔玛超市上柜两个月后,销量是世孚公司同类产品的 7 倍。世孚公司"发难",绝不仅仅是维护自身的"商业外观权",其深层目的有二:一是利用"337 条款"调查,阻挠低成本产品的市场扩张步伐;二是通过诉讼赚取一笔专利使用费,削弱对手的价格优势。在美国律师的协助下,针对美方提出的数百个涉案的质询问题,贝发集团按时给予了详细的答复,并提供了充足的证据材料和样品。同时,针对世孚公司的指控,贝发充分运用"337条款"程序中赋予被诉公司的权利,向对方提出了数百个问题的"反质询"。贝发的应对过程有理有节,最终迫使对方主动要求和谈。

对中国民营企业而言,采用 OEM 方式进入欧盟市场至少有三个方面的好处:一是利用国内企业的低成本,打入跨国公司全球生产体系;二是通过与跨国公司的合作,取得技术进步;三是在与跨国公司的分工合作中,规范企业生产方式,提高企业管理水平。对于中国民营企业而言,国际化不可能一蹴而就,通过贴牌生产而后创立自主品牌,先利用别人的营销渠道而后自己掌控重要营销资源,最后达到"走出去"的目的,无疑是一条较为可行的路径。

(四)打造自主品牌进入欧盟市场的"大虎模式"

浙江大虎打火机有限公司创办于 1992 年,从下岗工人安置费 5000 元起步,凭着温州人吃苦耐劳、敢为人先的精神,经 10 多年的发展,成为了中国金属外壳打火机生产的龙头企业。大虎公司早在 1992 年创办时就注册了"虎牌"(TIGER)商标,在国内同行中领先一步的品牌意识使该公司始终走在行业前列。近年来,虎牌打火机通过技术创新不断提升品质、提高档次,率先打入国外精品打火机市场。如 2005 年末公司攻克高压低氧技术难题生产的高原打火机,填补了国内空白。高原打火机的问世,让墨西哥、哥伦比亚等美洲国家很快成为"大虎"的新客户,成为"大虎"拓展美洲市场的"敲门砖"。2006 年以来,"大虎"高原打火机已累计实现销售收入约 6000 万元,仅 2008 年下半年的出口量就高达 200 多万只。

1987 年,温州人以手工方式制出了第一只打火机——"猫眼"。起初,温州人生产打火机主要靠模仿,质量上与日韩两大打火机生产强国售价为 30~40 美元的产品有一定差距,但温州打火机的售价仅为 1 美元,从而吸引了大批订单。1992 年,温州一下子冒出了 3000 多家"家庭作坊",每家的年产量大约在 3000~5000 只,当年就有上亿只仿造、装配的打火机不断从温州涌出国门。这时开始不断有国外企业找到"大虎",要求"大虎"为它们做贴牌生产,但都被大虎打火机公司的创始人周大虎断然拒绝。与此同时,"大虎"开始引进国内外先进设备和技术,组织技术人员,自己设计、生产打火机,注重提升产品质量,培育自主品牌。1998 年,大虎牌打火机经有关权威机构检测,已与日本生产的同类产品质量不相上下。凭借着产业集聚、专业化分工协作、低廉的劳动力成本优势以及不断的努力创新，"大虎"的自主品牌国际化模式取得了巨大成功。

2001年9月，欧盟终于步美国的后尘，对温州打火机启动CR（"防止儿童开启装置"英文全称的缩写）程序。2002年5月，欧盟作出决议，通过了CR法规。2002年6月27日，欧盟正式宣布对中国出口的打火机进行反倾销立案调查。这起诉讼的目的是通过对中国企业征收高昂的反倾销税，把中国企业生产的打火机关在欧洲市场大门外。而温州是世界金属外壳打火机的最大生产基地，当时一年出口的打火机就有5亿只，其中出口欧洲的占了将近30％。危机来临时，身为温州市烟具行业协会会长的周大虎，与其他打火机企业联合组建应诉团队，经过努力，终使欧盟在2003年9月停止了反倾销调查，成就了中国加入WTO后的"民营企业应诉反倾销第一胜案"。这在无形中也为"大虎"品牌做了一场声势浩大的免费广告宣传。

截至2010年，浙江大虎打火机有限公司已在50多个国家和地区注册了虎牌商标，并在欧美等发达国家开设了专卖店，产品远销加拿大、美国、墨西哥、日本等70多个国家和地区。优质的虎牌打火机似无形的广告，使虎牌的知名度和美誉度不断提升，不仅赢得国内消费者的青睐，还在与日本、欧洲以及美国包括ZIPPO等知名国际品牌打火机的竞争中赢得了一席之地。

（五）自建海外营销网络的"康奈模式"

康奈集团是一家专门生产皮鞋的民营企业，创办于1980年。作为中国鞋业的排头兵，在"以质取胜、品牌兴业"的发展思路指引下，康奈在过去20多年中得到了快速发展，尤其是在实施名牌战略中成绩突出。中国是制鞋大国，但不是品牌大国，更不是品牌强国。"起步较晚的中国企业可以以下游为起点，但我们绝不能永远站在下游"，在康奈集团董事长郑秀康的带领下，康奈很早就萌生了全球布局、进军行业上游的想法。2001年，当贴牌生产因风险低、利润稳而广受其他企业欢迎时，康奈却把高挂"KANGNAI"标志的门店开到了法国巴黎19区。从2001年到2007年，康奈悄无声息地在世界20多个国家开设了200多家自己的专卖店，足迹包括巴黎、纽约、米兰、威尼斯、巴塞罗那、柏林等世界最顶级的地标城市。如今，实现了以ERP软件管理全球供应链的康奈集团已经能自豪地在巴黎专卖店中挂出"本店货品与中国最新款同步上市"的标语。

康奈集团直接建立海外营销网络的优势在于：一是将国内和国外的中间商都甩掉了，避免了中间盘剥，可以按出厂价加上必要出口费用的价格，向国外零售商直接供货,有利于在国外零售市场形成价格优势,从而有利于产品的销售;二是直接建专卖店,所有专卖店都叫康奈专卖店,这有利于在国外迅速创立产品的品牌。

康奈的成功证明了一个事实,即除了低成本制造外,中国民营企业也可以在原材料的研发、设计、管理及品牌经营上获得优势。争取与国际技术标准接轨并进而参与行业标准制订,是康奈成功的关键。通过加入代表世界鞋类认证顶尖水平的 SATRA,康奈不但在安全、舒适、被限用的化学物质等标准上全面与国际接轨,而且得以利用其仪器和标准研发多重技术,为开发具备中国特色的鞋类舒适度指数打下了基础,成为出口企业破解海外技术性贸易壁垒的主动出击者和先行者。康奈用一种有创造性和建设性的思路设计出了从产品输出到品牌输出,再到资本输出的国际化战略,并正努力全面整合这些国际化成果,让企业不断朝国际产业价值链的上游挺进。这条道路充满机遇但也遍布挑战,康奈的案例对中国民营企业实现对欧盟投资颇具借鉴意义。

(六)以海外工业园区为依托的"凯辉模式"

为使中国民营企业更有效地投资欧盟,借助外界的力量,以实业投资方式,为中小民营企业创建海外工业园区便是一种有益的尝试。正如浙江省义乌市一家生产各类裤子的企业主所说:"投资海外,对中小企业来说是很困难的,最关键的是如何在海外建立完整的产业链。在义乌,做一条裤子的产业链都具备了,如果到了国外,缺少做拉链的、做扣子的都不行,这样成本也不可能下来。我们暂时不会考虑投资海外,除非在园区的企业能够将完整的产业链引到国外。"以海外工业园区为依托的"凯辉模式"便是这方面的一个典范。

法国凯辉投资发展基金是一家致力于扶持和发展中小企业的投资机构,总部设于法国奥尔良市,在中国上海、厦门、泉州设有分支机构。法国大中区凯辉工业园坐落于法国大中区,距巴黎仅一小时车程,是法国凯辉集团首家专门接纳中国投资的法国园区,也是法国对华投资部的定点园区。法国大中区凯辉工业园融合法国凯辉采购与凯辉物流体系,与中国企业在诸多领域展开了合作,为中国企业成功登陆欧洲市场提供了最好的交流平台。

2009 年,法国凯辉投资发展基金设立了首家中法合资开发的凯辉工业园区,该园区位于福建省三明市高新技术开发区金沙园中央核心地段,采用园中园规划设计,其园林式的园区共占地 338 亩。该工业园区旨在充分利用与重组闽西北的当地资源,引进欧洲中小企业,促进本地中小企业和欧洲同行业的贸易交流,并与其位于法国大中区的凯辉工业园交相呼应,使之成为中法经济金融交流的平台,帮助中国企业产品更好、更快地进入欧洲市场。

借鉴世界各国中小企业簇群发展的实践经验,以海外工业园区为载体的对外投资模式主要可以考虑三类企业集群:一是"椎型"中小企业集群。这类集群通常以一家大企业为核心企业,众多中小企业集聚在其周围而形成。大企业和中小企业之间形成了一种紧密的垂直一体化分工体系,核心企业的"拉拨"效应是中小企业对外投资的动力与源泉。二是"水平型"中小企业集群。这种集群内部企业之间的关系主要以关联配套和平等市场交易为主,各生产企业通过水平联系来完成产品的生产流程,单个企业无法离开关联企业的配套支撑,在对外投资时,只有"群体"迁移到新的环境才能存活。三是"市场依托型"集群。"市场依托型"是指借助专业市场的发展带动民营企业的跨国投资。如南非中华门商业中心,这家由浙江义乌华丰实业(集团)有限公司在约翰内斯堡创建的商业中心已发展成目前南非规模最大、种类最齐、服务最全的中国商品选购场所,也是中资企业在南非最大的商场项目,集销售、仓储、展销、信息及服务于一体,汇集中国各类名、优、特商品。以这些海外市场为中心在当地进行直接投资、创建海外工业园区,既发挥了产业集群优势,也为工业园内的中国出口企业解决了产品销售上的后顾之忧。

综合以上分析,中国民营企业可以在行业内关键企业的带领下,协调组织有关的银行、供货商或服务企业齐头并进,以企业集群为纽带,以海外工业园为支撑点,对欧盟国家进行全方位的"立体投资"。

第三节 中国民营企业投资欧盟市场的政策建议

基于对民营企业拓展欧盟市场动因和模式选择的分析,我们认为,应该充分发挥我国民营企业的优势,培养适应国际化管理的人才,并选择正确的投资模式和投资路径。具体建议如下:

第一,具有比较优势的产业是对欧盟差异化投资的重点领域。民营企业要尽量避免在进入欧盟市场初期实力尚不雄厚的情况下,盲目进行多元化扩张。同时,应注意扬长避短,避开与跨国公司直接展开竞争,重点关注欧盟等发达国家跨国公司尚未注意到或目前尚无法涉足的领域或地域。通过自主开发、合资开发、战略联盟等多种形式,大力推进科技创新,努力形成自主知识产权的核心技术和实力雄厚的企业品牌形象。

第二,培养适应国际经营管理的现代化人才。人才不足是制约我国民营企业成功实现对欧盟投资的主要因素。开展国际化经营,不仅需要金融、法律、财务、技术、营销等方面的专业人才,更需要具备战略思想和熟悉现代企业管理的经营人才。在目前国内比较缺乏熟悉国际规则和欧盟市场法律方面人才的情况下,可以通过吸引优秀的国际人才来弥补依靠自身培养人才的不足。另外,跨国公司经营人才本土化也是一种趋势,民营企业可以只派出少量的本国高层管理人员到欧盟国家,多雇佣当地人来经营,从而更好地融入当地的市场。

第三,加大对民营企业海外投资的支持。企业是否有能力进行海外投资,不是根据其所有制性质,而是看企业在国际市场上是否具有比较优势。经过 20 多年的发展,我国一些民营企业已初具规模,有些已经具备了开展跨国经营和对外投资的条件,国内规模较大的民营企业如四通、万向、新希望、华为、科龙、东方集团等,都已不同程度地走向国际市场。在金融危机背景下,政府应鼓励更多民营企业去国外投资,缩短"走出去"的审批程序,给予它们融资的便利或资金上的支持,让企业能在更短时间内以比竞争对手更低的经营成本开展对外投资业务。

第四,正确选择对欧盟的投资路径,即采取从圆周向圆心发展的投资模式。欧盟整体上属于发达地区,但其内部各国情况有很大区别,市场竞争程度和经济发展水平差异比较大,特别是东欧国家加入以后,其内部经济发展呈现一定的不平衡性。按照各国的发展情况,根据从圆心到圆周经济发展水平递减的规律,把欧盟各国分布在一个同心圆中,中心国是经济高度发达的德、法、英、荷、比、意,而周边国是经济发展相对落后的东欧和南欧等国。根据刘易斯和威尔斯的理论,发展中国家跨国公司对外投资的优势在于小规模制造的技术优势和接近当地市场的优势。在目前技术条件下,中国企业的投资比较优势也就是徐滇庆等人所说的"快半拍优势",即同当地企业相比,投资企业的技术和管理处在相对领先的地位。显然,中国对欧盟投资的"快半拍"比较优势集中在东欧和南欧的广大国家,我国民营企业可以先在圆周上投资、然后逐渐进入圆心,循序渐进地打入欧盟核心市场。

第五,建立民营企业联盟。无论以何种模式进入欧盟市场,都需要企业有相当大的实力,国内民营企业普遍受规模较小、企业融资能力弱、对国外市场信息掌握不全等不利条件的约束,单独去欧盟投资,难成气候,同行业的若干企业若能通过市场化的方式联合起来,在较短的时间内实现规模优势,然后进行对外投资,成功的几率将大大增加。在由美国次贷危机引发的全球性金融危机冲击下,欧盟很多中小企业一夜之间濒临破产,这为我国企业采用并购方式进入欧盟市场提供了很好的机遇。民营企业应该抓住机遇,根据企业的产品特点和自身实力,选择适合自己的国际化经营模式。

参考文献

[1] Deng Ping. Foreign Investment by Multinationals From Emerging Countries：The Case of China. *Journal of Leadership and Organizational Studies*，2003，10,2：110-118.

[2] Hymer, Stephen H. *The International Operations of National Firms：A Study of Direct Foreign Investment*. Cambridge：MIT Press，1976.

[3] Hwy-Chang Moon and Thomas W. Roehl. Unconventional Foreign Direct Investment and the Imbalance Theory. *International Business Review*,2001,10：197－215.

[4] UNCTAD. *World Development Report*，*FDI From Developing and Transition Economies：Implications for Development*. New York and Geneva：United Nations Publication，2006.

[5] 陈凌,曹正汉,等.制度与能力:中国民营企业20年成长的解析[M].上海:上海人民出版社,2007.

[6] 曹玉书.民营企业"走出去"的战略思考[J].中国投资,2005(7).

[7] 蔡根女,鲁德银.中小企业发展与政府扶持[M].北京:中国农业出版社,2005.

[8] 黄孟复.中国民营企业发展报告[M].北京:社会科学文献出版社,2004.

[9] 刘克寅.我国民营企业的跨国投资问题分析[J].集团经济研究,2006(2).

[10] 刘冀生,石涌江.中国企业"走出去"战略[M].北京:新华出版社,2003.

[11] 刘易斯·威尔斯.第三世界跨国企业[M].上海:上海翻译出版公司,1986.

[12]刘国光.中小企业国际化经营[M].北京:民主与建设出版社,2001.

[13]石方正.台湾地区对外投资、侨外投资的发展探析[J].国际贸易问题,2004(12).

[14]谈萧.中国"走出去"发展战略[M].北京:中国社会科学出版社,2003.

[15]汪忠明.关于政府在民营企业跨国经营领域定位的思考[J].经济前沿,2003(12).

[16]徐立青,严大中,唐方敏.中小企业国际化经营战略[M].北京:科学出版社,2005.

[17]赵伟,等.中国企业"走出去"——政府政策取向与典型案例分析[M].北京:经济科学出版社,2004.

[18]张其仔,等.中小企业国际化经营——面对新经济的挑战[M].北京:民主与建设出版社,2001.

[19]赵优珍.中小企业国际化——理论探讨与经营实践[M].上海:复旦大学出版社,2005.

[20]张俊喜,马钧,张玉利.中国中小企业发展报告[M].北京:社会科学文献出版社,2005.

[21]张帆.中国民营企业对外投资的优势及政策[J].黑龙江对外经贸,2006(2).

第六章 中国民营企业拓展欧盟市场的影响因素分析

　　尽管通过面上数据的分析可以得出一些总体特征,但受限于数据的准确性和多样性,仅仅依靠面上数据提供的信息,并不能全面揭示微观企业在与欧盟经贸互动中的具体表现。正是基于这个考虑,我们运用中国国际贸易促进委员会(CCPIT)2010年4月发布的《2010年中国企业对外投资现状及意向调查报告》及其详细数据库,对民营企业与欧盟的经济合作状况进行微观分析,并基于该数据库对民营企业拓展欧盟市场的影响因素进行了实证检验。

　　对数据进行简单的分析后发现:中国企业对外投资的目的地已经发生了改变,欧盟已逐渐成为我国民营企业对外投资的主要目的地,而且中国民营企业对欧盟投资采取最多的方式是绿地投资(即直接投资);在对欧盟国家的投资中,政府的"走出去"政策和相关优惠条件对大多数接受调查的企业来说似乎起到了决定性作用,而困扰民营企业海外扩张的最大障碍则是资金来源问题。

　　我们的计量分析结果发现:(1)影响企业选择直接投资方式进入欧盟市场的主要因素包括企业国际化的经验、中国的"走出去"政策、欧盟的市场潜力、欧盟市场的研发能力、自有的品牌价值以及规避贸易壁垒;(2)从企业选择合作方式的影响因素来看,企业资产规模、欧盟市场潜力、欧盟研发能力、企业的国际化经验、企业销售收入、中国的"走出去"政策、自有品牌、欧盟东道国的相关政策等因素起到了显著的作用;(3)中国民营企业选择跨国并购的方式进入欧盟市场主要受到企业资产规模、企业销售收入、欧盟市场潜力、自身品牌以及是否曾经接受 FDI 等因素的影响。

第一节　民营企业与欧盟经济合作状况的基本分析

中国国际贸易促进委员会于 2009 年 12 月至 2010 年 3 月在全国范围内对中国企业对外投资现状和意向展开了问卷调查,并形成了《2010 年中国企业对外投资现状及意向调查报告》。根据该《调查报告》公布的数据,在所有受访企业中,有海外经营业务的企业共 1020 家,占全部样本的 74%;其中,共有 571 家企业在欧盟(27 国)有业务活动,占全部有海外经营业务样本企业的 56%;有 149 家企业在欧盟进行投资,占全部对外投资企业样本数(320 家)的 46.6%。另外,在与欧盟有业务往来的企业样本中,民营企业的比重最大,达到了 64.3%,可见民营企业在中欧经贸互动中具有极其重要的作用。

调研结果还显示,我国企业对外投资的目的地发生了改变,欧盟逐渐成为我国民营企业对外投资的主要目的地,其投资比例达 36%,超过了美国和日本,这虽然与《2009 年度中国对外直接投资统计公报》中总的统计情况不太一致,但在一定程度上反映了欧盟国家作为我国民营企业对外投资目的地的巨大潜力。对欧盟投资增加的原因一方面是国内企业规避欧盟各种贸易壁垒的需要,另一方面也是企业自身发展的需要。随着国内市场的日益饱和,欧盟东扩后作为一个更大的整体市场正吸引着越来越多的海外投资。

从调查数据看,中国民营企业对欧盟投资起步较晚,在欧盟的平均投资时间为 7.4 年(以 2010 年 3 月为核算时点);同时,民营企业对欧盟投资大多采取绿地投资(即直接投资)的方式。统计数据中,57.1% 的民营企业选择了以直接投资的方式进入欧盟市场,另有 23.2% 的民营企业选择设立合资企业的方式进入欧盟市场,选择以兼并和褐地投资(即跨国并购)方式进入欧盟市场的民营企业比例分别为 8.9% 和 10.7%。

在对欧盟国家的投资中,我国政府的"走出去"政策和相关优惠条件对大多数接受调查的企业来说似乎起到决定性作用。这也反映了一个现实,即相对于实力雄厚的国有大型企业,民营企业的经济实力、管理能力和跨国经营的经验都尚有欠缺,更需要政府管理部门的扶持和引导。调查还发现,困扰民营企业海外扩张的最大障碍是资金来源问题,目前国内针对"走出去"的政策性金融服务多集中在国家开发银行和中国进出口银行,而国家开发银行的主要服务对象为国有大型企业以及能源、资源等战略性领域的企业。虽然近年来也有一些民营企业获得过国家开发银行的长期贷款支持,但总的来说,由于其门槛较高,民营企业一般较难达到国家开发银行的贷款要求。因此,能否得到政府政策和相关优惠条件的支持成了影响我国民营企业投资欧盟模式选择的决定性因素之一。

对于欧盟作为东道国的优势,民营企业普遍认为,欧盟是一个整体市场,整体投资环境较为规范,对欧盟直接投资可避免各种贸易壁垒的限制,而欧盟内部货币的统一则降低了交易成本和汇率风险。同时,基础设施质量较高、研发环境好和优惠政策也是欧盟吸引中国民营企业进行投资的重要因素。对同欧盟有经贸往来但未对欧盟进行投资的企业进行调查后发现,大部分民营企业未能实现对欧盟投资的一大原因是缺乏对欧盟国家法律体制及市场风险的认识,还有很多民营企业认为通过出口的方式进入欧盟国家的市场更便捷,因此没有必要进行直接投资。

第二节　民营企业对欧盟投资方式的影响因素分析

并购、新建(直接投资)、独资和合资是当今主要的对外直接投资方式。可以说,进入国外市场的方式是国际商务的一个重要研究领域,但至今此类研究相对匮乏,基本局限于国际管理与营销范畴,对于相关投资方式选择的研究也主要集中在定性和典型案例的研究。结合目前的研究来看,4种投资方式都具有各自的优势和劣势。

具体来看,跨国并购的优点主要在于能够迅速获取资产,灵活进入市场。跨国并购避免了在东道国进行厂房、办公用地的建设,很大程度上降低了生产成本;即使对原来的并购企业有所改造,项目的建设周期也会大大缩短,从而利于快速进入东道国目标市场。同时,该方式便于企业扩大经营范围,实现多元化经营。近年来,跨国并购发展迅速,跨国公司为了跨越自己原有的经营范围,在缺乏有关新行业生产和销售等方面的技术和经验时,收购东道国现有企业无疑是实现多元化经营的一条有效途径。但是,并购方式的投入较大,且企业文化层面也存在较大差异,加之东道国限制多,使得并购方式并没有成为最主要的投资方式。根据中国贸易促进委员会2010年对外投资调查的相关统计,我们发现,在所有与欧盟有经贸往来的企业中,仅有2.7%的企业选择以跨国并购的方式进入欧盟市场,占全部对欧盟投资企业的13.2%。

与并购不同的是,新建企业的优点主要表现为,投资者能在较大程度上把握项目策划各个方面的主动性。对于新建企业的工厂地理位置、经营规模等,跨国公司都能够独立选择,在很大程度上掌控着资本的运营情况。同时,在资金投入方面,跨国公司可以利用专利、技术、材料、设备等作为资本投入,以弥补外汇资金的不足。另外,在组织控制方面,不存在对原有企业制度的适应成本和并购方式下双方建立信任磨合等方面的适应成本。风险小,麻烦少,可以无障碍地实施自己一整套行之有效的管理制度和理念。但是采用新建企业的方式进入目标市场,必然涉及原有市场份额的重新分配问题,因此新进入的企业通常会遭遇来自多方面的狙击,市场竞争十分激烈,尤其是在进入初期,其生存竞争非常艰难,风险也较大。中国国际贸易促进委员会的调查资料显示:在所有与欧盟有经贸往来的企业中,有9.7%的企业选择新建企业的方式进入欧盟市场,占全部对欧盟投资企业数的48.2%。

除了以上两种方式外,中国企业对外投资的方式还包含独资和合资等。独资方式可使外国投资者独立进行经营管理,独资企业具有充分的自主权,而且能够采用先进技术和管理方式;垄断技术优势,避免母公司在技术与经营战略方面的泄露,维护跨国公司的利益。但是,建立独资企业需要投入较多的资金,且经营环境的风险也比较大。相比之下,以建立合资企业为方式能够减少出资额,降低经营风险。但合资企业方式对拥有技术优势的进入企业而言,容易造成其技术和其他商业秘密的泄露,从而带来不利影响。从调查的数据来看,中国企业进入欧盟市场选择合资的占全部与欧盟有贸易往来企业数的6.4%,占全部对欧盟投资企业数的31.6%。

从上文的分析来看,投资欧盟的企业均根据自身的一些优势和对目标市场的理解做出投资决策。目前学界在探寻影响企业投资方式因素方面的研究仍相对薄弱。我们结合现有的研究,认为影响企业对外投资方式选择的因素主要包含如下几个方面:

(1)企业优势(即企业所有权优势)。企业优势是对外直接投资的关键性决定因素。海默(Hymer)和金德尔伯格(Kindleberger)的对外直接投资学说一直在寻求和阐述这类补偿优势。一家企业进入外国市场,就必须拥有企业优势;这些优势必须能够转移,并且足以补偿其与东道国企业相比在空间距离和市场上的劣势。凯夫斯(Caves,1971)认为,这类补偿优势源自企业从研究和开发中获得的产品异质优势。产品异质性体现在物理性变化、品牌、广告及售后服务等方面,这些特性使跨国企业的产品比其他企业的产品更受消费者喜欢,由此可消化出口企业在外国市场上较高的成本(Chamberlin,1993)。当存在产品异质优势时,企业将选择独资企业方式来控制和保护这些竞争优势,因为这些优势属于一种"自然性垄断"(Buckley & Casson,1979)。实证分析(Ding,1997)表明,研究与开发在销售额中所占的比例与独资企业对外投资形式呈显著正相关。这意味着,随着企业优势流失风险的增加,跨国企业更倾向于选择独资企业方式(崔新健,2001)。

(2)企业规模。企业规模是企业拥有的一种适用资源指标,适用资源的增加为企业的国际性投资提供了基础。尽管中小企业也希望对国际性生产具有较大的控制能力,在外国市场能投入更多的资源,但由于其必备资源有限,只能更倾向于以合资企业或合作企业的方式进入国外市场(崔新健,2001)。

(3)国际化经验。国际化经验与企业的国际化经营程度相关,企业可以在某个国家或在国际环境的经营中积累这类经验。巴克利和卡森(Buckley & Casson,1985)认为,经验可以减少对外投资的成本和不确定性,由此可以增加企业对外投入更多资源的可能性。一家企业积累的国际化经营经验越多,其在国外经营的规模就会越大(Anderson & Gotignon,1986)。

(4)企业战略。战略也是影响企业对外直接投资方式选择的因素之一。选择某一进入方式并不是因为这一方式最适合外国的产品市场,而是因为这一方式最适合企业的长期战略或全球战略。产品仅代表企业渗透某一国外市场的第一步,一种产品在实现企业全球战略中相对其他产品的杠杆作用对投资方式的选择也有重要影响(Kim & Hwang,1992)。

我们采用中国国际贸易促进委员会 2010 年对中国企业对外投资的调查数据进行实证分析。考虑到问卷题目的设计以及数据的可获得性,我们将主要考察企业规模、企业所有制、包含东道国市场潜力等外在因素、包含国内鼓励政策等推动因素,对中国企业选择拓展欧盟市场方式的影响。另外,需要说明的是,本次问卷设计中企业对欧投资的方式主要包括以下 4 种,即新建(直接投资)、合作与设备改造、并购和独资。

由于问卷数据属于分类变量(本问卷数据是分为 4 类),属于离散数值,并不能直接采用最小二乘估计进行回归分析。基于此,我们的研究采用 Logistic 回归方法进行计量分析。

Logistic 回归方法适用于被解释变量为二元分类和多元分类的情形。由于我们分析的对象包含了 4 个分类,且类别间没有顺序差异,因此我们采用无序多分类的 logistic 回归方法。对于无序多分类的 Logistic 回归,模型首先会定义反应变量的某一个水平为参照水平(需要说明的是,SPSS 软件默认取值水平大的为参照水平,参照水平的选择不影响回归系数的显著性),其他水平均与之相比,并建立一个“水平数-1”的广义 Logit 模型。由于我们的数据中包含了 4 个分类,也就是 4 个水平,反应变量的取值分别是 1、2、3、4,分别代表企业选择直接投资、合资、并购和独资,相应取值水平的概率分别为 π_1、π_2、π_3、π_4。假定决定投资方式的变量有 p 个,则可以拟合 3 个广义 logit 模型:

$$\text{logit}\ \frac{\pi_1}{\pi_4} = \alpha_1 + \beta_{11}x_1 + \cdots + \beta_{1p}x_p \tag{6.1}$$

$$\text{logit}\ \frac{\pi_2}{\pi_4} = \alpha_2 + \beta_{21}x_1 + \cdots + \beta_{2p}x_p \tag{6.2}$$

$$\text{logit}\ \frac{\pi_3}{\pi_4} = \alpha_3 + \beta_{31}x_1 + \cdots + \beta_{3p}x_p \tag{6.3}$$

显然,与上面 3 个式子同时成立的还有:$\pi_1 + \pi_2 + \pi_3 + \pi_4 = 1$。当然,也可以单独对比 2 类和 3 类之间的差异,此时直接将 $\text{logit}(\pi_1)$ 和 $\text{logit}(\pi_3)$ 相减即可。

如前所述,我们将具体考察以下因素在中国企业对欧盟投资方式中的决定作用:

(1)企业规模。就本次问卷获得的数据而言,企业规模涵盖如下几个方面:企业总资产(Ass)、企业雇员总数(Emp)、企业销售收入(Rev)等。

(2)企业国际化经验。我们将从企业首次进行对外投资开始计算企业国际化的经验(Exp)。值得说明的是,许多企业并不是在首次对外投资时就选择欧盟地区,但其经验仍然可以沿用在对欧盟的投资中。

(3)中国国内的推动因素。本次问卷调查包含了多种国内推动因素,且相互之间存在较大的关联性。基于此,我们选择中国政府的“走出去”政策(Pol_d)和国内劳动力成本压力(Cos)两个维度来度量中国国内的推动因素。

(4)东道国国内的激励因素。东道国的激励因素范围比较广,考虑代表性和独立性的要求,我们选取了东道国的市场潜力(Mar)、欧盟市场的研发能力(RD)、获取欧盟成型品牌(Bra)、东道国的优惠政策(Pol_h)和规避贸易壁垒(TB)五个变量进行度量。

（5）其他因素。本次问卷具有一个较明显的特点，即问卷调查是 CCPIT 主持展开的，因此是否是 CCPIT 的成员（Mem）也可能对企业对外投资的方式选择产生影响。该影响主要源于 CCPIT 可能会对成员企业提供相关协助。另外，企业是否接受过外商直接投资也将影响企业对外投资的方式选择。

我们采用 SPSS 软件进行无序多分类的 logistic 回归，回归结果如表 6-1所示：

表 6-1　中国企业投资欧盟方式决定因素的 logistic 回归结果

变　量	直接投资方式[a]	合作企业方式	海外并购方式
$Intercept$	-8.856^*	-6.403	2.564^{**}
$Expr$	0.167^{***}	0.014^*	0.024^*
Ass	0.005	-0.008^{***}	0.015^{**}
Rev	0.004	0.010^*	0.027^{**}
Emp	0.073	0.054	0.031
$[Pol\_d=.00]$	$0^{(b)}$	1.956	-2.551
$[Pol\_d=1.00]$	0.715	-1.291	3.729
$[Pol\_d=2.00]$	3.984^{**}	3.558^*	5.808
$[Pol\_d=3.00]$	1.896	1.432	6.357
$[Pol\_d=4.00]$	0.012	$0(b)$	$0(b)$
$[Cos=.00]$	0.238	$0(b)$	$0(b)$
$[Cos=1.00]$	10.456	-2.668	-5.270
$[Cos=2.00]$	13.173	15.412	-5.856
$[Cos=3.00]$	-4.315	16.647	7.307
$[Cos=4.00]$	0.000	$0(b)$	$0(c)$
$[Mar=.00]$	1.277	-2.739	-4.829
$[Mar=1.00]$	3.079^{***}	2.193^{**}	2.121^{**}
$[Mar=2.00]$	$0^{(b)}$	$0(b)$	1.843^{**}
$[Mar=3.00]$	$0^{(b)}$	$0(b)$	$0(b)$
$[Rd=.00]$	-4.641	-3.437^*	-3.350

续表

变量	直接投资方式[a]	合作企业方式	海外并购方式
[$Rd=1.00$]	2.264	4.546**	−1.642
[$Rd=2.00$]	5.931*	5.993*	4.268
[$Rd=3.00$]	6.734	5.179*	−2.997
[$Rd=4.00$]	0[b]	0(b)	0(b)
[$Bar=.00$]	0[b]	0(b)	0(b)
[$Bar=1.00$]	8.180**	2.441*	3.131**
[$Bar=2.00$]	8.403	3.348*	4.442*
[$Bar=3.00$]	−3.806	−2.115	−1.518*
[$Bar=4.00$]	0[b]	0(b)	0(b)
[$Pol\_h=.00$]	0[b]	0(b)	0(b)
[$Pol\_h=1.00$]	−1.485	2.688*	−0.588
[$Pol\_h=2.00$]	1.953	0.401	−4.289
[$Pol\_h=3.00$]	−3.707	−0.602	−1.317
[$Pol\_h=4.00$]	0[b]	0(b)	0(b)
[$Tb=.00$]	0[b]	0(b)	0(b)
[$Tb=1.00$]	1.551**	−0.560	2.559
[$Tb=2.00$]	1.034***	0.084	0.093
[$Tb=3.00$]	−0.841	1.793	−1.723
[$Tb=4.00$]	0.000	0.031	0.102
[$FdI=.00$]	1.394	0.849	0(b)
[$FdI=1.00$]	0.283	0.101	1.234*
[$Mem=.00$]	1.084	0.004	0.183
[$Mem=1.00$]	0.003	0.092	−0.812
Pseudo R-Square	0.932		
−2 Log Likelihood	54.563**		

注:(a)无序多分类的 logistic 回归需要选择一个参照对象,为了分析便利,我们选择 y=4,即"合资企业"为参照对象进行回归分析。

(b)此处表示模型在递推过程中为了使似然函数的极大值有效而自动设定为0。

表中 ***、** 和 * 分布表示回归系数在 1%、5% 和 10% 水平上通过显著性检验(统计量采用 Wald 统计量,服从卡方分布)。

从回归结果来看,模型的政策拟合效果比较理想,整体的似然比通过
了5%的显著性水平。从回归系数来看,影响企业投资欧盟方式的因素不
仅包含企业自身的规模,而且包含相关外界因素。具体包括如下几个
方面:

首先,影响企业选择直接投资方式进入欧盟市场的主要因素有企业的
国际化经验、中国政府的"走出去"政策、欧盟的市场潜力、欧盟市场的研发
能力、企业自有的品牌价值以及规避贸易壁垒。由于表中给出的回归系数
均为标准化前的估计值,因此无法比较相关变量的大小程度。但是,我们
仍然可以从变量的显著性得出一些变量之间的相对关系。从表6-1的回归
结果来看,企业的国际化经验、欧盟的市场潜力以及规避贸易风险这三个
变量对企业选择直接投资方式的影响最为显著。相比之下,规避贸易壁垒
和欧盟市场研发能力对企业投资方式的影响较为微弱。另外,值得我们关
注的是,企业规模、企业雇员、欧盟东道国的政策、国内成本提高、是否有外
商投资以及是否是CCPIT成员企业等变量,并不构成企业选择直接投资方式
进入欧盟市场的影响因素。可以说,直接投资相比其他方式更强调东道国市
场对企业投资成功与否的重要性,而东道国的政策、东道国的研发能力等并
不是最重要的因素。另外,值得关注的是,国际化经验在中国民营企业对欧
盟的投资中起到了十分显著的作用。这种正向的积极作用也再次说明,直接
投资需要企业拥有前期经验才能更好地进行。

其次,从影响企业合作方式选择的因素来看,企业的资产规模、欧盟更
大的市场潜力、欧盟的研发能力、国际化经验、企业的销售收入、中国政府
的"走出去"政策、企业的自有品牌、欧盟东道国的政策等因素都起到了显
著的作用。其中企业的资产规模对企业选择以合作方式进入欧盟市场有
最显著的作用,且作用方向为负。也就是说企业规模越大,选择合作方式
进入欧盟市场的概率越低。相比之下,企业国际化经验对企业选择合作方
式进入欧盟市场起着积极的作用,尽管作用程度十分有限。另外,值得关
注的是,企业以合作方式进入欧盟市场还受到了欧盟市场研发能力的影
响。我们不难发现,采取合作方式进入欧盟市场的大部分企业是基于合作
研发,或者出于获取先进技术的目的。结合欧盟市场潜力对企业选择合作
方式进入欧盟市场的积极影响,我们发现,企业获取技术之后一个重要的
方向仍然是对欧盟出口,或者以欧盟为市场进行进一步的投资。当然,与
采取直接投资方式进入欧盟市场不同的是,欧盟东道国的优惠政策对企业
选择以合作方式进入欧盟市场也起到了积极的作用。

最后,中国民营企业选择跨国并购的方式进入欧盟市场主要受到如下因素的影响:企业资产规模、企业销售收入、欧盟的市场潜力、企业自身的品牌以及是否曾接受过 FDI。可以说,选择并购的方式进入欧盟市场的风险程度介于直接投资和合作投资之间,因此企业规模的作用便会凸显出来。比较上述 3 个回归方程不难发现,资产规模仅对企业选择跨国并购的方式进入欧盟市场存在显著的促进作用,同时,企业规模的另一个指标——企业销售收入——也对企业选择并购方式进入欧盟市场起到了积极的作用。另外,企业选择并购方式进入欧盟市场还受到企业是否曾接受过 FDI 的影响。实证结果表明,企业是否曾接受过 FDI 对企业选择以并购方式进入欧盟市场起到了积极的作用。

第三节 民营企业对欧盟投资绩效的影响因素分析

关于民营企业对外投资的影响因素研究,学界由于微观样本的限制没有深入和广泛地展开。大多数研究也局限在定性分析方面。相比而言,肖文和陈益君(2008)首次基于 40 家样本企业的数据,揭示了中国民营企业国际化的影响因素。当然,该研究主要是基于江、浙两省的企业样本,而江、浙地区企业本身是中国民营企业的代表,因此得出的结论并不限于江、浙两省民营企业,同样有一定的普遍意义。

从目前的研究来看,影响企业国际化发展战略的因素包括如下几个方面:(1)中国民营企业家对国内外市场环境差异程度的判断不能成为影响企业国际化绩效的因素之一;(2)年龄不能作为影响企业国际化的因素之一,民营企业家中的"老将"和"新帅"都可以在国际化浪潮中叱咤风云;(3)教育对企业国际化绩效存在负面影响,但是由于选取的样本企业的企业家成长在一个特殊的环境,因此,不否认接受正规教育的重要性,特别是高中毕业以后接受的专业性教育和在国际化实践过程中接受的专题培训(如参加职业经理人培训班、总裁培训班等),随着中国教育制度的进一步健全和市场经济制度的进一步完善,接受正规教育,特别是大学的正规专业教育必然会对企业的国际化绩效产生积极影响;(4)经验在企业的国际化进程中起到了重要作用,企业的国际化经验越丰富,其国际化绩效越好,该因素在所有提炼出的影响企业国际化绩效的因素中是最重要的;(5)规模不是企业进行初期国际化的必备条件,也不是影响企业国际化绩效的重要因素,这印证了小规模技术理论的观点;(6)企业创建时间对企业的国际化绩效有正向作用,即企业创建越早,国际化绩效越好,这验证了传统的国际化阶段理论,该理论认为创建时间越长,企业积累的内部资源越多,其参与国际化竞争的绩效会更好;(7)企业竞争战略对企业国际化绩效的影响很大,企业越是采用技术战略,国际化绩效越好;(8)企业国际化时间,即企业参与国际化的早晚不能成为影响企业国际化绩效好坏的因素,这印证了国际新冒险企业理论的观点。

当然,上述研究结论主要基于企业内部因素,而企业对外投资的绩效显然还受到包括制度、市场等在内的外在因素的影响。正是基于这个考虑,我们尝试使用 CCPIT 于 2010 年对中国企业对外投资调查的数据库,来分析影响中国企业对外投资,尤其是投资欧盟的影响因素。

结合现有的研究成果以及问题设置的需要,我们选择了如下几个方面的因素作为决定企业对欧盟投资绩效的影响因素:

(1)中国国内的驱动因素。中国民营企业对外投资的发展过程,实际上也是中国国内市场逐步对外开放的过程,是一个政府主导,不断推进的过程。在对欧盟的投资过程中,企业的对外投资程度和绩效自然受到国内驱动因素的影响。结合问卷的题目设置,我们选择了中国政府的"走出去"政策(Pol_d)和国内劳动力成本压力(Cos)这两个维度,来度量中国国内的驱动因素。

(2)东道国国内的激励因素。东道国国内的激励因素范围比较广,考虑代表性和独立性的要求,我们选取了东道国的市场潜力(Mar)、获取欧盟成型品牌(Bra)、东道国的优惠政策(Pol_h)和规避贸易壁垒(TB)这四个变量进行度量。

(3)其他因素。与上文分析企业投资欧盟方式选择的方法类似,我们选择了企业是否是 CCPIT 成员(Mem),以及是否曾接受过 FDI 这两个方面进行衡量。另外,考虑到国际化经验对企业对外投资的积累性影响,我们也将企业对外投资的经验($Expr$)作为影响因素之一纳入解释范畴。

就企业对外投资的绩效而言,我们采用联合国贸易和发展会议(UNCTAD)发表的 TNI 指数作为评价标准。该指标是企业海外销售额、海外雇员数以及海外资产分别占企业总销售额、总雇员和总资产的比重的算术平均数。

另外,考虑到本次问卷获得的数据均属于定性指标,是受访企业对相关指标的定性判断,因此同样不适用一般线性回归使用的最小二乘估计。

基于此,我们借鉴肖文和陈益君(2008)的做法,采用最优尺度回归进行分析。

线性回归模型要求因变量为数值型,实际上,由于对同一个自变量的回归系数是恒定值,例如自变量 X 从 1 上升到 2 和从 100 上升到 101 被假设为对因变量 Y 数值的影响均为 b,这实际上也就限定了自变量的测量方式也应该是等距的。但是,本书研究的数据出现了分类资料,如中国政府的"走出去"政策(Pol_d)是企业对重要程度的判断,其在问卷中被收集为 0—4,如果将其直接作为自变量纳入分析,则实际上是假设这 5 档间的差距完全相等,或者说它们对因变量的数值影响程度是均匀上升/下降的,这显然是一个过于理想和简单的假设,有可能会导致错误的分析结论。

另一方面,对于无序多分类变量,如企业是否是 CCPIT 成员的赋值只可取 0 或 1,它们之间根本不存在数量上的高低之分,不可能给出一个单独的回归系数估计值,来表示其是否是成员企业,从而对应到因变量数量的变化趋势。对于上述分类变量,统计上的标准做法是采用哑变量进行拟合,然后根据分析结果考虑对其进行简化。但是,哑变量分析的操作比较麻烦,而且当研究问题中绝大多数变量都是分类变量时,这种分析思路实际上是很难实现的。

因此,我们采用最优尺度变换方法先对相关变量的数值进行处理。最优尺度变换方法专门用于解决在统计建模时对分类变量进行量化的问题,其基本思路是基于希望拟合的模型框架,分析各级别自变量对因变量影响的强弱变化情况,在保证变换后各变量之间的联系符合线性的前提下,采用合理的非线性变换方法进行反复迭代,从而为原始分类变量的每一个类别找到最佳的量化评分,并在相应的模型中使用这些量化评分代替原始变量进行后续分析。这样一来,就可以将各种传统分析方法的使用范围扩展到全部的测量尺度,如对无序多分类变量、有序多分类变量和连续性变量同时进行回归分析、因子分析等。

我们采用 SPSS 软件进行最优尺度回归,回归结果如表 6-2 所示。

表 6-2　影响中国民营企业投资欧盟绩效的因素检验

变　量	模型 1	模型 2
$Expr$	0.728***	0.672***
Pol_d	0.037*	0.048*
Cos	1.284	

变　量	模型 1	模型 2
Mar	0.181**	0.211*
Bra	0.069*	0.163*
Pol_h	0.020	
TB	0.418*	0.317*
Mem	0.002	
FDI	0.197	
R^2	0.718	0.726

注:表中＊＊＊、＊＊和＊分布表示回归系数在1％、5％和10％水平上通过显著性检验。

　　从表 6-2 中模型 1 的回归结果可以看出,国内成本的推动、东道国的优惠政策并没有对中国民营企业投资欧盟的绩效产生显著影响,因此,企业对欧盟市场的投资并不是由于国内生产成本上升的压力所造成的。换句话说,企业投资欧盟等发达国家不会受限于国内生产成本的变动。结合本次问卷调查相关企业投资于发展中国家的影响因素,我们发现,在中国企业投资于发展中国家,尤其是非洲国家的国内因素中,成本压力的推动作用不可忽视。与此同时,企业是否是 CCPIT 的成员,以及是否曾接受过 FDI 的投资,均不构成对企业投资欧盟绩效的影响。

　　相比之下,根据模型 2 的回归结果,我们可以发现,企业的国际化经验是所有解释变量中显著程度最高的一个因素。另外,考虑到最优尺度回归所给出的均为标准化系数,因此可以直接比较各个因素的作用强度,从中也可以发现企业国际化经验的影响强度也是最大的。企业的国际化经验(包括成功和失败)对企业的长期发展有着重要的帮助:这一方面体现在企业家在处理跨国投资时更具经验,能够更好地规避风险;另一方面也使得相关中介服务机构和政府部门掌握更多成功的经验和失败的教训,从而更有利于提高企业自身和相关第三部门对企业对外投资的认识,进而提高成功率。另外,国内政府鼓励企业"走出去"的战略,欧盟市场的潜力,以及规避贸易壁垒和企业的自有品牌,也构成了对中国民营企业投资欧盟的积极影响。从回归结果来看,企业规避欧盟的贸易壁垒是几个因素中影响程度相对较大的一个。规避贸易壁垒将使企业强化对欧盟投资的内生动力,再加上欧盟市场的巨大潜力,中国企业自然会加大对欧盟市场的投资力度,进一步拓展在欧盟的业务,进而实现国际化程度和国际化绩效的不断提升。

参考文献

[1]Buckley, Peter J. and Mark C. Casson. Models of the Multinational Enterprise. *Journal of International Business Studies*,1998, 29,1:21-44.

[2]Dunning, John H. and Alan M. Rugman. The Influence of Hymer's Dissertation on the Theory of Foreign Direct Investment. *The American Economic Review*,1985, 75,2:228-232.

[3]Johanson, J. and Vahlne, J. E. The Internationalization Process of the Firm:A Model of Knowledge Development and Increasing Foreign Market Commitments. *Journal of International Business Studies*, 1977, 8,1:23-32.

[4]Johanson, J. and Vahlne, J. E. The Mechanism of Internationalization. *International Marketing Review*, 1990, 7,4:11-24.

[5]Forsgren, M. The Concept of Learning in the Uppsala Internationalization Process Model:A Critical Review. *International Business Review*, 2002,11:257-278.

[6]Kojima, K. and T. Osawa. Micro-and Macro-economic Models of Direct Foreign Investment:Toward a Synthesis. *Hitotsubashi Journal of Economics*,1984, 25,1: 1-20.

[7]Liu Xiaming, Xiao Wen and Huang Xianhai. Bound Entrepreneurship and Internationalization of Indigenous Chinese Private-owned Firms. International Business Review, 2008,3:488-508.

[8]陈凌,曹正汉.制度与能力:中国民营企业 20 年成长的解析[M].上海:上海人民出版社,2007.

[9]程惠芳,杨婵,潘信路.经济国际化与政府服务创新和服务支出的相关性实证分析[J].国际贸易问题,2008(2).

[10]程惠芳,等.国家创新体系对企业国际竞争力影响的经验分析[J].世界经济,2008(1).

[11]程惠芳,张孔宇.中国上市公司跨国并购的财富效应分析[J].世界经济,2006(12).

[12]崔新健.论外商对华直接投资方式的决策模型[J].外国经济与管理,2001(10).

[13]李媛.我国企业对外直接投资方式的二元选择模型分析[J].商业经济研究,2008(7).

[14]刘明前,等.跨国直接投资方式及其比较探析[J].当代经济,2009(2).

[15]刘迎秋,徐志祥.中国民营企业竞争力报告——"走出去"与竞争力指数[M].北京:社会科学文献出版社,2008.

[16]史晋川,金祥荣,赵伟,罗卫东.制度变迁与经济发展:温州模式研究[M].杭州:浙江大学出版社,2002.

[17]肖文,陈益君,等.中国民营企业国际化影响因素及模式选择[M].杭州:浙江大学出版社,2008.

[18]肖文,陈益君,林高榜.中国民营企业国际化的绩效分析[J].浙江学刊,2009(2).

[19]赵伟,古广东.民营企业国际化:理论分析与典型案例研究[M].北京:经济科学出版社,2006.

[20]赵伟.民营企业国际化:现状评价与路径建议[J].国际经济合作,2005(8).

[21]赵伟.中国企业"走出去"——政府政策取向与典型案例分析[M].北京:经济科学出版社,2004.

第七章　金融危机以来中国民营企业与欧盟互动的趋势

　　源于 2008 年的全球金融危机,以及随后的欧洲主权债务危机给中国民营企业与欧盟之间的经贸互动带来了巨大的挑战。在整个金融危机蔓延过程中,欧盟是我国所有出口目标市场中贸易量降幅最大的市场。金融危机之后,国际经济复苏回升的历程曲折复杂,这对于经济外向依存度已经高达 60％ 的我国来说,是最大的不确定性因素,国内经济也不排除随国际经济起伏而出现反复波动的可能性。金融危机使许多欧洲国家金融市场出现流动性紧缺,一些国家的进口商资金紧张甚至出现资金链断裂,这导致我国部分出口企业产品发货后收不到货款,影响资金周转甚至形成坏账,不少中小企业因此陷入困境。而在全球危机的复苏过程中,又受限于各国贸易壁垒的约束,中国企业对欧盟出口和投资的复苏过程仍然十分缓慢。与此同时,长期以来困扰欧元区国家的债务问题,也拖累了欧元区整体经济的复苏。然而,由于葡萄牙、爱尔兰、意大利、希腊和西班牙等五国经济总量约占欧盟和欧元区的 26％ 和 35％,而如果从在中国出口市场中的地位来看,上述五国占中国出口总额的比重不超过 2.5％,因此,此次债务危机对中国民营企业对欧出口并没有太大影响。当然,危机本身就意味着"危险"与"机遇"并存,越是大的危机就越是蕴涵着大的机遇。在当前困难的经济形势下,民营企业要积极在调整中寻找机遇。要看到在新一轮世界经济调整中的积极因素,要看到国内经济发展的有利条件,要看到在不同地区、不同行业都存在相应的机遇,只有在最短的时间里抓住机遇,才能实现企业新的发展。危机之后,中国民营企业国际竞争力稳步上升、企业发展的制度环境不断完善,都将为民营企业更有效率地参与全球资源配置带来新机遇。

第一节 金融危机对民营企业与欧盟经贸关系的影响

2008 年 9 月 15 日,雷曼兄弟宣告破产,美国次贷危机迅速演变成全球性的金融危机。百年不遇的国际金融危机严重影响了我国对外贸易企业的发展,国内外向型企业面临着前所未有的困难和挑战。这场次贷危机所引发的"金融海啸",给全球金融业甚至整个经济带来了极大的震撼。作为我国经济发展新生力量的民营经济,在这场史无前例的危机中,毫无疑问也经受着极其严峻的考验。沿海地区是我国民营企业的集聚地,金融危机爆发后,中国社会科学院对金融危机下沿海地区中小企业发展情况进行了专门调查,结果发现,在适度宽松的货币政策下,中小企业融资依然进展艰难,2009 年年初,中小企业授信额度只占到银行总授信额度的 1/20;随着各国"救市"政策的陆续出台,企业出口订单逐渐回升,但订单回升的企业主要是一些大型重点企业或特殊行业的企业,多数中小企业尤其是小型的出口导向型和劳动密集型企业仍然存在订单不足的问题;此外,汇率和原材料价格的剧烈波动、生产成本和税负的加重都导致出口情况出现恶化。2011 年,在欧美市场持续低迷、国内流动性紧缺和通胀压力高企的形势下,中小民营企业的经营状况更加困难,资金紧张状况普遍加剧。

一、金融危机下民营企业进出口经营情况

(一)民营企业进出口震荡回暖

图 7-1 给出了中国海关统计的 2008 年 1 月至 2012 年 12 月中国民营企业进出口情况,可以看出,从金融危机爆发伊始,民营企业进出口值就受到明显影响,进出口值、出口值和进口值都出现了震荡下跌,至 2009 年 2 月份进出口值已下探至 245.5 亿美元。从 3、4 月份起,进出口表现出显著的止跌回升态势,至 9 月份进出口值回升至 503 亿美元,恢复到金融危机前的水平。同时,进出口增幅、出口增幅和进口增幅经过持续的低谷水平后已经出现略微上扬态势,但与危机前的水平相比还存在一定差距。2010 年,

中国民营企业进出口开始大幅回升,全年进出口总值达 7505.4 亿美元,比 2009 年增长 47%,高出中国外贸进出口总体增幅 12.3 个百分点,占同期全国外贸进出口总值的 23.2%。2011 年,民营企业进出口继续大幅上升,仅 1—11 月份,民营企业进出口总值就达到 9233.8 亿美元,比 2010 年同期增长 37.9%,这表明在恶劣环境下民营企业具有更强的生命力。

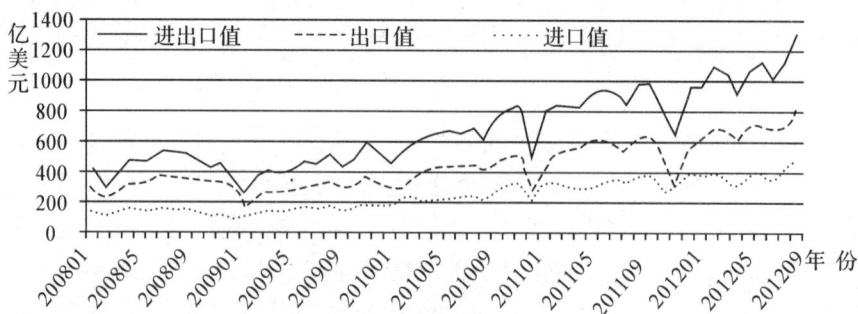

资料来源:中国海关统计数据。

图 7-1　2008 年 1 月至 2012 年 12 月民营企业进出口情况

（二）对欧盟地区出口降幅最大

据中国海关统计,2009 年 1—10 月份,我国民营企业对欧美等遭金融危机重创地区的出口降幅普遍较大,其中对欧盟出口 539.9 亿美元,同比下降 16.3%;对美国出口 378.1 亿美元,同比下降 9.6%;对日本出口 156.4 亿美元,同比下降 7.4%。同期,对东盟和拉丁美洲出口分别为 271 亿美元和 168.5 亿美元,同比分别下降 4.7% 和 23%;对非洲出口 183.7 亿美元,同比下降 3.5%。2010 年,欧美等外部市场环境不断好转,据欧盟委员会统计数据显示,12 月份欧盟经济敏感指数达 106.1 点,欧元区经济景气指数由 11 月份的 105.1 上升至 106.2,已连续 7 个月上升,欧美市场的回暖稳定了我国民营企业的出口发展空间。据广州海关统计,2011 年,广东省民营企业对欧盟和美国出口分别为 213.2 亿美元和 179 亿美元,同比分别增长 13.8% 和 10.7%,这不但与欧美市场环境好转有关,也体现了民营企业规模小、经营方式灵活、易于适应外部环境变化的优势。

（三）主要行业经营情况逐步好转

表 7-1 给出了 2009 年以来我国民营企业聚集的八大行业企业经营情况,从中可以看出,受金融危机影响,2009 年 1—11 月份八大行业中有六个行业的亏损企业明显增加,通信设备、计算机及其他电子设备制造业,家具

制造业和皮革、毛皮、羽毛（绒）及其制品业的亏损企业单位数分别同比增长了 15.1％、14.14％和 12.56％，中小型企业出现了亏损倒闭风潮。不过到了 2010 年，这一情况有所好转，据 2010 年 1—5 月份的统计数据，八大行业的大面积亏损现象已经得到明显遏制，与 2009 年同一时期相比没有再出现亏损企业数量明显增加的情况。就八大行业民营企业主营业务收入和利润总额来看，2010 年与 2009 年相比也均出现了较高幅度的增长，化学纤维制造业和通信设备、计算机及其他电子设备制造业在 2010 年 1—5 月份的利润总额同比增长率甚至高达 104.7％和 88.42％，可见金融危机对民营企业带来的短期不利冲击已在一定程度上得到化解。

表 7-1 八大行业民营企业经营情况

行　业	亏损企业数同比增长(%)		主营业务收入同比增长(%)		利润总额同比增长(%)	
	2009 年1—11 月份	2010 年1—5 月份	2009 年1—11 月份	2010 年1—5 月份	2009 年1—11 月份	2010 年1—5 月份
纺织业	−3.62	−18.29	15.04	28.54	20.43	56.73
纺织服装、鞋、帽制造业	3.59	−7.46	21.8	28.99	18.56	26.69
皮革、毛皮、羽毛（绒）及其制品业	12.56	−16.41	11.76	30.53	13.8	36.79
家具制造业	14.14	−19.71	20.04	36.71	24.17	49.38
造纸及纸制品业	4.95	−25.51	13	36.86	11.69	46.71
化学纤维制造业	−32.81	−42.11	6.21	33.77	33.32	104.7
电气机械及器材制造业	10.83	−24.96	16.66	40.1	25.22	56.82
通信设备、计算机及其他电子设备制造业	15.1	−20.32	17.49	47.62	23.49	88.42

数据来源：国务院发展研究中心信息网工业统计数据库。

（四）主要行业出口回暖

表 7-2 给出了 2009 年以来八大行业民营企业的出口情况。在 2009 年，八大行业中只有三个行业的出口交货值实现了正增长，如通信设备、计算机及其他电子设备制造业实现了 10.95％的较高增长率，但是化学纤维制造业则以 −8.12％的增长率处于末位。2010 年 1—5 月份的统计数据显

示,除化学纤维制造业外,其余七个行业出口交货值均实现了同比正增长,通信设备、计算机及其他电子设备制造业的增长率高达 49.62%,家具制造业和造纸及纸制品业的增长率也接近 30%,可见各行业民营企业出口已显著回暖。

表 7-2　八大行业民营企业出口情况

行　业	出口交货值同比增长(%)	
	2009 年 1—12 月份	2010 年 1—5 月份
纺织业	−3.28	21.19
纺织服装、鞋、帽制造业	5.65	13.17
皮革、毛皮、羽毛(绒)及其制品业	−0.79	19.33
家具制造业	4.62	29.01
造纸及纸制品业	−0.94	28.47
化学纤维制造业	−8.12	−0.88
电气机械及器材制造业	−1.14	38.18
通信设备、计算机及其他电子设备制造业	10.95	49.62

数据来源:国务院发展研究中心信息网工业统计数据库。

二、金融危机对民营企业出口欧盟的挑战

金融危机之后,国际经济复苏回升的历程是曲折复杂的,这对于经济外向依存度已经高达 60% 的我国来说,是最大的不确定性因素,国内经济也不排除随国际经济起伏而出现反复波动的可能性。尽管我国在"保增长"的同时,积极推动"扩内需、调结构",但国内持续消费需求能力难以在短期大幅提升,结构调整不可能一蹴而就,当前的经济增长主要是靠大规模增加政府投资和扩大信贷投放拉动的。大规模投资最终会转化为庞大的生产能力,届时如果国际市场不能出现根本好转,国内消费需求不能明显提高,新增产能与已有过剩产能就会形成叠加,从而对我国经济持续健康发展构成新的压力。国家 4 万亿元投资、银行 5 万多亿元新增贷款以及十大产业调整与振兴规划,总体上是向基础设施投资,向国有企业、大企业倾斜,而民间投资和民营企业、中小企业受益较小。

(一)欧盟市场需求大幅萎缩

欧盟市场需求大幅萎缩最为直接的表现就是我国企业出口订单、出口

货物的减少,出口价格下跌的压力增加。2009 年春季广交会出口成交 262.3 亿美元,比上届减少 16.9%;到会客商为 16.5 万人,比上届下降 5.2%。据宁波市外经贸局的调查显示,2009 年以来宁波地区有一半以上 的企业出口订单和企业利润均出现下降,基本持平的企业为 1/3。许多企 业反映订单同比下降了 20%~30%,大订单、长期订单明显减少,而小订 单、短期订单增加现象较为普遍。在此情况下,出口企业只能采取加强内 部管理、节省经营支出、维持企业运转等"熬冬"策略,还有不少企业选择了 放弃出口。从表 7-3 中可以看出,受金融危机影响,2009 年中国与欧盟的 贸易额出现明显下降,进出口额、出口额和进口额分别同比下降了 14.5%、 19.4% 和 3.7%。2010 年至 2011 年,中欧贸易额同比都有了明显回升,这 一方面是由于各国政府的"救市"和刺激政策的作用不断显现出来,另一方 面也说明了 2009 年同期贸易额下降幅度之大。随着国际市场需求进一步 萎缩,进口商在国际贸易谈判中的地位得到提高,造成贸易谈判中出口企 业的被动局面更趋严重,我国企业面临产品出口价格下跌的外部压力明显 增加。

表 7-3　2009—2011 年间中国与欧盟贸易情况

时　间	进出口额 (千美元)	出口额 (千美元)	进口额 (千美元)	累计比去年同期增减(%)		
				进出口	出口	进口
2009 年	364041700	236284190	127757510	−14.5	−19.4	−3.7
2010 年	479589400	311219200	168370200	31.7	31.7	31.8
2011 年	567132300	355974500	211157800	18.3	14.4	25.4

数据来源:国务院发展研究中心信息网对外贸易数据库。

(二)欧盟贸易风险大幅上升

金融危机使许多欧洲国家金融市场出现流动性紧缺,一些国家的进口 商资金紧张,甚至出现资金链断裂,这导致我国部分出口企业产品发货后 收不到货款,影响资金周转甚至形成坏账,不少中小企业因此陷入困境。 2008 年以来,中国出口信用保险公司向我国企业支付的赔款大幅增长。在 需求继续减弱的情况下,国外部分进口商的经营状况将进一步恶化,支付 能力下降,付款速度变慢,甚至通过拖欠付款、拒收货物、退货以及申请破 产保护等方式,向中国出口企业转嫁金融危机的损失。在这样的形势下, 我国企业出口收汇风险、财务风险和信用风险急剧上升。我国民营企业中出口额在 1500 万美元以下的中小企业达 68％,这些企业大多抵抗风险能力较差。因此,即使产品有市场需求、有海外订单,我国很多中小企业也不敢轻易接单和贸然出口。据海关统计,2008 年我国民营企业遭遇出口退运货物 5 亿美元,同比增长 36.5％,占当年我国出口退运货物总额的 38.7％,所占比重上升 5.2 个百分点。2009 年全年,仅上海市民营企业就遭遇出口退运货物 0.6 亿美元,同比增长 99.9％。2012 年,金融危机带来的贸易风险仍有进一步扩大的趋势,2012 年一季度,南通口岸出口退运增长近五成,2012 年下半年以来,绍兴县某纺织企业在 3 个月之内连遭国外退运 7 批涤纶面料,涉及金额近 90 万美元。

（三）欧盟贸易保护倾向加剧

金融危机爆发以来,在世界经济增长出现急剧下滑、各国就业压力增大、市场竞争更加激烈的形势下,贸易保护主义势头加剧,提高关税、滥用救济措施等导致的各种贸易摩擦急剧增多。一些国家内部出现抵制进口、保护国内产业和就业的迹象,还有一些国家甚至出现了滥用贸易救济措施、提高市场准入标准的倾向,如实行自动进口许可证制度,对涉嫌低价报关的产品采取严格的审核和检查等。中国商务部公平贸易局发布的报告称,2009 年欧盟对华贸易救济调查新立案件为 7 起,占 2009 年欧盟对全球贸易救济调查新立案件的 58％,中国仍为欧盟贸易救济调查的最大目标国。目前,世界各国就业形势都相当严峻,许多国家可能进一步寄希望于贸易保护以转嫁国内就业矛盾,中国企业遭遇贸易摩擦的数量可能进一步增多。2011 年,欧盟对我国贸易救济调查形势仍不容乐观,1—8 月份期间,欧盟共发起了 11 起对外反倾销调查,其中有 5 起针对中国产品,占 45.5％。2012 年以来,欧盟经济虽有所好转,但短期内仍难摆脱债务危机影响,特别是各成员国失业率居高不下,欧盟产业界贸易保护主义呼声仍然较高。

（四）我国民营企业贸易融资面临困难

受国际金融危机影响,全球流动性紧缺尚未得到有效缓解,金融机构纷纷收缩信贷规模,各国贸易融资条件普遍恶化。国内银行为防范风险对出口企业慎贷、惜贷现象比较普遍。出口企业因融资难而导致资金链断裂的风险,使中小民营企业的经营及生存压力日益增大,一些订单和项目被迫放弃,发展潜力受到制约。由于中小企业自身存在平均寿命短、信用程度低以及抵押物缺乏等先天缺陷,信贷困难度依然不小。许多民营企业反映,无论是开展进出口贸易还是对外投资,融资难、融资成本高都是制约其生存和发展的瓶颈。中国金融资源的不合理流向,导致 99％的小企业缺乏正常的金融资源,这与以中小企业为主的民营经济在我国经济中所发挥的重要作用极不相称。即便是在经济刺激政策的引导下,中小企业的困难也未得到彻底缓解。2011年,浙江省针对2385家企业进行了企业生存环境调查,结果显示,受调查的民营企业中,15％的企业表示"资金缺口大,急需融资",71％的企业表示"略有缺口,需要融资",仅有14％的企业不需要融资,需要融资的企业占比仍超过80％。

第二节　欧洲债务危机对民营企业外部发展环境的影响

一、欧洲债务危机的产生背景

现实中,国家经常需要投入巨额财富来解决大量经济社会问题,由此可能会导致入不敷出的局面,这是财政赤字普遍存在的一个重要原因。根据《马斯特里赫特条约》的规定,欧洲经济货币同盟成员国必须符合两个关键标准,即预算赤字不能超过国内生产总值的3％、负债率低于国内生产总值的60％。但2009年欧元区有16个成员国的财政赤字达到欧元区GDP的6.3％,与2008年2％的水平相比大幅提高,整个欧盟没有一个成员国实现财政盈余。早在2009年9月《经济学家》(The Economist)杂志就刊文表示,尽管"金融风暴"逐渐远去,但严重的政府赤字将形成另一场经济危机。根据《经济学家》杂志提供的"全球政府债务钟"(Global Public Debt Clock)(见表7-4),欧洲主要国家公共债务长期处于高位水平,其中希腊、意大利和比利时公共债务占GDP的比重长期在90％甚至100％以上,给政府财政带来了巨大压力;而几乎所有国家公共债务占GDP的比重长期高于60％的警戒线,这使欧洲国家在面临金融危机冲击时势必要承受更大的财政支出压力。

表 7-4　欧洲 10 国公共债务占 GDP 比重(％)

年份 国家	2002	2003	2004	2005	2006	2007	2008	2009	2010	2011	2012
希腊	102.9	99.9	98.0	99.9	103.7	107.3	109.7	119.8	135.8	151.9	160.2
比利时	105.2	101.3	96.6	93.2	90.3	86.4	86.3	92.0	96.0	97.2	99.9
意大利	106.9	104.6	103.7	104.2	105.5	104.6	104.1	109.9	117.1	119.3	120.3
葡萄牙	52.3	54.7	56.6	59.7	63.2	65.7	69.7	76.3	87.3	101.4	117.6

续表

年份 国家	2002	2003	2004	2005	2006	2007	2008	2009	2010	2011	2012
爱尔兰	33.8	31.4	30.2	28.5	26.2	24.7	32.9	52.9	76.6	97.9	109.5
法国	57.8	60.7	64.0	65.8	65.5	64.0	65.9	72.9	80.5	83.9	87.5
德国	59.8	62.2	65.2	67.3	68.3	66.7	65.8	69.9	78.2	82.7	82.2
奥地利	69.1	68.8	68.5	69.0	68.0	66.3	64.7	65.2	70.3	72.4	75.2
西班牙	54.3	50.9	47.7	44.9	41.5	38.1	37.5	45.8	56.8	64.0	70.5
荷兰	50.6	51.1	52.2	52.2	49.9	46.5	50.8	59.4	61.6	63.9	66.7
平均	69.3	68.6	68.3	68.5	68.2	67.0	68.8	76.4	86.0	93.5	99.0

注:《马斯特里赫特条约》规定成员国的负债率上限为60%。

数据来源:http://buttonwood.economist.com/content/gdc.

作为欧盟援助计划的主要受益国,希腊经济曾在2003年至2007年出现了较快速的增长,平均年增长率达到4%。但较高增长主要源于财政和经常项目的双赤字,以及加入欧元区后更容易获得廉价的贷款所带来的基础设施建设的拉动和信贷消费。然而,金融危机严重影响居民消费,导致经济下滑,货币高估又使得出口始终较难,同时又缺乏灵活的货币政策,政府不得不依靠大量投资和消费拉动经济,从而导致赤字不断累积。赤字与出口下滑的恶性循环,最终使得希腊的主权信用风险逐步积累,并在经济危机中完全暴露出来。

从历史的视角来看,希腊债务危机主要源于其自身的原因:首先,10多年前希腊加入欧元区时财政赤字和公共债务就未达标,但是为了跻身欧元区,希腊通过货币互换等手段隐瞒了债务。20世纪90年代初,为了在不同成员国引进单一货币——欧元,欧盟推出了欧元趋同标准,后又在1997年以《稳定增长公约》对此财政纪律给予确立,并规定了缩小区内各国金融领域彼此差异的通胀、长期利率、汇率和公共赤字以及债务等5项标准。其中,财政赤字和公共债务的最高上限分别为3%和60%。债务未能达标的希腊因此没能成为1999年成立的欧元区的初始成员,但入围心切的希腊在2001年前后与著名的投资银行高盛公司联手操作,由后者运用货币互换等金融创新手段和融资安排,变相重组和隐瞒了希腊债务情况,加上欧元区国家当时多少存在的"眼开眼闭"的态度,使希腊顺利达标并加入了欧元区。可以说,10多年前希腊本身就不是一个完全上线的"合格生",当时就留下了到期要还的"欠债"。其次,尽管有"欠债"的先天不足,但最根本的问题还在于希腊自身的缺陷过于明显,在欧元区尤其是欧盟原成员国家中属欠发达的国家。主权债务危机爆发是其长期以来经济社会发展问题的集中缩影和金融危机冲击的后果。希腊1974年才摆脱军政府的极权统治,开始民主化进程,行政效率不高,公务员规模过于庞大,经济基础弱,人民生活水平较低。2008年希腊人均收入为21300欧元,在欧盟原15国中仅高于葡萄牙,名列倒数第二。希腊是传统的农业国,工业基础薄弱,技术落后。企业规模太小,无法形成竞争优势;劳动生产率长期慢于收入的增长,历史上通货膨胀严重;经济结构调整缓慢;劳动力市场发育不全,失业率则一直在10%左右居高不下;政府对经济领域的行政干预较为频繁;国际收支上则极其倚重旅游等行业,它们是其获得外汇、维持国际收支平衡的主要来源。缺乏出口导向的国际收支结构,经常项目的连年赤字,使希腊国民经济更易受到外部危机等的冲击。此外,希腊老龄化问题突出,老龄化率高达18.6%,仅次于欧元区的意大利和德国,导致其养老金、失业金等社会福利支出负担过重;同时,希腊国内偷税漏税现象严重,灰色经济规模相当于GDP的30%~40%;再加上过于庞大的公务员队伍和管理混乱的养老金体系,使得希腊财政早已不堪重负。2001年至今,希腊年均公共债务为99.2%,远高于欧元区同期69%的平均水平。为应对金融危机的冲击,希腊政府引入的大量财政刺激举措更是扩大了原本居高不下的财政赤字和公共债务,加速了主权债务危机的出现。再者,金融市场投机者盯住了作为欧元区的"短板"、偿债能力空虚、自身规模小、结构单一的希腊,进行投机炒作,兴风作浪。高盛可谓是典型代表,当年从互换交易中赚取了3亿美元的高额佣金,此后又通过掉期把债务违约风险转嫁给了德国的相关金融机构。很显然,高盛存在故意诱导市场、看空希腊政府的偿债信誉,以期从中渔利的嫌疑。此举造成了金融市场上希腊主权债务信誉的大幅下跌,助长了投机行为,加剧了希腊主权债务危机的程度和援救的难度。

欧元区国家财政负担巨大的原因主要有两个:一是这些国家长期实行高福利政策,养老、失业、社会救济等福利制度和公务员工资开支庞大;二是这些国家的经济增长多年维持在低位水平,财政收入得不到保障,财政赤字逐年攀升。这样一来,高财政支出与低财政收入、低经济增长与高福利制度以及低就业率与高社会救济之间的矛盾就在金融危机的冲击下表现得愈加突出。至2009年年末,希腊公共债务余额高达3000亿欧元,且偿还能力极低,违约概率极高,主权债务危机随即爆发,欧洲其他国家诸如爱尔兰、西班牙、葡萄牙、意大利甚至英国,也随时都有爆发主权债务危机的可能性,德国、法国等国也受到欧洲债务危机的威胁。另外,加入欧元区的国家,没有独立的货币政策,使得成员国少了一项重要的进行宏观调控的工具。希腊政府调控经济就几乎只能完全依赖于财政政策,本次金融危机爆发以来,希腊政府为挽救经济,避免衰退,不得不扩大财政开支以刺激经济,结果使得赤字更加严重(见表7-5)。

表 7-5　欧洲债务危机的发展演变过程

发展过程	情况描述	具体事件
开端	2009年12月,全球三大评级公司下调希腊主权评级,希腊的债务危机随即愈演愈烈;但金融界认为希腊经济体系小,发生债务危机影响不会扩大。	2009年12月8日,惠誉将希腊信贷评级由A-下调至BBB+,前景展望为负面;2009年12月15日,希腊发售20亿欧元国债;2009年12月16日,标准普尔将希腊的长期主权信用评级由A-下调为BBB+;2009年12月22日,穆迪宣布将希腊主权评级从A1下调到A2,评级展望为负面。
发展	欧洲其他国家也开始陷入危机,包括比利时这些外界认为预算较稳健的国家,及欧元区内经济实力较强的西班牙,都预报未来三年预算赤字可能居高不下;希腊已非危机主角,整个欧盟都受到债务危机困扰。	2010年1月11日,穆迪警告葡萄牙若不采取有效措施控制赤字,将降低该国债信评级。2010年2月4日,西班牙财政部指出,西班牙2010年整体公共预算赤字恐将占GDP的9.8%;2010年2月5日,债务危机引发市场惶恐,西班牙股市当天急跌6%,创下15个月以来最大跌幅。
蔓延	德国等欧元区的中心国家开始感到危机的影响;因为欧元大幅下跌,加上欧洲股市暴挫,整个欧元区正面对成立11年以来最严峻的考验,有评论家更预测欧元区最终会以解体收场。	2010年2月4日,德国预计2010年预算赤字占GDP的5.5%;2010年2月9日,欧元空头头寸已增至80亿美元,创历史最高纪录;2010年2月10日,巴克莱资本表示,美国银行业在希腊、爱尔兰、葡萄牙及西班牙的风险敞口达1760亿美元。
升级	希腊财政部长称,希腊在2010年5月19日之前需要约90亿欧元资金以度过危机,但欧洲各国在援助希腊问题迟迟达不成一致意见;4月27日,标普将希腊主权评级降至"垃圾级",危机进一步升级。	2010年3月3日,希腊公布48亿欧元紧缩方案;2010年4月23日,希腊正式向欧盟及IMF提出援助请求;2010年5月4日,欧债危机升级,欧美股市全线大跌;2010年5月6日,欧债危机引发恐慌,道指盘中暴跌近千点;2010年5月20日,"问题债券"恐酿欧洲银行危机,金融股频频失血;2011年7月22日,欧洲峰会召开,就希腊救助问题进一步达成共识,欧元区统一向希腊提供1000亿欧元新融资。

续表

发展过程	情况描述	具体事件
拐点？	2012年3月，私人部门参与希腊债务重组计划宣告成功，为希腊削减了1000亿欧元债务；欧元区也因此迎来了其成立以来13年历史上的首次主权违约。	2012年，欧洲债务危机风云迭起：这一年，全球市场曾为希腊退出欧元区悄悄作准备；葡萄牙、西班牙和意大利等重债国融资成本一度攀升到危险水平；欧洲政坛更迭频繁并几度引发市场动荡；12月13日，欧盟财政部长就建立欧元区银行业单一监管机制(SSM)达成协议，欧洲央行将在2014年3月1日成为欧元区银行业的"超级监管者"。

资料来源：http://topic. eastmoney. com/europedebt/；http://finance. sina. com. cn/money.

但目前来看，此次债务危机还没有在全球范围出现扩散到实体经济的迹象，欧洲融资条件收紧的负面影响也被欧元贬值的作用所抵消，主要国际金融机构对欧洲主权债务危机救助计划及全球经济复苏仍持乐观态度。IMF在2012年4月初预测，2012年和2013年全球经济增速分别为3.5%和4.1%，比2012年1月份的预测值分别上调0.2个百分点和0.1个百分点。同时，IMF发布的报告称，2012年和2013年主要发展中经济体的经济增速仍将大幅快于主要发达经济体；这两年美国经济分别增长2.1%和2.4%，比上次预测值分别上调0.3个百分点和0.2个百分点；这两年欧元区经济增速分别为−0.3%和0.9%，比上次预测值分别上调0.2个百分点和0.1个百分点。

二、对欧出口未受经济复苏缓慢的影响

欧盟已经成为中国最大的贸易伙伴之一，但是欧洲债务危机导致欧洲各国财政压力增加，各国政府为了减轻债务必然会提高税收，缩减开支，这样一来，这些国家的消费将会减弱，加上欧元贬值，它们的进口能力必定会明显下降，给中国贸易带来不利。表7-6给出了2010年1—5月份欧元区部分经济指标运行情况，从中可以看出，欧元区进出口总额并没有出现明显下降，消费者价格指数同比有小幅提高，生产者价格指数同比波动增长，失业率仍处于10%左右的高位水平，消费者信心指数和企业家信心指数均出现明显下降，一定程度上打击了民众对经济复苏的信心，对欧洲的总体经济会有负面的影响，不利于世界经济的整体复苏。

表 7-6　2010 年 1—5 月份欧元区主要经济指标运行情况

时　间	进出口（亿欧元）			消费者价格指数同比变化（%）	生产者价格指数同比变化（%）	失业率（%）	消费者信心指数	企业家信心指数
	总额	进口额	出口额					
1 月	2258	1135	1123	1	−1.0	9.9	−15.8	−13.8
2 月	2410	1251	1159	0.9	−0.4	9.9	−17.4	−12.8
3 月	2469	1214	1255	1.4	0.9	10	−17.3	−9.9
4 月	2481	1265	1216	1.5	2.8	10	−15.0	−7.3
5 月	2501	1265	1236	1.6	3.1	10	−17.8	−6.4

数据来源：国务院发展研究中心信息网世界经济数据库。

如果将陷入债务危机的欧洲五国与其他欧盟国家适当区别，则可以发现，葡萄牙、爱尔兰、意大利、希腊和西班牙五国经济总量约占欧盟和欧元区的 26% 和 35%。如果从在中国出口市场中的地位来看，上述五国占中国出口总额的比重不超过 2.5%，在 2010 年 3 月份，其占比已下降到 1.8%。处于债务危机中的希腊占中国出口总额的比重仅为 0.06%，因此此次债务危机对中国对欧出口并没有太大影响。据海关统计数据显示，2010 年前 4 个月，中欧双边贸易总值为 1377.7 亿美元，同比增长 34.6%。2010 年 1—12 月份，中国与欧盟（27 国）双边贸易额达 4795.9 亿美元，同比上涨 31.76 亿美元；其中出口额为 3112.2 亿美元，上涨 31.71%，进口额为 1683.7 亿美元，上涨 31.75%。2011 年，中欧双边贸易额的增长速度有所下降，但整体仍呈上涨趋势，进出口总额的涨幅达 18.25%。虽然中欧双边贸易受金融危机的影响较小，但考虑到劳动力成本和大宗商品价格不断上升，中国民营企业对欧出口还将面临很多挑战。

三、汇率波动加剧了民营出口企业的生存压力

由于全球经济的一体化发展，任何一国的汇率变动都可能对其他与之有贸易往来的国家造成影响。希腊债务危机爆发以来，虽然欧元区国家通过了上万亿美元的救助计划，但欧元兑美元的汇率却连连走低，欧元大幅贬值（见图 7-2、图 7-3），对美元汇率一度下跌到 1.20 的低点，对人民币汇率也从 9.20 的高点一路下滑到 8.20 的水平，贬值幅度达 10% 左右，这给中国的出口商造成巨大的成本压力。希腊、葡萄牙、西班牙、意大利、英国等国家均开始推行紧缩政策，这可能会造成欧洲市场的萎缩，欧元区进口

形势不容乐观。各国货币汇率波幅之大使民营企业的各类对外经贸合作活动操作难度大幅加大,甚至可能不得不为此而放弃一些商机。为此,我国出口企业应密切关注危机走势,继续实施市场多元化战略,加强业务风险防范,合理调整出口结构,切实防范贸易保护主义。

数据来源:www.x-rates.com.

图 7-2　2010 年 2—7 月份欧元兑美元汇率趋势

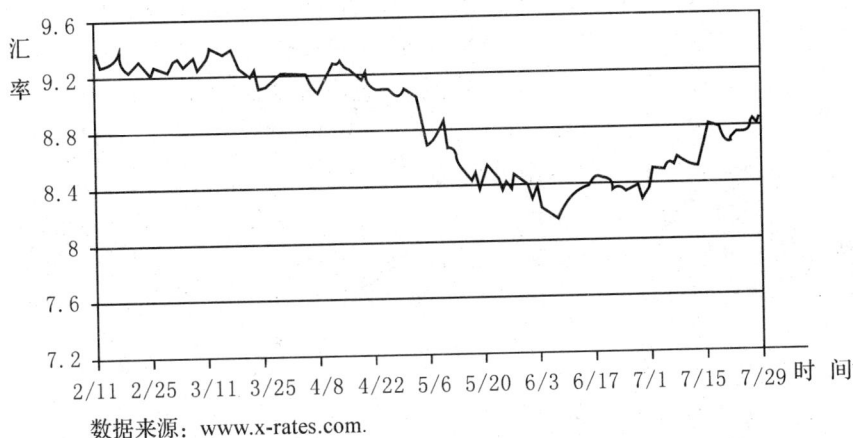

数据来源:www.x-rates.com.

图 7-3　2010 年 2—7 月份欧元兑人民币汇率趋势

虽然从长期来看,人民币升值可以促进我国产业结构调整,加快企业高新技术的研发和创新。但从短期来看,人民币升值必然会给我国处于产业链低端的出口企业带来阵痛,并可能导致大量中小企业倒闭。2010 年年初,我国有关部委牵头相关协会对劳动密集型行业进行了人民币升值压力测试,其结果显示,若人民币升值过快,企业将面临利润大幅下滑甚至亏损的风险。若人民币在短期内升值 3％,家电、汽车、手机等生产企业利润将下降 30％～50％,许多议价能力低的中小企业将面临亏损。此外,行业测试结果显示,劳动密集型行业利润率将受到严重影响,而中小企业居多的行业尤甚。据中国轻工工艺品进出口商会的统计,我国规模以上轻工企业出口利润普遍在 5％左右,而规模以下企业毛利率就 2％左右。由于我国轻工行业进入门槛低、技术含量低、议价能力弱、中小企业多、产能严重过剩,再加上长期的恶性竞争,出口企业很难通过提高价格转移汇率升值成本,只能靠企业内部消化。对劳动密集型企业来说,最重要的是努力增强自主创新和研发能力,增加产品的附加值,努力争取时间对企业进行调整和转型,从而形成自己的产业优势,增加自己的定价权。与此同时,应积极"走出去",在开辟国内市场的同时寻求新的海外市场。

第三节　复杂环境下民营企业出口欧盟的新机遇分析

从国际环境看,世界经济在长期发展过程中早已积累了较为坚实的物质基础,具备了应对危机冲击的客观条件;以美国为首的发达国家纷纷向金融领域大量注资,对实体经济施予援手;世界各国、各地区明显加强了彼此之间的交流与合作,联手应对危机的机制也更加健全;世界经济发展开始逐渐回暖,如国际油价波动趋缓、国际贸易日渐恢复、主要股市出现回暖、全球采购经理人指数开始回升等。从国内环境看,经济下行压力依然存在,但触底回升态势明显强于预期。城镇固定资产投资、社会消费品零售总额、银行新增贷款总额、进出口总额等指标均有显著的回升上涨态势。与此同时,反映短期内经济运行活力的水泥产量、钢铁产量、制造业采购经理指数等指标也均出现较强的反弹态势,这些数据都说明我国的 4 万亿元经济刺激计划正在逐步见效,我国经济已出现企稳回升迹象。在当前环境下,民营企业要积极调整自身状态,抓住机遇,实现新的发展。

一、民营企业竞争力稳步上升

经过多年的发展壮大,我国民营企业竞争力已显著提高,特别是在金融危机后,民营经济表现出了强大的生命力,对我国经济增长、产业结构优化、经济发展方式转型起到了不可估量的作用,其具体表现为:

（1）民营企业数量规模持续扩大，民间投资依然强劲，这活跃了金融危机后的市场经济。《中国民营经济发展报告 NO.9(2011—2012)》的统计数据显示，截至 2011 年年底，我国登记注册的私营企业达到 967.7 万户，比 2010 年增长了 14.4％。其中，个体工商户 3756 万户，同比增长 8.8％；私营企业注册资金总额达 25.79 万亿元，同比增长 34.3％；户均注册资金达 266.5 万元，同比增长 17.34％。同时，私营企业和个体工商户数量近三年都呈稳定增长态势，注册资金规模也逐年大幅增加，这显示出了我国民营经济不断增强的综合实力。另外，在全球金融危机下，我国民间投资依然强劲，截至 2011 年年底，民营经济共完成了 17.6 万亿元的城镇固定资产投资，同比上涨 42.3％，其中私营企业完成 7.2 万亿元，同比增长 32.9％。

（2）民营企业出口占比显著增加，较大程度地抑制了出口增速下滑较快的整体趋势。截至 2011 年年底，全国民营企业出口总额达到 6352.9 亿美元，占全国出口总额的 33.5％，同比增长 32.0％。从出口产品结构上看，民营企业不仅在传统劳动密集型商品出口上占有优势，在机电、家电产品和高新技术产品领域也愈发活跃。在主要贸易伙伴国经济低迷的情况下，民营企业持续保持的较高增速有效抑制了我国出口增速的大幅下滑，对我国整体经济增长意义重大。

（3）民营经济的产业和地区分布更加合理，对于我国产业结构和区域结构优化起到了不可小觑的作用。以服务业为主的第三产业是未来产业发展的趋势，也是我国加快经济发展方式转变和经济结构调整的主要目标。近几年来，从事第三产业的私营企业显著增加，截至 2011 年年底，从事第三产业的私营企业达到 673.8 万户，注册资金达 17.2 万亿元，分别占私营企业总户数和注册资金总额的 69.6％和 66.7％，同比增长 15.8％和 40.3％。从具体行业上看，从事金融业、租赁与商务服务业、科学研究技术服务和地质勘查业等现代服务业的私营企业发展迅速，已成为第三产业民营企业的重要群体。从事信息传输、计算机服务和软件业的私营企业数量略有下降，但注册资金仍保持较高增速。由此可见，民营企业的蓬勃发展对于我国产业结构升级和经济发展方式转变意义重大。同时，从地区分布上看，近三年来，民营企业的地区分布更趋于合理化，虽然东部地区私营企业数量和注册资金比重仍占绝对优势，但中西部地区企业数量和注册资金的增长速度已经逐步超过了东部地区。2011 年年底的统计数据显示，中、西部地区私营企业数量较 2010 年年底分别增长了 15.7％和 18.9％，注册资金分别同比增长了 34.9％和 42.9％。这意味着私营企业在中西部地区的快速发展对于我国区域经济协调发展起到了很大的作用。

（4）民营企业组织结构更加合理，技术创新能力不断加强。截至 2011 年年底，我国私营有限责任公司和股份有限公司分别达 808.7 万家和 2.9 万家，同比增长 15％和 38.1％；上规模民营企业 500 家中，90％以上的企业重大事项决策权都集中在董事会和股东大会。同时，为了更好地适应市场环境，民营企业的技术创新能力进一步增强，企业对自主品牌、自主研发、专利申请的重视程度大大增加。近些年来，越来越多的中小企业把技术创新作为企业长远发展的重要支撑，通过企业联合、与高校合作等方式建立完善的企业创新体系，争取在关键技术上拥有话语权，从而提高企业的核心竞争力。

民营经济的蓬勃发展和民营企业综合竞争力的显著提高，既加快了国内传统产业转型升级的步伐，也为我国民营企业进一步融入欧盟市场、扩大产品出口奠定了技术和管理基础，因此，应进一步引导民营企业在更高层次和更广领域参与国际分工。

二、民营企业发展的制度环境不断完善

金融危机爆发以来，我国已采取多项政策措施，积极促进民营企业发展。2009 年 9 月 22 日，国务院发布《关于进一步促进中小企业发展的若干意见》，明确提出促进中小企业发展八个方面的措施，包括进一步营造有利于中小企业发展的良好环境，切实缓解中小企业融资难题，加大对中小企业的财税扶持力度，加快中小企业技术进步和结构调整，支持中小企业开拓市场，努力改进对中小企业的服务，提高中小企业经营管理水平，加强对中小企业工作的领导。该《意见》是在国际金融危机对我国中小企业造成重大影响的背景下出台的，是国家和各有关部门以及地方政府出台一揽子政策措施的集中体现。2010 年的《政府工作报告》也抓住了中小企业融资难等当前中国非公经济发展过程中的具体难点问题，并开出了有针对性的政策药方。2010 年 5 月 13 日，国务院《关于鼓励和引导民间投资健康发展的若干意见》（也称"新 36 条"）正式出台，"新 36 条"强调了要鼓励民资进入基础产业和基础设施、市政公用事业和政策性住房建设、社会事业、金融服务、商贸流通、国防科技工业六大领域，这实际上在很大程度上解决了民间资本特别是大型民营企业的行业准入问题。行业准入问题一直是民营经济顺利发展的一大障碍，过去中国民营企业，特别是大型民营企业在谋求发展、做大做强的过程中，往往会受到一些限制，这不利于企业拓展自己的

发展空间。在新政策出台以后,民营企业将可以从一般性的竞争行业进一步进入到更为重要的竞争领域,如基础设施建设等范围更加具体、领域更加宽广的领域。因此,各种政策措施无疑将为民营企业的组织设立、经营范围、市场地位、融资政策等提供更为全面和细化的帮扶手段,为民营企业创造更为广阔的竞争和发展平台。

三、民营企业实现全球资源配置的新机遇

当前,世界经济相对萧条为我国民营企业借助对欧出口在全球实现资源配置带来了新的机遇。经济低迷时,虽然有一些企业会陷入经营困难,但也有很多企业依然保持了强劲的增长势头。这就为那些优质企业通过并购、重组,以较低成本迅速实现企业做大做强提供了机会,步入我国民营企业加快"走出去"发展的新时期。民营企业应充分利用这些机会,抓住世界金融危机带来的低成本扩张的新机遇,找准时机、积极稳妥地"走出去",并通过"走出去"来转移过剩产能,开辟新的市场,充实自身实力。此外,民营企业可适当扩大国内外特别是在欧盟的驻外分支机构,大力引进国外高端技术、管理人才和知名品牌,加速实现企业的优化升级;充分利用国际国内两个市场进行资源的合理配置、优化配置,以提高企业国际化经营水平;利用欧盟丰富的研发资源与全球辐射力,实现国内生产经营与国外研发营销的互补互动,并通过扩大对欧出口为企业发展谋得做大做强的各类关键资源。

参考文献

[1]Baizhu Chen and Yi Feng. Determinants of Economic Growth in China: Private Enterprise, Education, and Openness. *China Economic Review*,2000,11: 1-15.

[2]Hongbin Li, Lingsheng Meng, Qian Wang and Li-An Zhou. Political Connections,Financing and Firm Performance:Evidence From Chinese Private Firms. *Journal of Development Economics*,2008,87: 283-299.

[3]James Crotty. Structural Causes of the Global Financial Crisis: A Critical Assessment of the "New Financial Architecture". *Cambridge Journal of Economics*, 2009,33(4): 563-580.

[4]John B. Taylor. *The Financial Crisis and the Policy Responses: An Empirical Analysis of What Went Wrong*. NBER Working Paper No. w14631,2009.

[5]Pablo Antolín and Fiona Stewart. *Private Pensions and Policy Responses to the Financial and Economic Crisis*. OECD Working Papers on Insurance and Private Pensions No. 36，2009.

[6]陈良文.欧盟区域经济政策及对我国的启示[J].经济纵横,2010(10).

[7]陈玲.国际金融危机后的欧盟金融体制改革研究[J].上海经济研究，2010(10).

[8]陈江生.试析金融危机后的世界经济格局[J].中共中央党校学报,2009(1).

[9]丁纯.从希腊债务危机看后危机时代欧盟的经济社会状况[J].求是,2010(7).

[10]丁纯.希腊为首的欧洲主权债务危机:成因和求解[J].世界经济情况,2010(4).

[11]董静,王欣怡.我国民营企业战略转型的瓶颈因素[J].浙江社会科学,2010(12).

[12]何帆.欧洲主权债务危机与美国债务风险的比较分析[J].欧洲研究,2010(4).

[13]王海峰.欧洲主权债务危机影响及警示[J].宏观经济管理,2010(7).

[14]吴志成,王天韵.金融危机背景下欧盟的体制改革及其前景[J].国外社会科学,2010(6).

[15]徐明棋.欧元区国家主权债务危机、欧元及欧盟经济[J].世界经济研究,2010(9).

[16]闫屹,王莉.希腊债务危机对欧盟一体化的影响及启示[J].国际金融,2010(9).

[17]中华全国工商业联合会.中国民营经济发展报告[M].北京:社会科学文献出版社,2009.

[18]张宗和,包佳迪.后危机时期中小民营企业融资难的成因及化解[J].中共杭州市委党校学报,2010(6).

[19]詹碧英.关于全球金融危机对民营企业的影响及应对的思考[J].中央社会主义学院学报,2009(1).

[20]朱楠.经济危机背景下中国民营企业经济发展方式转型[J].贵州社会科学,2009(8).

第八章　政策因素对中国民营企业与欧盟互动的影响

　　自 20 世纪 90 年代以来,随着中欧政治关系的日益成熟,中欧经贸关系取得了长足的发展,中欧经贸合作发展势头良好。近年来,中国对欧盟出口大幅增长,而欧盟对中国出口增长缓慢,这使中国对欧盟出口顺差不断扩大,尤其是 2004年后,这一趋势更为明显。中欧经贸合作的进一步加强和贸易不平衡性的加剧导致了各种贸易摩擦,如技术贸易壁垒、反倾销和反补贴以及各种限制中国对欧出口的法律法规等,这些贸易壁垒的出现严重阻碍了以劳动密集型产品生产为主的民营企业的对欧贸易,影响了民营企业与欧盟互动的进程。因此,分析当前中欧经贸政策选择的影响因素以及决策过程,对中欧经贸关系的未来发展做出合理预测,能够为民营企业与欧盟的经贸互动提供政策参考。

　　本章首先运用演化博弈论中的非对称演化博弈和对称演化博弈研究了中国和欧盟的政策选择策略,认为在中欧双边经贸关系中,任一博弈方的收益不仅取决于自己选择的策略,同时也有赖于其他博弈方的行为。在非对称的情况下,博弈双方之间的关系是"单向依附"的,劣势一方所能选择的策略空间有限,优势一方则无须考虑对方的"报复"行为,所以其策略在很大概率上会选择非合作的态度。而在当事双方对称的情况下,都选择妥协策略将是一个有效的均衡。欧盟对中国的各种贸易限制政策和中国的诸多"妥协"就是非对称博弈下的均衡结果。在对中欧政策选择进行博弈分析的基础上,本章第二部分研究了欧盟具体的政策选择对我国民营企业出口、对外投资和技术进步的影响。最后一部分分析了中欧经贸关系的各种利益诉求和这些利益诉求的动态变化,并对中欧贸易政策的走势进行了预测,为民营企业与欧盟的进一步互动提供政策参考。

第一节　中国与欧盟经贸政策选择的博弈分析

本节将对中欧经贸关系进行博弈分析,以期对中欧经贸关系的未来发展走向作出合理预测。目前,国内有大量对中欧双边经贸关系进行分析的文献,但在分析方法上,比较多见的是对双边经贸关系在某一方面的关系,如贸易保护的博弈分析,而在这一类文献中,更是以对倾销和反倾销的博弈分析居多。这是因为,在传统的贸易保护做法受到 WTO 规则的限制从而导致其作用日益弱化的情况下,发达国家开始从 WTO 规则中寻求贸易保护的新策略,反倾销等措施也应运而生。许多国家,包括欧盟国家借助这一 WTO 所允许的合法手段实行贸易保护主义,势必会受到越来越多的质疑,学者们则从不同角度对此进行了研究。

在研究方法方面,综合考察国外有关贸易保护及反倾销的理论研究文献,很早就有学者对贸易保护及反倾销问题进行博弈分析,如不对称信息模型主要是由卢奇恩·别布丘克(Lucian Bebchuk,1984)发展起来的,不同期望模型是由乔治·普瑞斯和本杰明·克莱恩(George Priest & Benjamin Klein,1984)发展起来的。近年来,国外学者更加重视反倾销问题的博弈研究,从不完全信息模型、重复博弈模型等角度分析国家之间进行反倾销的动因及其影响。国内学者近年在这方面也做了不少努力,如杨仕辉(2005)运用博弈分析方法对反倾销进行了国际比较。

本节拟从有限理性演化博弈这一视角对中欧经贸关系不同阶段加以阐述。

一、有限理性的演化博弈概述

作为博弈理论的一个重要分支,演化博弈认为博弈方具有演化能力,能根据过去的经验来不断调整自己的行为。与传统的博弈理论不同,演化博弈理论建立在有限理性基础之上,认为经济体系中博弈方不能对信息变化做出迅速的最优反应。其强调经济变迁的动态过程,认为有限理性的博弈是一个调整、学习的过程,而不是一次性的博弈过程,它达到均衡需要经历动态调整的漫长过程,虽然永远无法达到均衡,但会无限逼近均衡。

迄今为止,演化博弈已被经济学家广泛用于诸如社会制度形成、行业发展趋势、社会习俗演化等广泛领域的问题。较有代表性的有康利斯克(Conlisk,1980)利用带滞后项及随机项的离散时间序列,动态分析参与人是否总是行为最优者;佩顿(Peyton,1998a)分析了社会习俗、传统规范的演化及传统和约的形成原因。此外,弗登伯格(Fudenberg,1995)利用演化博弈分析了社会学习过程,青木昌彦等(1996)利用深化博弈分析了社会经济体制形成的原因。

演化博弈一般分为两种。一种是对称演化博弈,这种博弈的特征是两个博弈方在策略和利益方面都是对称的。因此,该博弈中参与人究竟处在博弈方1的位置还是处在博弈方2的位置并无分别。对于这种博弈,在进化博弈中适合用相似个体组成的群体成员之间的随机配对和反复博弈的分析框架来进行分析。另一种是非对称演化博弈。非对称演化博弈的分析框架是两种或两种以上类型个体组成的不同群体成员之间的随机配对博弈。分析方法是先分别讨论不同位置博弈方的复制动态,然后再把它们结合起来确定整个系统的演化稳定性和演化稳定策略。

需要指出的是,尽管有限理性博弈假设博弈方在知识、推断上的不完全理性,但有限理性却有多种情况和层次。有些博弈方的理性程度较高,有些则非常低;有些学习速度快,有些则很慢。不同理性层次和学习速度的博弈方学习博弈和调整策略的方式和速度显然会有很大差异。因而可以将演化博弈进一步划分为"最优反应动态的演化博弈"和"复制动态的演化博弈"。复制动态模拟的是学习速度很慢、理性局限程度较高的一类有限理性博弈方,而对于学习速度较快的小群体成员的反复博弈,描述他们的演化博弈过程的有效动态机制主要是"最优反应动态"。此外,在最优反应动态中还存在各博弈方究竟是对哪个范围的其他博弈方的策略进行反应的区别,如究竟是对其他博弈方的前期策略进行反应,还是对过去的平均策略进行反应等。

在国际贸易领域,双边经贸关系也具有演化博弈的诸多特征,古典经济学假设理性人的存在及理性人行为的终极目标是实现自身利益的最大化。为了追求更大的利益,理性人甚至不惜破坏既有的利益分配规则,从而成为利益分配过程中的"麻烦制造者"。但是,有限理性的假设更逼近现实,人在进行经济决策时总是在推断中存在着误差,这些误差产生的原因大多来自于信息成本、自身经验等诸多因素。国际贸易领域中的国家和地区也是如此,作为博弈方,并不可能严格比照利益最大化的条件作出决策,在大多数情况下参与方是通过了解博弈的历史及模仿其他参与方的行为来作出决策的,其中一个重要的参照因素就是决策者所处的环境,如以经济实力为首的综合国力等。也正因为此,本节在对中欧经贸关系进行演化博弈分析时,将分为两个阶段进行,即非对称演化博弈分析和对称演化博弈分析。

二、中欧经贸关系的非对称演化博弈分析

经济全球化的发展使经济强国与经济弱国被纳入同一竞争体系中,尤其是在 WTO 框架下,各参与者都必须在国际贸易竞争中遵守相同的游戏规则,于是竞争就带有了明显的非对称性。在上一节中,可以看到我国在改革开放很长一段时间内,经济发展存在着很多的局限性,因为在综合国力上处于劣势,在与欧盟的经贸关系上不得不向欧盟寻求合作,对欧盟有一定的依附性,从而导致自身的贸易自主能力低下。表现在中欧双边经贸关系上,双方所争夺的利益对各自的意义是不一样的,可能表现出"中国视其重、欧盟视其轻"的结果。

显然,欧盟与中国之间展开的这种利益不对称的博弈属于非对称的演化博弈。非对称博弈分析的是两方或多方成员之间的随机配对博弈行为,其方法是先分别讨论不同位置博弈方的复制动态,然后再把它们结合起来确定整个系统的演化稳定性和演化稳定策略。在不对称的框架下,对标准形式博弈 $G=\{N, S_i, U_i\}$ 给出如下假设:

(1)博弈局中人 N 为欧盟、中国,且双方都是有限理性的;

(2)双方的策略集合 S_i 为(威胁,妥协),其中,威胁策略是相对于另一策略即妥协而言的;

(3)在博弈进行过程中不存在制度变迁;

(4)此时中欧之间的博弈收益 U_i 矩阵如表 8-1 所示。

表 8-1　非对称演化博弈的双变量矩阵

中国＼欧盟	威　胁	妥　协
威　胁	v_1-d_1, v_2-d_2	v_1+c_1, v_2-c_2
妥　协	v_1-c_1, v_2+c_2	v_1, v_2

上述双变量矩阵中各变量的含义为:v_1 表示中欧双方争夺的经济利益

相对于中国的价值，v_2 表示中欧双方争夺的经济利益相对于欧盟的价值。双方都采取妥协策略时，意味着没有发生贸易争端，因此各自的收益为 v_1 和 v_2；当一方采取威胁策略时，未能针锋相对采取威胁策略而采取妥协策略的一方将被迫损失一部分收益 c_i，采取威胁策略一方则获得相应的更多收益 c_i；当双方都采取威胁策略时，均会损失各自收益 d_i，给定假设 $d_i > c_i$，并假定在非对称情况下 $c_1 > c_2$。

我们还假设：对于欧盟，选择威胁策略的概率是 y，选择妥协策略的概率则为 $1-y$；而对于另一博弈方中国，选择威胁策略的概率是 x，选择妥协策略的概率为 $1-x$。由此，对于欧盟而言，选择威胁策略和选择妥协策略的期望收益和平均收益为：

威胁策略：$U_{21} = x(v_2 - d_2) + (1-x)(v_2 + c_2)$

妥协策略：$U_{22} = x(v_2 - c_2) + (1-x)v_2$

平均期望收益：$\overline{U_2} = yU_{21} + (1-y)U_{22}$

在演化博弈中，特定策略在一个种群中被采用的频数或频度的动态方程称为复制动态。按照生物演化复制动态的思想，采用的策略收益较低的博弈方会改变自己的策略，转向（或模仿）有较高收益的策略，因此群体中采用不同策略成员的比例就会发生变化，特定策略比例的变化速度与比重和其收益超过平均收益的幅度成正比。因此，在上述分析中采用威胁策略的博弈方比例的变化速度，可用微分方程 $\frac{dy}{dt} = y(U_{11} - \overline{U})$ 表示。该微分方程称为"复制方程"，令其等于 0 即可解出稳定点，即在复制动态过程中采用威胁策略博弈方比例 y 的稳定不变水平。

按此界定，欧盟选择"威胁"策略的模拟动态方程为：

$$\frac{dy}{dt} = y(U_{21} - \overline{U_2}) = -y(1-y)(x \cdot d_2 - c_2) \tag{8.1}$$

同理，对于博弈方中国而言，选择"威胁"策略的动态方程为：

$$\frac{dx}{dt} = x(U_{11} - \overline{U_1}) = -x(1-x)(y \cdot d_1 - c_1) \tag{8.2}$$

联立方程（8.1）、（8.2），得到一个非线性常系数的动态方程组，共有以下五个均衡点：

$$(x^* = 0, y^* = 0), (x^* = 1, y^* = 1), (x^* = 0, y^* = 1),$$
$$(x^* = 1, y^* = 0), \left(x^* = \frac{c_2}{d_2}, y^* = \frac{c_1}{d_1}\right),$$

将上述两个策略选择概率的变化用复制动态关系平面图表达，如图 8-1

所示。

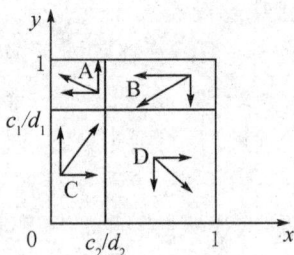

图 8-1　非对称博弈复制动态平面图

根据箭头方向可以看出，$(x=1, y=0)$ 与 $(x=0, y=1)$ 是这个博弈的演化稳定策略。$(x=c_2/d_2, y=c_1/d_1)$ 是不稳定的，内部点不可能渐近稳定。从图中可以看出，在这一博弈的复制动态进化过程中，对于初始情况 x 和 y 而言，有四个区域：

（1）当初始情况落在 A 区域时，即 $x<c_2/d_2$，$y>c_1/d_1$，会收敛到演化稳定策略；

（2）演化稳定策略 $(y^*=1, x^*=0)$，即欧盟选择威胁策略，中国选择妥协策略；

（3）当初始情况落在 D 区域时，即 $x>c_2/d_2$，$y<c_1/d_1$，会收敛至演化稳定策略 $(y^*=0, x^*=1)$，欧盟采取妥协策略，中国选择威胁策略；

（4）当初始情况落在 B 和 C 区域时，即 $x<c_2/d_2$，$y<c_1/d_1$ 和 $x>c_2/d_2$，$y>c_1/d_1$，此时会收敛至点 $(x=c_2/d_2, y=c_1/d_1)$，但它并非演化稳定策略。大部分可能是收敛到演化稳定策略 $(y^*=1, x^*=0)$，即欧盟采取威胁策略，中国采取妥协策略。

因此，在这一非对称复制动态演化博弈中，有限理性博弈方欧盟和中国通过不断的策略调整，双方的长期稳定演化策略表现为一方选择威胁策略，另一方选择妥协策略。

运用早期中欧经贸关系的诸多实例对上述阶段性结论进行实证检验，我们可以观察到欧盟较多地选择威胁策略，而中国较多地选择妥协策略，这意味着在上述博弈中，长期稳定演化策略以较大概率收敛于（中方妥协，欧盟威胁）。那么，为什么不是以较大概率收敛于另一演化稳定策略，即（中方威胁，欧盟妥协）呢？

回顾上文对于非对称演化博弈的界定，可以知道，在此框架内，参与博弈的双方的经贸地位是不对称的。在中欧双边关系初期，欧盟更多的居强势地位,1995年《中欧关系长期政策》和1998年《与中国建立全面伙伴关系》可以视为中欧经贸关系发展的分水岭。然而,在此之前,欧盟(欧共体)与中国在政治利益、经济利益及全球战略方面的关系波折不断。在双边经贸关系方面,即便是在那些影响中欧贸易健康发展的根本因素方面,欧盟也始终是作为争端的挑起者和裁决者出现的。这一时期,欧盟对华贸易实施歧视性的政策,如欧盟在对外贸易政策上把区域之外的贸易伙伴划分为五类,中国一直被列在第五类(注:欧盟从本身的利益出发,按政治经济体制、地理区域、历史因缘以及与欧盟的关系将世界各国划分为五类,其中,第五类为中央计划经济国家),由此引申出一些特定的、带有歧视性的贸易管制规则和措施。而中国改革开放以来将经济建设定位为"一切工作的中心"后,表现出"内向"特征,在国际舞台上保持低调,习惯于"反应式"外交,而较少"主动出击",尤其是在长达10年的"入关"和"入世"的多边谈判中,较多地选择了战略性的妥协。

由此可见,上述非对称复制动态演化博弈的均衡结果将以较大概率收敛于欧盟选择威胁策略、中方选择妥协策略,这一结论是可信的。

三、中欧经贸关系的对称演化博弈分析

1995年以来,欧盟对中国的重视程度不断加强,对华政策也更为主动和积极。从这一年开始,欧盟通过了一系列对华政策文件。1998年的《欧盟委员会通报》报告确立了欧盟对华政策的五大目标,包括通过提升并扩大与中国的政治对话,"将中国进一步纳入国际社会";通过帮助中国更加充分进入世界贸易体系和支持中国正在进行的经济与社会改革进程,促使中国进一步融入世界经济;以及提高欧盟在中国的知名度等。从2000年开始,欧盟委员会每隔一两年就对《欧盟委员会通报》的实施情况进行一次评估,同时对未来进行新部署。

中国方面,近年来也开始意识到主动塑造国际形象的重要性,通过采取积极外交,在地区和全球事务的态度上也表现出更加主动的态度。2003年,中国发表了首份对欧盟政策文件——《中国对欧盟政策文件》,这一政策义件的发表同样反映了中国外交的主动性。而中国综合国力的大幅提高和中国在国际舞台上的重要性日益上升,也使中国在国际贸易中的发言权空前强大。另一方面,中国巨大的市场潜力使欧盟不能忽视,由于在双边经贸关系中双方都无力承担因经济关系破裂所造成的巨大损失,在这样的背景下双方形成了力量上的相对均衡。下面对这一对称情形下的长期演化博弈进行分析。

对称博弈的收益矩阵如表 8-2 所示,这种博弈的特征是两个博弈方在策略和利益方面都是对称的,这意味着博弈双方选择同一策略的概率是相同的。因此,博弈方欧盟和博弈方中国究竟是在哪个位置进行博弈并无区别。这种博弈在演化博弈中适合用相似个体组成的群体成员之间随机配对和反复博弈的分析框架来进行分析。具体到中欧双边经贸关系的博弈中,就是中国、欧盟选择"威胁"或"妥协"的同一策略概率相同。

表 8-2 对称演化博弈的双变量矩阵

中国 \\ 欧盟	威 胁	妥 协
威 胁	$v-d,v-d$	$v+c,v-c$
妥 协	$v-c,v+c$	v,v

表 8-2 中,各变量的含义为:v 代表双方存在经贸往来时的经济利益,c 代表争夺中失败一方的损失,d 为双方策略都为威胁时所遭受的利益损失。假定 $d>c>v>0$,其他与前文非对称博弈的假设相同。

在博弈过程中,博弈双方都反复使用各种策略,一段时间后将达到一种演化稳定均衡。假定这是一个在理性层次较低、学习速度较慢的大群体成员中随机配对、反复进行该博弈的演化博弈问题。在这里,"学习速度慢"指的是向优势策略的转变不是通过所有博弈方同时实现的,而是逐渐实现的。假设威胁策略被选择的概率为 x,妥协策略被选择的概率是 $1-x$,且这一概率选择为双方的共同知识,则可以构建双方分别选择威胁策略和妥协策略的期望收益 U_1 和 U_2 及双方的平均收益 $\overline{U}$:

$$U_1=x(v-d)+(1-x)(v+c)$$
$$U_2=x(v-c)+(1-x)v$$
$$\overline{U}=xU_1+(1-x)U_2$$

令 $\mathrm{d}x/\mathrm{d}t$ 为选择威胁的博弈方在群体中比例的时间变化率,则采取威胁策略博弈方比例 x 的复制动态方程为:

$$\frac{\mathrm{d}x}{\mathrm{d}t}=F(x)=x(U_1-\overline{U})=-x(1-x)(dx-c)$$

令 $\mathrm{d}x/\mathrm{d}t=0$,解方程得 $x=1,0$ 或 c/d。

通过分析三个稳定点,可知:

(1)如 $x=1$,即此时所有的博弈方都选择威胁策略,由于博弈群体中没有一方选择妥协策略,则选择威胁策略的博弈方没有模仿和学习的对象。

因此,x 的值稳定不变,博弈方不会改变策略。

(2)如 $x=0$,则意味着如初始时刻没有博弈方选择威胁策略,那么选择威胁策略的博弈方始终不会出现。对于有限理性的博弈方而言,按照生物演化博弈,一定要有模仿和学习的对象才能进行复制和模仿,所以当 $x=0$ 时,没有可以学习模仿的对象,从而导致所有的博弈方都不会改变策略。

(3)如 $x=c/d$,此时,对于博弈双方而言,选择威胁策略和选择妥协策略的收益相同,因而对于任一博弈方,都没有动机改变策略。

当然,也可很容易证明,在三个均衡点中,只有 $x^*=c/d$ 才是演化稳定策略,因为 $F(0)>0$,$F(1)>0$,只有 $F(c/d)<0$。

依此可画出复制动态方程的相位图(见图 8-2):

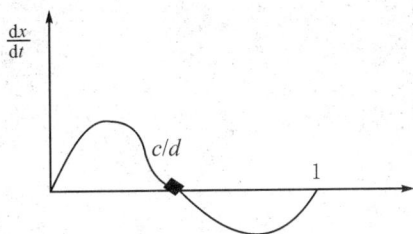

图 8-2　对称演化博弈复制动态方程的相位图

从图 8-2 中可以看出,$x^*=c/d$ 是整个博弈复制动态的均衡解。因而只有 $x=c/d$ 是这一博弈复制动态演化博弈的稳定策略。

可以这样理解,如参与博弈的双方地位是对称的,且合作(彼此妥协)的收益和严重冲突(彼此威胁)的损失符合上述假定,那么在双边经贸关系中,如果产生的损失越大,博弈双方越容易采取相互妥协的策略解决贸易争端。当然,在现实中,威胁策略带给博弈双方的可能损失其实很难说是对称的,但是考虑到是在 WTO 框架下,一般认为双方是在地位平等的机制下解决贸易争端的。因此,中国与欧盟在势均力敌的情况下,以谈判、协商等相互妥协的方式妥善解决分歧是最优策略。尤其是近年来,中欧多层次政治对话机制已基本建立,官方与民间的沟通渠道保持畅通,双边经贸关系快速稳步发展,一系列援助合作项目成效显著,欧盟在双边贸易等方面采取了前所未有的合作态度。

四、结　论

从上述分析中可以看到,在双边经贸关系中,任一博弈方的收益不仅取决于自己选择的策略,同时也依赖于其他博弈方的行为,而且所有博弈方在进行策略选择时都会将这种影响考虑在内。在非对称的情况下,博弈双方之间的关系是"单向依附"的,劣势一方所能选择的策略空间有限,优势一方则无须考虑对方的"报复"行为,所以其策略在很大概率上会选择非合作的态度。而在当事双方对称的情况下,如果发生贸易摩擦,如所有博弈方都选择威胁策略(可置信的威胁),双方的可能损失都会很大,因而双方都选择妥协策略将是一个有效的均衡。

贸易争端的解决取决于所有博弈方在重复博弈时、对是否选择不合作所进行的短期成本与长期收益的权衡。为争取中国在面对中欧贸易争端时的更大回旋空间,必须增强自己在 WTO 框架内的可置信的威胁能力,而要做到这一点,增强综合国力尤为重要。

第二节　中国与欧盟经贸政策对民营企业的影响

自改革开放以来,民营企业已经发展成为我国经济的重要组成部分,已成为创造就业和税收、助推 GDP 增长的重要力量。中国加入 WTO 以来,政府信守"入世"承诺,放松了对民营企业外贸经营权的管制,这为民营企业特别是外向型民营企业的发展提供了难得的发展机遇。近几年来,民营企业在参与国际化经营的过程中,创新能力逐年增强,核心竞争能力逐年提升,化解风险能力明显增强,进出口总额持续增长,能更加积极主动地应对各界形势变化和外部挑战(见图 8-3、图 8-4)。

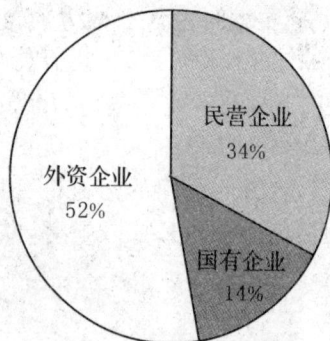

民营企业
34%

外资企业
52%

国有企业
14%

数据来源:《中国民营经济发展报告NO.9 (2011—2012)》。

图 8-3　2011 年三类企业的出口份额结构

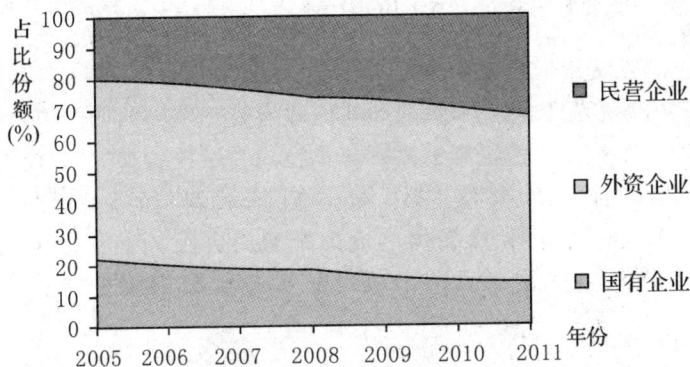

数据来源：《中国民营经济发展报告NO.9（2011—2012）》。

图 8-4　2005—2011 年间各类企业出口占比份额(%)变化

　　2007 年,我国民营企业实现进出口总额 4243.7 亿美元,较 1995 年增长了 65.5 倍,年均增速高达 41.9%。即使在较为困难的 2008 年,民营企业对外贸易依然取得了较快的发展,进出口总额超过 5000 亿美元,达到5400 亿美元,同比增长 27.3%,增速比全国外贸高 10 个百分点,占我国外贸总值的比重达到 21.1%;其中,出口 3807 亿美元,增长 27.9%,比全国出口总体增速高 10.7 个百分点;进口 1593 亿美元,增长 25.7%,比全国进口总体增速高 7.2 个百分点。2011 年,民营企业出口进一步增加,出口总额达 6352.9 亿美元,同比增长 32.0%,占全国出口总额的 33.5%,充分显示出民营经济的发展活力。

　　据海关统计,自 2004 年以来,欧盟一直是中国第一大贸易伙伴,并于2007 年首次超过美国成为中国第一大出口对象。相关数据显示,欧盟是我国民营企业出口的主要市场。2008 年民营企业对欧盟出口 763.6 亿美元,同比增长 34%;2012 年,欧盟继续保持我国第一大贸易伙伴的地位,在进出口总额中,民营企业进出口 12210.6 亿美元,同比增长 19.6%,高出我国对外贸易总体增长速度 13.4 个百分点。出口欧盟的民营企业中有很多中小企业,资本和技术密集度较低,其出口产品以传统劳动密集型、资源密集型、纺织轻工类产品为主。机电类产品同样也是中国民营企业出口的主要产品,但以加工贸易为主,具有自主知识产权和自主品牌的民营高新技术产品出口企业较少。在中欧经贸发展历程中,欧盟对华政策总体来说是积极的和建设性的,但为谋求自身的国际政治经济利益,欧盟有时会采取与对华总体战略原则相悖的一些具体经贸政策,这都值得我们去关注和研究。

一、中欧经贸政策对民营企业出口的影响

（一）欧盟反倾销对民营企业出口的影响

随着中欧贸易日益扩大，关税和其他政府管理贸易的非关税措施在不断降低和减少，但是欧盟反倾销政策却日益成为中欧贸易的"拦路虎"。自1979年欧盟的前身欧共体发起第一起对华反倾销调查至今，欧盟共对华发起了140余起反倾销调查，我国已成为欧盟对外反倾销最多的目标国。1979—2011年间，欧盟对我国出口产品提起反倾销调查情况如表8-3所示。

表8-3 1979—2011年间欧盟对华反倾销调查案件统计

年　份	欧盟对华反倾销案件数	欧盟对外反倾销总数	对华反倾销占比（％）
1979	2	—	—
1980	1	25	4.0
1981	2	48	4.2
1982	4	58	6.9
1983	2	38	5.3
1984	2	49	4.1
1985	1	36	2.8
1986	2	24	8.3
1987	0	9	0.0
1988	7	40	17.5
1989	5	27	18.5
1990	6	43	13.9
1991	4	20	20.0
1992	8	39	20.5
1993	4	21	19.0
1994	5	43	11.6

年　份	欧盟对华反倾销案件数	欧盟对外反倾销总数	对华反倾销占比(%)
1995	5	33	15.2
1996	6	25	24
1997	5	45	11.1
1998	1	29	3.4
1999	12	86	14.0
2000	6	31	19.4
2001	1	27	3.7
2002	4	20	20.0
2003	3	7	42.8
2004	9	29	31.0
2005	8	26	30.8
2006	12	36	33.3
2007	6	9	66.7
2008	6	20	30.0
2009	7	21	33.3
2010	8	15	53.3
2011	5	11	45.5

资料来源:http://ec. europa. eu/trade/issues/respectrules/anti_dumping/stats. html.

表8-3显示,从1979年中欧草签为期五年的纺织品贸易协定开始到2011年的33年间,除了1987年外,我国每年都有出口产品被欧盟提起反倾销调查。欧盟对自我国进口的产品提起反倾销调查数在1999年和2006年最高,均达到12起;在1998年和2001年最低,均为1起。但从表8-3中可以看出,中国加入WTO后欧盟对华反倾销调查案件数占欧盟所有对外反倾销调查案件数的比例总体上呈明显上升趋势,且居高不下。从2002年到2009年,欧盟对华反倾销调查数占其对外发起的总数的比重年平均为35.99%。尤其是2007年,欧盟发起的9起对外反倾销调查案件中有6起是针对中国,比例高达66.7%。如此快的增长趋势,一方面说明我国已经成为欧盟反倾销调查对象的主要目标国,另一方面也反映了欧盟在反倾

销调查上的对华歧视。

欧盟对中国反倾销的重点主要为化工产品,约占 40％,纺织、机械和电子产品、土畜、食品、鞋等,合计约占 40％。在遭受调查的企业中,多数为民营企业。由于各种原因,很多民营企业在遇到反倾销调查时不知所措。如此一来,欧盟对中国产品提起的反倾销诉讼绝大多数都是以不利于中国的结局而结案。根据欧盟官方公报的统计,对中国产品征收的最终反倾销税率为 10％～130％不等,平均税率约达到 41％,这种结局导致许多中国民营企业的产品只能退出多年经营的欧盟市场。而且在许多案件中,在中国和其他国家同为被诉国的情况下,中国的产品往往被征收最高税率的反倾销税。如 1999 年的铁索和钢丝绳一案中,中国和匈牙利、墨西哥、印度、南非等国同为被诉国,中国的产品被征收了高达 60.4％的反倾销税,其他国家的反倾销税率则分别为 28.1％、6.1％、30.8％和 38.6％;2000 年的彩电案中,中国和新加坡、泰国、马来西亚、韩国等国同为被诉国,中国的彩电被征收了 44.6％的反倾销税,其他国家则分别被征收了 23.6％、29.8％、23.4％和 15.1％的反倾销税。反倾销措施一旦实施,在 5 年期满后,周而复始的到期复审使许多行业不得不退出欧盟市场。许多开始于 20 世纪 80 年代和 90 年代的反倾销案例(如在自行车、彩电、节能灯领域)就是通过一轮又一轮的复审至今仍维持着反倾销现状,给我国相关行业出口企业的可持续发展带来了很大障碍。

(二)欧盟普惠制的变化对民营企业出口的影响

从 1981 年 1 月中国成为欧盟普惠制方案的受惠国以来,我国产品依靠普惠制这一关税优惠制度,以价格上的优势大量进入欧盟市场,促进了我国对外贸易的发展。据欧盟统计,目前我国是欧盟普惠制的最大受益国,普惠制下,我国对欧盟的出口占发展中国家对欧盟出口总额的 30％。

但随着国际市场竞争形势的变化,欧盟的普惠制每 10 年要调整一次。1995 年欧盟实施的普惠制新方案,将给惠产品按其在国际市场上的敏感程度划分为非常敏感产品、敏感产品、半敏感产品和非敏感产品四类,并分列出了四张清单。我国民营企业传统出口产品包括玩具、纺织品、服装、家具等约有 16 大类 50 种产品的出口受到这种敏感程度分类方法的影响。

此外,欧盟普惠制新方案还规定了新毕业制度,即国家毕业制和产品毕业制。一旦某受惠国或其产品达到某种标准,即不准享受关税优惠待遇。2005 年 6 月 27 日,欧盟颁布了《关于适用普惠制的第(EC)980/2005 号理事会规则》,该规则确定了新的普惠制方案,其适用期为 2006 年 1 月 1

日到 2008 年 12 月 31 日。新的普惠制方案将普惠类型由原来的 5 种安排简化为 3 种,同时简化了"毕业"的条件。该方案规定,普惠制受益国的任何一种产品如果在欧盟的市场份额超过 15%,就将失去普惠待遇,纺织品和服装的"毕业门槛"更低,为 12.5%。不断按周期进行调整的普惠制方案,总体来说是越来越严格。随着中国经济发展水平的提高,"被毕业产品"范围将不断增加。2009 年 1 月 1 日,欧盟"2009—2011 年新普惠制方案"正式实施,按照新方案,我国在 2009 年 1 月 1 日至 2011 年 12 月 31 日内能享受欧盟普惠制优惠待遇的产品只有农产品、矿产品、木浆、纸及纸制品,大部分工业产品依然被排除在欧盟普惠制优惠待遇之外。在欧盟给予普惠制待遇的 19 类产品中,我国只有 6 类产品享有该待遇,而"毕业产品"则多达 13 类。欧盟此举对中国民营企业的负面影响极为深远,将导致"被毕业产品"在欧盟市场难以立足。我国生产家电、钟表、光学仪器、乐器、服装、鞋帽及轻工制品等类别产品的民营企业出口无疑会受到巨大冲击,尤其是彩电、微波炉等利润已经微乎其微的家电产业,它们不得不寻找新的出口市场和出口机会。

　　(三)欧盟经贸政策法规化对民营企业出口的影响

　　近年来,欧盟不断将经贸政策法规化,出台了一项又一项旨在保护环境和提高技术质量标准的法规。比较典型的有欧盟 WEEE 指令(欧盟第 2002/96/EC 号指令)、ROHS 指令(欧盟第 2002/95/EC 号指令)、EuP 指令(欧盟第 2005/32/EC 号指令)、PFOS 指令(2006/12/EC 号指令)和 REACH 法规。至于具体采用指令的形式,欧盟的技术法规需要由各成员国进行转化后方能生效。由于各成员国对于指令的理解和适用不尽相同,这在一定程度上会产生各成员国之间措施不一致的现象,中国出口民营企业不得不分别应对各成员国的具体政策法规,从而面对过度的程序和成本负担。

　　WEEE、ROHS 这两项指令大大提高了欧盟针对电子产品的"入关标准",也是针对靠价格优势竞争的中国民营企业的电子产品出口提出的更高要求。继 WEEE、ROHS 两项绿色环保指令之后,主要针对能耗的绿色环保指令——EuP 指令要求产品在设计之初,就要"一揽子"解决从设计、原材料选用、制造、包装、运输、安装维护直至废弃中的全部环保问题,基本涉及除车辆以外的所有耗能产品。中国出口至欧盟的电子产品、热水器、电动发动机系统、住宅及第三产业的照明设备,以及暖气、通风和空调系统将是首批被要求必须符合标准的产品类别,其中作为重要的耗能产品——

灯具,是受 EuP 影响最为严重的产品类别之一。上述产品却正是中国民营企业出口欧盟的主要产品。就在国内民营企业为 WEEE、RoHS 指令困惑,对 EuP 指令茫然不知所措之际,欧盟于 2008 年 6 月 27 日实施的一项新的"绿色壁垒"——PFOS 指令,再次摆到了国内出口生产企业和经销商面前。欧盟此项指令全面禁止 PFOS 在商品中的使用的禁令给我国对欧盟出口纺织品、皮革、造纸、包装、印染助剂、化妆品的民营企业带来较大影响,纺织等轻工行业面临艰巨的挑战。而于 2008 年 6 月 1 日开始全面实施的欧盟 REACH 法规作为一个涉及化学品生产、贸易和使用安全的综合性法规,其影响范围更加广泛,事实上它会影响从采矿业到纺织服装、轻工、机电等几乎所有行业的产品及制造工序,从事上述行业产品生产的民营企业不仅要支付大量的检验、测试、评估、购买先进仪器设备等间接费用,而且还要支付高额的认证申请费和标志使用年费,从而导致自身产品成本大幅上升,丧失价格优势。

(四) 欧盟绿色壁垒对民营企业出口的影响

2005 年,持续了 40 年的全球纺织品配额制度宣告取消后,绿色壁垒成为纺织品贸易中取代配额制度的最重要壁垒。欧盟主要对纺织品中的有害化学品,如禁用染料、有机氯载体、甲醛残留量、防腐剂、可溶性重金属残留物等,采取限制性和禁止性的规定。当前欧盟绿色壁垒中最具影响力的是欧盟生态纺织品标准,我国企业尤其是民营企业由于技术设备落后,产品很难达到该标准的要求。欧盟还将绿色壁垒延伸到进口服装检验及环境标志认证方面,引入"生命周期环境影响评估",对纺织品生命周期中的各个阶段,包括纤维生产、棉花种植和处理、产品的加工及制造、消费者使用等都有明确的环保要求和规定。纺织品作为我国民营企业对欧出口的比较优势产品之一,在生产、加工过程中,存在着染料和其他化学品使用的不合理之处,而要做到服装和纺织品中某些物质的含量要求达到欧盟"生态标签"(eco-label)和生态纺织品认证中的 PPb 级,就目前的资金实力、技术水平而言是很难做到的。这无疑给中国民营企业的纺织品出口贸易造成了很大的难度,其在欧盟市场份额也遭到严重削弱。

欧盟的绿色壁垒不但给民营纺织企业出口造成很大的困难,对出口食品、农产品的民营企业的影响也很大。此外,欧盟绿色壁垒往往具有示范效应,如欧盟实施新的农药残留限量标准后,日本、美国、澳大利亚等国也纷纷以食品安全为由,仿效欧盟,提高茶叶农药残留的控制标准,增加对进口茶叶中非茶类杂物、重金属、放射性物质、黄曲霉素和微生物等项目的检测,这无疑会增加我国农产品出口企业的出口成本和贸易风险。

二、中欧经贸政策对民营企业 FDI 的影响

早在 1992 年年底,中国已经与当时欧盟 15 个成员国中的 14 个签订了保护与促进双边投资协定,这些协定一直持续到今天(其中中国已经与荷兰、德国和芬兰签订了新的双边投资协定)。此外,在 1992 年前,中国与多数欧盟成员国都加入了两项重要的投资公约,即 1965 年《解决国家与他国国民间投资争议的公约》(ICSID 公约)及 1988 年《多边担保机构公约》(MIGA 公约),中国还与欧盟成员国签订了许多经济与产业合作协定。

中国加入 WTO 给民营企业对欧 FDI 带来了新机遇。我国成为 WTO成员后,欧盟对我国的产品、服务和投资给予更大程度的市场开放。民营企业除了在对欧贸易方面可以获得大为改善的市场进入机会外,在开展对欧投资方面也将获得比以前更有利的条件。2003 年,欧盟对华政策文件中计划"在所有层次上"就双边投资问题加强与中国的对话。而中国政府于2003 年 10 月发表《中国对欧盟政策文件》,对欧盟加强投资对话及建立相互投资促进机构的计划做出了呼应。这些行动不但使中欧双边投资交流的法律环境得到了改善,而且为中国民营企业对欧投资铺平了道路。

加入 WTO 后,由于中国面临的贸易环境发生了改变,贸易摩擦日益严重,我国政府对以境外开发区、境外研发投资等方式探索中国企业在海外的生存和发展的认识也在不断深化。党的十七大报告提出,要"充分利用国际科技资源","创新对外投资合作方式,支持企业在研发、生产、销售等方面开展国际化经营,加快培育我国的跨国公司和国际知名品牌"。这是我国民营企业强化利用境外各项资源的指南针和方向标,是指导民营企业加快实施境外投资战略,建立企业国际化的研发基础和自主创新的重要平台。

中国民营企业在欧盟的投资方式有很多选择。一种方式是建立销售体系,带动本地产品与品牌输出。如浙江的著名民营企业正泰集团在欧盟的成员国德国设立办事处,实现产品出口。浙江的另一家民企康奈集团的第一家海外销售机构就是 2001 年在"世界时尚之都"法国巴黎开设的我国皮鞋行业首家国外专卖店,随后康奈又相继在欧盟的意大利、西班牙、德国、比利时、希腊、葡萄牙等国开设康奈皮鞋专卖店,成为中国皮鞋行业首家走向国际市场的品牌企业。

除了在欧盟建立销售体系外,一些中国民营企业还在欧盟设立境外研

发中心,以整合利用欧盟国家的研发资源。通信行业的华为公司是我国境外研发投资的代表性企业,其 10 多个境外研发中心之一的瑞典斯德哥尔摩境外研发中心拥有 120 多名研发人员。纺织行业的奥康集团、法派集团、庄吉集团等公司在意大利设立研发中心;纺织机械类公司通宇控股通过收购意大利公司来获得一支境外研发团队,并把全球研发中心放在了欧洲;飞跃集团则在欧洲设立了缝纫机研发中心。生产低压电器的德力西集团收购了德国波恩的一家电器生产企业,在世界电器和制造王国建立产品研发中心,利用德国的先进技术和设计理念,开发新产品,并创立了"德兰"品牌。生产汽车零部件的万向集团继在美国设立研发中心后,又在欧洲设立了新的研发中心,进行基于欧洲市场相关信息的收集,并承担欧洲市场法规、标准、供求、流行等方面的调研和开发活动。家电行业的海尔集团在伦敦、巴黎、法兰克福、米兰等欧洲主要城市设立欧洲信息中心,以更好地利用欧盟研发资源。医药行业的广州香雪药业公司,则在英国与剑桥大学建立合作境外研发中心。由以上的例子可以看出,我国一批在纺织服装、医药、汽车、软件等行业占优势的民企已惯于在全球市场的前沿——欧盟,投资建立各类研发中心,这样的境外研发投资可能超越生产国际化进程,甚至可能超越市场国际化进程。民营企业通过在欧盟主动地超前地进行研发投资,可以有效弥补我国民营企业自身创新能力的不足,缩短与跨国公司之间的创新差距。

中国民营企业在欧盟投资的另一种方式是开展并购,实现与国际品牌的嫁接。2001 年,华立集团投入巨资收购了飞利浦的 CDMA 研发机构,开创了中国民营企业收购境外研发资源的先河。海尔集团作为 2004 年唯一入选"世界最具影响力的 100 个品牌"的中国品牌,也在 2001 年并购了意大利一家知名冰箱工厂,通过跨国并购,海尔不但拥有了欧洲的白色家电生产基地,而且也拥有了参与当地制造商组织并获取信息的渠道,以及强大的零部件供应商网络,从而为实现在当地融资、融智、融文化、创世界品牌铺平了道路。2002 年,TCL 集团收购德国施耐德电器公司,则拉开了中国民营企业大规模进军欧盟的序幕,此后,TCL 集团与法国汤姆逊公司组成了名为 TTE 的合资公司,其彩电生产和销售业务开始覆盖全球。浙江温州的哈杉鞋业在 2004 年收购意大利威尔逊制鞋公司 90% 的股份,成功实现跨国并购。同年,温州飞雕电器有限公司收购意大利 ELIOS 公司 90% 的股份。在 2008 年,能源行业的金风科技公司以超过 4000 万欧元的价格收购了德国一家风能企业 VENSYS 公司。民营企业通过并购方式直接获取欧盟企业现有的先进技术,使自身置身于拥有先进技术和管理经验的环境中,利用其人才资源培养自己的人才,弥补自身原有的不足,自主开发先进技术,并利用其营销渠道,迅速打开国际市场,与对外贸易形成良好的互补关系。

总体而言,民营企业在欧盟的投资主要集中在服务领域,生产性的投资以及资源类的投资偏少。这与民营企业资金融通渠道、技术开发能力有限,缺乏对在欧盟生产经营的各种政策、法规有相当了解的人才这种现状是相一致的。

三、中欧经贸政策对民营企业技术进步的影响

事物都有两面性,因欧盟对华反倾销措施、技术法规指令而造成的贸易壁垒、绿色壁垒等,一方面虽然使得研发水平低、技术优势缺乏的中国民营企业所生产的产品进入欧盟市场变得异常艰难,但另一方面这也成为民营企业痛下决心,通过各种途径推动技术进步的契机。

民营企业的技术困境,一是技术上往往达不到欧盟对进口产品的要求,二是往往无能力引进高端设计和高端人才,无法培育自己的技术开发团队。因此,民营企业通过与欧盟企业开展合资、合作,或在欧盟设立研发中心,或采取并购战略,来充分利用欧盟高端研发人才,为企业的技术创新服务,为企业国内技术创新团队拓广国际视野提供便利,并使自身的技术创新进程获得境外高端研发人才的指导,从而达到欧盟市场的技术标准。

早在 1996 年,娃哈哈集团公司就与国际同行业巨头——排名世界饮料行业第 6 位的法国达能公司合资,双方成了技术合作伙伴。海尔也曾与德国利勃集团建立合资技术公司,注册了"利勃海尔"的冰箱商标。华立集团和一家意大利企业在浙江成立了合资公司,引进境外先进技术。同样,中国华源集团在进行海外投资以前,也和美国杜邦公司、德国巴夫斯公司、赫斯特公司进行过技术合作。1999 年,奥康集团在意大利建立产品研发中心,直接聘请国外优秀设计师负责设计任务。康奈则成了 2001 年中国内地皮鞋行业中加入世界顶级鞋类研究机构 SATRA 的"先行者",2004 年,康奈投资 1000 万元人民币,与 SATRA 合作建立符合国际技术标准的鞋类实验室。2006 年,康奈制鞋工艺已经采用双面透气、吸湿减展、矢量鞋楦这三大最新制鞋技术,实现了以质取胜。华为、海尔、联想等民营企业也在境外设立研发中心,实现境外技术创新和境内技术创新的良好集成和交流互动,一方面有助于将技术创新提升至全球水平,另一方面又可以利用国内

研发的低成本优势和市场前沿的信息优势,通过中国研发团队的技术交流、沟通及合作,实现境内外技术创新平台和创新机制有效整合,从而较快地提升企业的自主创新能力。

第三节　中国与欧盟近期经贸政策分析及预测

自20世纪90年代以来,随着中欧政治关系的日益成熟,中欧经贸关系取得了长足的发展,中欧经贸合作发展势头良好。虽然近期出现了明显的不平衡,但双边合作仍在加强。

中欧双边贸易自1985年订立贸易协定后发展迅速。根据中国海关和商务部的统计,中欧双边贸易额增长迅速,进入21世纪后更是显示出了迅猛的发展势头。尤其是在1997年后,中国从对欧盟贸易中获得的顺差越来越大,表现出很大的不平衡。2002—2008年间,中国对欧盟出口大幅增长,欧盟对中国出口增长缓慢,导致同一时期中国对欧盟出口顺差不断扩大,2004年后这一趋势更为明显。

中欧双方除了在贸易方面保持紧密的合作外,在其他方面也进行了卓有成效的合作。欧盟是中国利用外资的重要来源地,也是中国引进国外先进技术的重要来源地。中欧双方在培训、科技、发展援助等领域也开展了广泛的合作,2003年以来,双方签署了《中欧伽利略计划合作协议》等多项重要的协议和文件,中国正式加入"伽利略计划",成为该计划的第一个非欧盟成员国。目前,中欧正在更广泛的领域展开各个层面的合作,这为双方建立成熟的合作伙伴关系奠定了稳固的基础。

一、中欧经贸关系的问题与障碍

自1975年欧共体和中国正式建立关系以来,虽然其间双方关系出现过波折,但总体还是正常稳定的,经贸合作获得了很大发展。但在中欧不断发展的经贸关系中仍存在一些重要问题需要双方共同解决,主要包括:

（一）技术性贸易壁垒

近两年,全球金融风暴已经导致各国经济普遍下滑,主要发达经济体包括欧盟在内已经陷入衰退,欧盟作为中国主要贸易伙伴,其内部需求明显萎缩,同时,欧盟率先在关税壁垒之外寻求贸易保护的政策工具,新贸易保护主义纷纷抬头。

近几年来，欧盟委员会频繁地制定新的贸易法规，出台新的贸易政策，不断提高商品的市场准入标准，对中国的一些产品进入欧盟市场人为设置了重重障碍，在一定程度上极大妨碍了中欧双边的经贸合作关系。欧盟关于化学品注册、评估、许可和限制的法案（REACH）的生效，使其成了我国加入WTO后的最大贸易壁垒。2008年10月这一法规再次修订，2009年1月修订版生效，涉及欧盟市场上约3万种化工产品，影响到中欧间多领域的贸易项目。在欧盟非食品类快速预警系统（RAPEX）中，2008年，我国是涉及通报产品数量最多的国家，同时也是食品、饲料类快速预警系统（RAS-FF）通报产品数量位居前列的国家。

（二）反倾销、反补贴

自1979年欧共体对中国出口的糖精钠盐类实施反倾销以来，欧盟已成为对华反倾销的主要发起地，其立案数、裁定率均居世界各国之首，不仅涉及产品范围广泛，而且对我国产品出口造成的损害巨大。在中国正式成为WTO成员国后，欧盟发起的针对中国的反倾销案直线上升。2009年9月24日，欧盟决定对产自中国的无缝钢管和铝箔征收为期5年的反倾销税，税率分别高达39.2％和30％。反倾销税适用于圆截面和外部直径不超过406.4毫米的无缝钢管，此外还涉及铝箔产品。反倾销税是在为期6个月的临时关税到期后实施的，上述决定将从欧盟官方刊物公布之日起开始生效。尽管欧盟领导人此前多次承诺反对保护主义，但2009年以来欧盟却接连对从中国进口的钢盘条、葡萄糖酸钠、无缝钢管和铝箔等商品实施所谓的反倾销行动。

另一个典型案例是，自2006年10月起，欧盟对中国和越南出产的皮鞋分别开征16.5％和10％的反倾销税。2008年10月到期后，欧盟委员会又发起反倾销行政期满复审，讨论是否延征有关反倾销税。在为期12～15个月的复审期间，反倾销税依然在执行。数据显示，欧盟自2006年10月对中国皮鞋征收反倾销税以来，中国向欧盟出口皮鞋量持续下滑，而制鞋业"重镇"温州真皮面鞋出口欧盟的数量更是逐年下降，2006年出口欧盟真皮面鞋2309万双，2007、2008年分别下降至2148万双和1900万双，2009年1—9月更是陡然下降至920万双。值得一提的是，由欧盟27个成员国官员组成的反倾销委员会于2009年11月19日投票否决了该项计划，初步决定不再延长针对中国和越南鞋类产品的反倾销税。贸易专家认为，在贸易保护主义甚嚣尘上的今天，欧盟这一举动具有积极意义。

同时，反补贴案件明显增加。欧盟利用WTO反补贴协定和欧盟自己的反补贴立法,越来越频繁地对中国出口产品提起反补贴调查,并采取了一系列的反补贴措施。值得注意的是,与反倾销调查以企业为主要目标不同,反补贴调查的对象包括政府和企业,而且主要矛头指向被调查国家的经济政策和制度安排。这些反补贴调查主要涉及我国现行的汇率政策、金融体制、国企改革、外资政策、税收政策、土地政策、水电煤气定价等多种项目,一旦指控成立,就会对中国宏观经济政策和相关调控措施产生严重影响,被裁定为反补贴的项目,也会成为后续反补贴调查的证据,从而诱发更多的反补贴调查,并且第三国也容易跟进。如美国商务部 2009 年 11 月作出终裁,认为中国油井管存在补贴行为,将对相关产品实施 10.36% ~ 15.78% 的反补贴关税制裁。该案涉及金额约 27 亿美元,是当时为止美国对华贸易制裁中的最大一起案件。加上此前的反倾销裁定,"双反"使我国对美国的钢材出口量的下降幅度达到了 40%。据了解,美方认为中国生产的油井管存在政府补贴,从而造成其在美国市场的销量增长过快。欧盟以及其他少数发达国家也在密切关注美国对华的反补贴动向,准备对中国发起反补贴调查。

（三）绿色壁垒

绿色壁垒即市场准入的环保标准,欧盟通过能源产品生态设计指令,给中国家电行业造成重大影响,EUP 环保指令（用能源产品生态设计框架指令）成为继 WEEE 和 ROHS 之后的又一大环境壁垒。2008 年 12 月 16 日,欧盟委员会发布关于非定向家用电灯生态设计要求的指令,不符合最低要求的产品不被允许在欧盟销售,这给中国对欧盟出口产生了较大影响,需要引起我们的高度关注。

二、中欧近期政策的主要特点

（一）欧盟对华政策

从近年来欧盟对华政策制定和实施的情况来看,欧盟对华政策具有如下较为明显的特点:

1. 整合性加强

欧盟对华政策制定的决策过程通常是,首先由欧盟常设执行机构欧盟委员会提出具体议案,然后交由各成员国外长组成的最高决策机构欧盟理事会审议批准,获得通过后方可生效。近年来欧盟委员会提出的对华关系报告都得到了欧盟理事会的批准,这一事实本身说明,发展对华关系是欧盟所有成员国的共同意志。当然,由于欧盟的特殊性,我们在看到欧盟对华政策的整合性时，也要认识到欧盟任何一项重大决策的出台都与大国的直接推动和支持是分不开的。

2. 更看重中国的大国作用和影响

欧盟加强对华关系的一个重要考虑无疑是经济利益，但并不像一些美国学者所认为的那样，完全受商业利益所支配。事实上，欧盟十分重视中国"在全球和地区安全及全球经济稳定"等方面所发挥的作用。早在1995年12月欧盟理事会讨论了"1995年报告"后所发表的"审议结论"中就已明确指出："中国正在进行的前所未有的发展表明，它不久将成为政治、军事和经济上的世界强国。因此，同中国建立一种在世界和地区的现实和潜在影响力相称的关系，是欧洲的优先考虑。"

3. 受美国影响时大时小

在很长一段时间内，欧盟对华政策在诸多方面均与美国拉开了一定距离。如欧盟委员会发表"1995年报告"时，正值中美关系因美国同意李登辉访美而降至两国建交后的最低点。2001年欧盟委员会发表对华关系新报告时，也正好是中美关系因"南海撞机事件"而处于相当困难的时期。当然，这也许仅仅是时间上的巧合，但也能说明当时欧盟在发展对华关系上受美国的影响较小。又比如在2005年的纺织品贸易争端中，欧盟和美国对华采取了截然不同的"招数"。美国在没有经过谈判的情况下抢先对中国产品下手，而欧盟则坚持在发生纺织品贸易冲突时与中国谈判解决，因此可说是"欧盟向左走，美国向右走"。

然而，2007年后欧盟的态度却突然出现了180度大转弯。2007年5月初，欧盟宣布对中国进口的皮鞋征收惩罚性关税。接着，欧盟又联手美国，就汽车配件关税问题向世贸组织状告中国。从中国角度来看，两起不走谈判途径而直接激化矛盾的事件，再加上欧盟重新征收对中国显像管彩电的高额反倾销税表明，欧盟已经不再是一个态度温和的伙伴。在针对彩电反倾销税的回应上，中国商务部的公告直接使用了"贸易保护主义"的字眼，而过去一年中国商务部一直将这一措辞用于形容美国对华政策。

在美国副国务卿佐利克提出的要求中国做一个负责任的"利益相关者"的名义下，欧美开始注重中国作为世贸组织成员国应该肩负起的相应责任。近些年来，在要求中国开放市场这一议题上，欧美步调一致。美国商务部和欧盟贸易代表同时发出呼声：一个说中国必须"立即开放市场"，并采取更多行动保护美国的知识产权；一个呼吁中国必须增加进口，进一步开放市场，并增加从欧盟进口产品的数额。

出现这样的转变是否意味着欧盟对华政策不具备连续性呢？或者说之前所谓的"中欧模式"已近失效？抑或说欧美对华政策将出现趋同？对于这些问题,首先,需要厘清所谓的"中欧模式"只是在特殊时期、特定产业上的一种贸易冲突解决方法,其次,要认清欧美在对华问题上还是有很多根本不同的诉求。比如在纺织品冲突中,美国的利益诉求很单一,就是要限制中国服装出口到美国;而欧盟则不是"铁板一块",各个成员国由于比较优势不同,态度也就不同,所谓"中欧模式"正是多方妥协的结果。再看最近的几起贸易争端。在中国鞋类产品问题上,欧盟征收临时性的惩罚性关税也还是一个协调成员国意见的结果,只不过这个结果比"谈判解决问题"来得似乎更加"不近人情"。在欧盟贸易代表看来,所谓"临时性"惩罚本身已经是一个妥协了,而且还避免了更多鞋类产品被列入征税名单。既然范围有限而且时效有限,对中国出口的影响就不会太大。对出口彩电征税也一样,中国企业主动放弃,也是因为市场更加看好平板电视,而显像管电视在欧盟市场上利润不被看好。再看汽车配件问题,欧盟最终能和美国走到一起并不奇怪,因为欧美在汽车配件上的利益高度一致。不像纺织品或者鞋类产品,更多欧盟成员国在机电产品生产上具有优势,因此希望能够扩大对华出口。

因此,不能说欧盟在与中国发生贸易纠纷时政策没有连贯性,只能说贸易条件实在太复杂。要了解欧美对华贸易政策的微妙不同,还要分析另外一点。从经济增长的动力来说,美国更加依赖于国内消费,欧盟则更重视出口贸易。因此,在对华贸易态度上,美国希望减少中国货的进口,欧洲则希望增加对中国的出口。欧盟比美国更加看重中国市场,就需要与中国保持一种更友好的关系。2006年以来,美国改变思路,要求中国开放市场以平衡贸易,对于欧盟而言,因经济增长和经济复苏,更加依赖于出口,在要求中国开放市场方面与美国的利益一致,所以双方对华政策出现趋同也是在所难免。

（二）中国对欧盟政策

1998年,中欧确立了要建立面向21世纪的长期稳定的建设性伙伴关系;同年,建立了领导人年度会晤机制,迄今已举行11次会晤;而早在2001年,中欧已建立了全面伙伴关系。2002年,中欧又签署了政治对话协议。截至2008年年底,双方已建立了50个磋商与对话机制,涵盖政治、经贸、科技、环保和能源等领域。2003年,双方建立全面战略伙伴关系,当年10月,中国发表首份对欧盟政策文件。2006年10月,欧盟发表自 1995 年以来第六份对华政策文件。2007 年 1 月,中欧启动签署伙伴合作协定的实质性谈判。

从上述关系来看,中国对欧盟重要性的认识不断发生着变化,以往比较重视欧盟成员国,如今则同样重视欧盟整体的变化及表现。在其他方面亦如此,即欧盟不再仅仅被视为一个经济贸易伙伴,其在政治和安全等领域的作用也日益受到重视。此外,中国对欧盟的认识也不再局限于"硬实力"上,欧盟在中东欧地区的影响力,在 WTO 及其他多边组织中的作用等"软实力"方面也日益受到重视。可以预测,随着欧盟国际影响力的继续扩大,中国对欧盟的重视程度也会进一步提高。

但是,随着近年欧盟国家经济的衰退,欧盟对华政策出现了明显的转折,在经贸关系、人民币汇率问题等方面一改往年的温和路线。中国对欧盟政策也出现了较为明显的针锋相对的特点,如在被称作"中国对欧盟反倾销第一役"的进口碳钢紧固件反倾销调查中,就显示出了中国近些年少有的"主动出击"。中国商务部于 2008 年 12 月 29 日发布公告,决定自即日起对原产于欧盟的进口碳钢紧固件进行反倾销立案调查。被调查产品及调查范围包括原产于欧盟的进口碳钢紧固件,即碳钢制的用于紧固连接的机械零件,其应用范围包括汽车工业、电子产品、电子设备、机械设备、建筑及一般工业用途等。这一案例的出现,也印证了本章第二节所得出的博弈分析结论。

三、中欧未来政策走向预测

自中欧建立外交关系以来,中欧政策的演变总体上对中欧经贸关系发展是越来越有利的。与任何国家的对外经贸政策一样,中欧经贸政策的变迁也反映了中欧对发展双方经贸关系的利益诉求以及这种利益诉求的动态变化。

从根本上讲,任何国与国之间的关系都是建立在双方共同利益基础之上的,双边关系如果没有实际利益的支撑是难以长久的,中欧关系也概莫能外。中国改革的深化与欧盟一体化的不断发展,使得中国与欧盟都处于持续的巨大变革之中,这些变革为中欧未来政策走向带来了巨大的机遇与挑战。中欧未来政策的走向取决于中欧双方认识、明确、维护和扩展相互共同利益的努力程度。因而,考察这些共同的利益诉求对于认识中欧未来政策走向至关重要。

(一) 经济利益诉求

这既是今后中欧关系保持深入发展的关键所在,也是双方关系的重心和支柱。无论从欧盟的角度来看,还是从我国的角度来看,中欧发展双方市场的重要程度显而易见。据我国海关统计,2008 年中欧贸易额达到4255.78 亿美元,同比增长 19.5%,其中我国出口 2928.78 亿美元,进口1326.99 亿美元,同比分别增长 19.5% 与 19.6%。欧盟连续第五年成为我国第一大贸易伙伴。2009 年 1—6 月,双方贸易额为 1599.7 亿美元,同比下降 20.9%,其中我国出口 1034.7 亿美元,进口 565 亿美元,同比分别下降 24.5% 和 13.2%。欧盟是我国累计第一大技术供应方和累计第四大实际投资方。截至 2009 年 3 月,我国累计从欧盟引进技术 30158 项,累计合同金额 1219.9 亿美元;欧盟累计对华直接投资项目 30611 个,实际投入639.1 亿美元。

2009 年 11 月,第十二次中欧领导人会晤在《联合声明》中指出,"双方认识到中欧在世界贸易中的重要作用和责任,一致认为经贸关系是中欧全面战略伙伴关系重要且不可分割的组成部分。双方强调中欧合作潜力巨大,双方关系前景广阔。双方决心继续坚持中欧关系的战略定位,在相互尊重、平等互利、开放和合作共赢的基础上,全力推动中欧全面战略伙伴关系在新形势下取得更大发展"。基于这样的共识,中欧为发展双边经贸关系提供政策保障显然符合双方的基本利益诉求。

(二)政治利益诉求

政治利益诉求是中欧关系全面发展中新的增长点。随着欧盟的扩大,欧盟的经济实力进一步增强,但欧盟并不满足于此,因为欧盟正在谋求并且正在逐步成为与美国模式大不相同的重要政治力量。欧洲的目标不仅是要制定世界贸易规则,为了保证外部经济给欧洲带来稳定性和确定性,欧洲也要求参与乃至直接制定国际货币规则。金融危机爆发以来,改革国际货币体系和金融监管的呼声有很大一部分来自欧洲。但是欧盟的国际权力需求采取了完全不同于美国单边主义的"温和模式"——欧盟尤其重视在国与国之间通过接触、对话与合作来扩大共识和解决分歧,不搞硬性对抗;在处理国际事务中十分重视并寄希望于"多边主义",强调共同利益、权力分享和遵守有约束力的共同游戏规则等。这必将为更多的国家所接受,同时也为诸多的国际组织所欢迎。

中欧双方在很多政治领域还存在着巨大的分歧,但从总体上来看,中欧政治层面的合作与对话呈积极态势。2009 年 11 月第十二次中欧领导人会晤《联合声明》中就指出:双方强调,在当前国际形势复杂多变的背景下,中欧关系日益超越双边范畴,具有国际意义。中欧作为全面战略伙伴,在国际问题上拥有诸多共识,积极应对全球性挑战,推动实现世界的和平、繁荣和可持续发展。实现上述目标,显然离不开中欧双方的密切合作和共同努力,中欧合作的重要意义日益突出。

(三)战略利益诉求

与共同的经济、政治利益诉求相比,中欧双方似乎对相互间存在的共同战略利益的认识没有前两种诉求那么清晰、明确。事实上,近年来人们已经开始逐步关注到,中欧在涉及未来世界经济、政治格局等具有战略意义的重大问题上的利益是一致的。比如说,中欧虽然都无意与美国进行直接对抗,但为了扩大自身在国际上的发言权,双方在推动世界多极化问题上都有强烈的意愿;中欧都立足于发展战略且双方的战略优势均在经济而非军事领域,因而都主张通过改革现有的世界经济、政治、货币秩序来达到维护自身利益的目的;中欧双方都处于战略性崛起阶段,都奉行和平的、可持续的发展模式,在构筑双边关系时都须具备战略性的长远目光。因而,世界多极化发展趋势既对中欧双方提出了不断深化合作的要求,也为双方加强合作提供了巨大的平台。

(四)不可忽视的不确定因素

尽管中欧双方在经济、政治、战略利益等诸方面有着共同的诉求,但双方关系在发展过程中仍有一些不确定或不稳定因素。一国对外政策大体可以分为五类:信号性政策、试探性政策、条件性政策、分离性政策与实施性政策。信号性政策只是一种外交辞令、姿态与信号,既不存在责任问题,也不存在执行问题;试探性政策是谋求一种回应与反馈,可能成为下一步政策决策的基础;条件性政策是取决于一定条件才得以执行的政策;分离性政策在很大程度上表现为话语与行动存在背离现象,或至少利用话语的不完整性,最典型的例子是欧盟将中国从"非市场经济国家"名单上删除,尽管在实践中,主要还是按照"非市场经济国家"的标准来处理的;实施性政策一般都是技术性很强的政策,如关税政策、技术标准等。可以说,这些涵义在欧盟对华政策文件中都得到了体现。对外政策含义的多重性为中欧双方处理双边关系以及谋求对方的支持方面提供了广阔的活动空间。

不确定性表现最为明显的地方在于总体政策与具体政策措施相分离。以欧盟对华政策为例,虽然欧盟对华总体政策越来越积极,但是,在指导对华经贸实践的具体政策措施上,欧盟却日趋苛刻,最为典型的领域是安全技术标准、欧盟对华反倾销与 WTO 的特保机制等。尽管欧盟的安全技标准绝大多数并不是刻意针对中国的,但对中国却极为不利。欧盟的安全技术标准主要涉及食品卫生和食品安全、工业产品的安全标准、劳保标准、环保标准和无线电干扰技术标准等。近年来,随着科技的发展和对消费者权益保护的加强,欧盟安全技术标准日益严格,所涉及的领域日益广泛。这些技术法规对欧盟以外的国家,尤其是众多的发展中国家来说,无疑是技术壁垒。尽管欧盟至今尚未形成统一的、公开的技术性贸易壁垒政策,但客观上形成了体系越来越完善、效果越来越明显的技术性贸易壁垒。欧盟经济发展水平高,其质量技术和检验检疫标准高于我国相关标准,甚至高于国际标准,这使得我国的产品进入欧盟市场的难度将越来越大。此外,欧盟还敦促中国尊重国际劳工组织在有关大会上提出并得到国际社会认可的劳工标准,并进一步呼吁各界强化产品的环境标准。欧盟的技术标准具有普适性与刚性特点,即根据欧盟自身利益的需要适用于所有输入欧洲的产品与服务,而不是针对具体国家。当然,某些中国商品由于在欧盟市场上占有率很高而使欧盟制定了该类商品标准,实际上很可能是欧盟应用技术标准普适性的名义来试图遏制中国商品的大量出口,以保护欧盟的同类商品制造商,实质上是一种贸易歧视,打火机的 CR 标准便是典型的例子。欧盟将会更加强化对这些为 WTO 规则所允许的合法贸易政策工具的运用,以保护其内部的相关产业。就中国方面来说,由于我国的对外贸易增长迅速,我国出口商品因为劳动力成本因素或企业价格竞争而相对低廉,并且由于我国总体经济技术水平不高,在技术标准、环境标准乃至劳工标准上与欧盟的要求有较大差距,再加上我国企业对欧盟的政策法规与技术标准了解甚少,从而导致欧盟的贸易保护行动不断成功,这也更进一步强化了欧盟的"反中国出口商品偏好"。

在上文分析中,我们回顾了中欧近年来的经贸关系,并基于有限理性的演化博弈对中国与欧盟之间的政策博弈进行了分析,以期对中欧经贸关系的未来走向给出较合理的预测。我们认为,无论是欧盟对华政策还是中国对欧盟政策,可以肯定的是,在未来若干年内双方之间的政策制定必将是更加积极的、务实的。

欧盟对华政策主流在可预见的将来仍将是积极的,这不仅是由于欧洲的经济增长需要中国的贡献,也由于欧盟谋求国际政治地位需要中国的支持,还由于全球问题的解决需要中国的合作与参与。欧盟经济的低迷增长与中国经济稳定的高增长,使得欧盟深化中欧经贸关系的发展具有巨大的利益所得;欧盟作为一个独立的国际政治实体正在极力谋求国际规则制定能力与国际行动能力,包括多边体系、欧元与欧洲货币权力、世界贸易规则以及欧美日冲突制衡机制等。保障欧盟的国际政治经济利益需要有实力强大的国家支持,这就使欧盟不能忽视与经济迅速发展的中国发展良好和可持续的经济关系,扩大其在中国的影响力。但是,欧盟始终是"以自我利益为导向"的,这可能会在不同的时间段、在不同程度上对中欧经贸关系产生不同的影响。对这种不同影响的分析和预测,有助于我国采取合理的政策措施更好地发展对欧经贸关系,有助于营造我国经济增长和经济安全的外在环境。

同样地,我们有理由相信中国对欧盟政策制定的价值取向也将基于合作共赢。在上文中我们已表明,从绝对量来看,中欧贸易的贸易额庞大,如2008年中欧贸易额为4255.8亿美元,同比增长19.5%,占中国对外贸易总额的16.6%。但相对于双方的经济实力而言,中欧贸易仍处于一个较低的水平。这一方面说明,各种贸易障碍和贸易摩擦的客观存在,使得中欧贸易处于比较低的层次;另一方面也可以发现,中欧贸易仍存在着较大的发展空间和发展潜力。随着双方贸易障碍的不断消除,中欧贸易必将会出现更快的发展。因此挖掘中欧经贸关系的发展潜力,拓展中国与欧盟经贸关系的发展空间,对于中国的意义同样也非常重大。中国与欧盟经贸关系的良性发展,有利于中国在国际贸易利益分配中地位的改善与提升;加强与深化中欧经贸合作,对中国经济的持续稳定增长,产业结构的调整与升级,以及改革开放的进一步深入等都会产生非常积极的影响。同时,我国政府从长远发展利益的战略高度考虑,制定长期、稳定、积极的对欧政策,既可以保障中欧关系的健康发展,有助于促进中国的经济改革和对外开放,更有利于提高中国的国际战略地位。

当前,国际社会面临严峻挑战,需要全球共同应对。气候变化、金融危机、能源资源安全、粮食安全、环境保护以及公共卫生安全等全球性问题日益显现,恐怖主义、大规模杀伤性武器扩散、跨国有组织犯罪、重大传染性疾病等非传统安全威胁也正成为全球共同关切的问题,国际形势中的不稳定和不确定因素给世界和平与发展带来了严峻挑战。国际社会密切合作、协调应对全球性挑战的使命更加迫切。在经贸关系方面,中国正面临着全球性经济衰退带来的新一轮的贸易保护主义的"围堵",因而强化对欧洲以及中欧经贸关系的研究,合理制定我国对欧经贸关系长期政策,积极实现与欧盟国家经贸关系的多元化合作和发展意义重大。从长期来看,发展中欧经贸关系的核心在于经济与政治双管齐下,既要大力发展中欧经贸关系，又要加强双边政治对话与合作，发展良好的政治关系，形成"经贸推动政治、政治促进经贸"的良性循环。

参考文献

[1]Fredrik Erixon and Patrick Messerlin. Containing Sino-European Protectionism. *Economic Affairs*,2009,29：83-85.

[2]Patrick Messerlin and Jinghui Wang. *The EU Trade Policytowards China*. ECIPE Conference Stepping into Asia's Growing Markets,November 6，2007.

[3]Pomeranz, P. *The Great Divergence：China,Europe,and the Making of the Modern World Economy*. Princeton University Press,2001.

[4]保建云.中欧贸易与经济增长的相互依赖性及贸易保护主义治理[J].国际贸易研究,2010(8).

[5]邓宗豪.中欧贸易摩擦及其发展分析[J].生产力研究,2009(23).

[6]冯仲平.中国对欧盟政策文件分析[J].外交学院学报,2004(4).

[7]高芳英.从美欧贸易的冲突聚焦中欧贸易发展的机遇[J].苏州大学学报,2005(5).

[8]刘金源.全球化背景下的中欧经贸关系[J].世界经济与政治论坛,2004(4).

[9]李刚.全球化视角下的中欧贸易争端解析[J].世界经济研究,2006(2).

[10]宋林飞.当前国际新贸易保护主义的影响与应对[J].对外经贸实务,2009(5).

[11]唐凌.反倾销诉讼动态博弈分析[J].工业经济研究,2007(4).

[12]王运祥,郭友群.消极政治因素对中欧经贸关系的影响[J].世界经济研究,2001(4).

[13]谢识予.有限理性条件下的进化博弈理论[J].上海财经大学学报,2001(5).

[14]谢识予.经济博弈论[M].上海：复旦大学出版社,2007.

[15]约翰·麦克米伦.国际经济学中的博弈论[M].北京：北京大学出版社,2004.

[16]杨伟国.利益诉求——欧盟对华经济贸易政策变迁解析[J].国际贸易,2002(9).

[17]中国现代国际关系研究所,欧盟课题组.中国对欧盟政策研究报告[J].

现代国际关系,2001(8).

[18]周文贵.中欧经贸关系:特色、瓶颈与破解之道[J].中国流通经济,2006
(9).

[19]曾妮娜.欧盟 REACH 法规对中欧贸易的影响分析[J].市场论坛,
2009(9).

第九章 中国民营企业与欧盟经济互动的对策研究

　　欧盟作为世界三大经济体之一和最大的区域经济贸易集团,历来是中国最重要的经贸伙伴之一。近年来,中欧经贸关系的迅猛发展更是举世瞩目。自 2004 年以来,欧盟一直是中国最大的贸易伙伴。由于体制优势和经营优势,中国民营企业在对外经济贸易中呈现高速发展势头。随着全球经济一体化的不断推进和中国进出口环境的整体改善,民营企业已成为中国和欧盟经贸合作中不可忽视的重要力量。但是,目前中欧经贸合作关系中仍然存在许多不确定因素,突出表现是中国与欧盟国家的贸易摩擦和冲突愈加频繁。而 2008 爆发的全球金融危机,以及随后的欧洲主权国家债务危机给中国民营企业与欧盟之间的经贸互动带来了巨大的挑战。中欧经贸合作是中欧关系的核心物质基础。因此,有必要针对金融危机暴露出的中欧经贸合作中存在的问题,提出相应的对策建议,从而进一步强化中国与欧盟的合作关系。

　　中国民营企业与欧盟经贸互动主要涉及三个重要方面,即民营企业和欧盟的贸易摩擦、欧盟投资对中国民营企业产生的技术效应以及民营企业对欧盟的投资,本章将从这三个维度来展开对中国民营企业与欧盟经济互动的对策研究,提出民营企业应对欧盟反倾销、鼓励欧盟企业投资中国、鼓励中国民营企业投资欧盟的政策建议,并且从政府、行业和企业等各个层面来提出具体的对策措施。

第一节　民营企业与欧盟的贸易互动：应对反倾销的
对策建议

应对反倾销问题并不只是某一家或某一些涉案企业的内部问题，它还涉及国家和行业的整体利益，因此在反倾销问题上，需要政府、行业和企业三方开展有效合作，才能创造良好的国际贸易新局面。政府、行业协会和企业充分发挥各自优势和职能，是有效解决日益频繁的对华反倾销诉讼问题的关键。下面我们从这三个层面来分析中国民营企业如何应对和解决日益增长的对华反倾销问题。

一、政府层面

在应对反倾销问题上，一方面，政府需要积极通过政府间的谈判争取欧盟改变对华"特殊"市场经济待遇；另一方面，政府需要为获取反倾销诉讼的胜利创造良好的宏观环境，即通过有效的宏观调控为中国企业应诉胜利创造条件。

（一）努力使欧盟承认中国市场经济地位

政府应利用中欧关系的良好发展势头，通过与欧盟的双边磋商，促使欧盟提早修改现行立法，从总体上承认中国的市场经济地位，因为这会使欧盟对中国民营企业产品征收反倾销关税难度加大。中国政府主管部门应认真对欧盟初评结果进行评估，根据欧盟对中国申请市场经济地位采取的拖延战术，提出针对性意见，在适当时候继续向欧盟提出申请，并通过各种渠道在国际上进一步宣传中国市场经济改革的成就，提高国际社会对中国市场经济的信任度，并且积极利用争端解决机制维护我国出口企业的利益。

（二）完善法律体系以规范出口秩序

政府应继续深化经济体制改革，努力为出口企业营造良好的经济环境与法律环境，加强出口监管，重建出口秩序，彻底转变外贸增长方式，努力提升出口产业的国际竞争力。中国政府应该努力帮助企业改变贸易结构及由其决定的贸易增长方式，促进企业生产由资源密集型或劳动密集型产品向复杂技术产品过渡，帮助提升中国企业出口产品的技术含量，从而促进出口产品以及出口产业国际竞争力的提升，从根源上解决包括欧盟在内的国外市场对中国民营企业产品的反倾销问题。同时,建立健全出口商品管理的反馈、调控机制;依照国际规范,将完善管理与企业出口竞争行为、企业反倾销应诉行为适当挂钩;严格立法,严厉打击出口企业的恶性竞争和低价倾销行为,强化有效的出口监管与调控体系,重建开放市场经济条件下的出口秩序。

（三）建立有效的反倾销应诉机制

政府应全面健全反倾销应诉机制,指导行业协会和企业全力做好反倾销准备及应诉工作,尽快建立起应对欧盟对中国民营企业反倾销的协调网络,建立完善的反倾销案件预警机制、信息提供机制以及国家层面的反倾销基金,并协助行业协会制定加强出口管理的相关措施,恰当运用反倾销手段遏制欧盟对华反倾销,为受到欧盟等国家反倾销的中小企业积极应诉提供所需的资金帮助。同时,要不断完善我国原产地规则,防止外国产品在我国进行简单的装配、加工后即利用中国民营企业进行大规模配额出口,并由此导致对中国民营企业产品的反倾销诉讼。此外,及时有针对性地培养专业性人才,提高相关行业和企业应对欧盟反倾销的能力。

二、行业协会

目前我国有部分民营企业,缺乏对反倾销规则的了解,不能及时了解国际经济政策和形势的变化。当遇到国外反倾销时,各企业之间意见不统一、行动不一致,因此需要行业协会的有效介入,以更好地引导和团结众多企业一致对外解决反倾销问题。

（一）发挥协调功能

要充分并主动发挥行业协会良好的规范协调功能,尽快改变中国民营企业对欧盟出口行业秩序混乱的局面,建立整个行业对欧盟出口的合理秩序,有效制止会员企业之间的无序竞争;就会员企业出口价格和数量进行协调,杜绝外国企业为对华商品反倾销指控提供"借口";建立欧盟对中国本行业反倾销案例库,以便于行业内企业学习和借鉴,并吸引更多的企业加入行会,共同应对欧盟反倾销。

（二）完善和强化中介服务能力

加强同相关国际行业协会和其他主要发达国家同类组织之间的联系和交流,建立必要的对国际市场新动向、法律法规新修改以及与国外行业组织运作机制接轨等方面的联系和交流制度,积极参与国际行业标准的制定。同时,加强行业协会管理人员建设,提升内部专业化队伍的素质,尤其是提高市场分析、预测和应对反倾销问题等方面的能力。

（三）协助政府加强反倾销机制建设

协助政府反倾销机构建立信息共享系统，促进信息更好地在政府相关机构、行业协会和民营企业之间的共享。同时，注重与律师协会开展联系和合作，协助其在欧盟反倾销案件应诉中充分发挥作用，避免应对过程中在内部环节上造成不必要的麻烦。

三、企业层面

遭遇欧盟反倾销诉讼时，作为应对反倾销主体的民营企业也应增强自身的应诉意识，在政府和行业协会的支持下，积极地采取应对策略。具体来讲，主要措施包括：

（一）自觉提高产品及自身的竞争力

企业应调整经营理念，树立"以质取胜"、"以服务取胜"的经营思想。中国企业长期以来的竞争模式是以价格竞争为主，以"低质低价"的产品和服务取悦市场。然而低价销售正是中国企业遭到欧盟反倾销指控的关键原因。实际上，欧盟内部有相当一部分是发达国家，居民生活水平较高，产品质量、包装、售后服务是欧盟市场的消费者更为重视的，单纯以价格为竞争手段很难为欧盟消费市场所认同。因此，要在欧盟市场真正长期地站稳脚跟，出口企业不仅要充分利用我国劳动力和自然资源低廉的优势，更要努力提高产品的质量档次、科技含量、外观包装、售后服务等，以优质的产品和服务进入欧盟市场，树立企业自身的品牌形象，增强产品的可持续竞争力。

（二）合理规范出口定价

中国产品在价格上的竞争力必然会对欧盟内部的生产商造成不小的冲击，因此面临越来越多的倾销诉讼也可以说是预料之中的事。所以，中国企业应高度重视产品的出口定价问题。出口企业把价格维持在欧盟生产商能够承受的范围之内，可以使自己避免遭受欧盟更多的反倾销诉讼。为此，企业应主动开展国际市场调研，收集欧盟商情资料，研究产品进口国的产业结构、产品结构，了解相关产业的生产和销售情况，及时收集市场供需状况、价格信息，动态评估被控倾销的风险，随时掌握欧盟市场行情和外国竞争者的动向，紧随国际市场脉搏，知晓市场最新动态，做好自身产品定位，制定合理的出口价格。同时，为了避免反倾销诉讼随时可能带来的冲击，企业还要努力实现出口市场多元化，在巩固现有的欧盟、美国市场的同时,努力开拓南美、非洲、中东等地区的新市场,以降低市场过于集中所带来的风险,适当避开个别市场的反倾销调查。

(三)借助对外直接投资方式缓解反倾销问题

对外直接投资给企业提供了解决反倾销问题的重要途径。但到目前为止,通过对外投资有效解决反倾销问题的策略还没有引起多数涉案企业的重视,因此这里有必要对这种方式的几种途径进行分析,使更多出口企业在应对反倾销指控时有更多选择空间。

第一种方式是在东道国投资设立企业。设立企业的方式可以是通过绿地投资新建一家企业,也可以是并购一家当地企业。新建方式比较适合生产自己品牌的企业借此绕过反倾销壁垒;并购方式的优点是可以快速进入目标市场,利用被并购企业的相关资源提高竞争力,但并购方式对企业的资金实力、目标企业的选择能力和整合能力等都有很高的要求。采用投资进入方式来规避反倾销时,应注意使产品的新增价值达到一定比例,因为在欧盟的反倾销法中有反倾销规避和反规避的内容规定,若所设立的海外企业仅仅是简单地组装产品,则一旦被裁定存在规避反倾销的行为,其产品同样会被征收反倾销税。

第二种方式是在东道国并购知名品牌。即并购当地知名企业及品牌,归我所有,为我所用,借助这些品牌企业及其产品拓展在当地的销售。这种方式需要并购企业具有强大的资金实力和品牌管理能力,其优点是可以利用原有知名品牌的营销渠道和忠诚的消费群体,获得重要的客户关系资源,迅速开拓市场。

第三种方式是在第三国投资设立企业。即到与欧盟有某种贸易协定关系(如自由贸易区协定等)的国家或地区投资创办企业,然后利用第三国与主要目标市场国家之间存在的贸易优惠政策,将产品销往主要目标市场国家。采用这种方式在第三国建立"据点",迂回出口时,也要考虑反规避的问题。

第二节 吸引欧盟在中国的直接投资:提升欧盟 FDI 质量的建议

欧盟是中国最重要的经贸伙伴之一,中国政府也正在与欧盟委员会积极探讨建立中欧投资对话机制,加强法律、法规和政策方面的信息交流,以促进中欧之间的双向投资。虽然目前欧盟对华投资的增长较快,但所占比重仅为其在欧盟区外投资总额的 2.1%,因此还有巨大的潜力可以挖掘。我们应当着眼于未来的长期发展战略,采取积极措施,促进并有效吸收欧盟对中国高质量的直接投资。

一、政府层面

(一)利用外资要着眼于学习欧盟的先进技术和管理经验

在利用欧盟投资资本的时候,应着眼于学习这些发达国家的先进技术和管理经验,而不单纯是解决就业和产品生产问题。只有真正掌握了这些技术,才能给我国的产品生产能力带来提升,改善出口商品结构,仅依靠外商投资企业的出口拉动效应对我国来说是远远不够的。我们应该意识到,很多欧盟企业虽然在中国投资办厂,但在生产和管理中却将涉及核心技术的内容对中国员工进行隔离和保密。除此之外,随着欧盟在华直接投资领域的专业化程度和投资力度的加大,中欧贸易顺差开始向资本密集型产品转移,但目前中国出口到欧盟市场的多数资本密集型产品的科技含量仍然相对较低。中欧之间的产业内贸易虽然有所发展,但还是存在一个阶梯现象:欧盟主要向中国出口质量好但价格贵的同行业产品,而中国主要向欧盟出口质量稍差但价格相对低廉的同行业产品。由此可见,我国在中欧之间的国际分工地位上并不乐观,因此我们应尽早出台相应的措施予以解决。

(二)继续改善我国的投资环境

改革开放以来,我国大力改善硬投资环境,加强能源、交通、通信、市政公用事业等基础设施的建设,使硬投资环境大为改善;同时,还着力于改善软投资环境,并取得了一定的成效。但我国的投资环境尤其是软投资环境仍然不尽如人意,不仅与发达国家相比差距较大,就是与东盟国家相比,差距也不小。欧盟大型跨国公司在高科技、信息化上具有规模经济优势,而中国还缺少与之相匹配的基础设施。例如,信息化的普及率还很低,这使得跨国公司在中国可能无从发挥其优势,也影响到我们引进其先进的技术和经验。因此,我国当前吸引欧盟资本的关键仍在于改善投资环境,解除欧盟投资者对于投资中国潜在风险的担忧。

为此,一是要继续加大投入,加强交通运输、通信、能源等基础设施建设,特别是中西部地区的基础设施建设,为吸引欧盟跨国公司提供良好的平台。二是政府有关部门要转变职能,提高办事效率,简化相关手续,减少管理层次,做到制度公开,政策透明,提供优质、规范、方便的服务。欧盟与中国在经济、社会背景上有较大的差距,政策的透明和政府管理程序的便捷可以增强欧盟跨国公司对中国政府行为的预期,降低欧盟跨国公司的信息成本,从而增强其对华投资的积极性。三是加强知识产权保护。中国引进欧盟的先进技术可以使经济增长获得更大的动力支持。对于欧盟投资者而言,他们非常注重专利和技术的知识产权保护,所以说在研发的区位选择上,为防止先进技术的泄漏,欧盟跨国公司偏向于集中在母国或者少数经济较发达的东道国。欧盟公司在华研发机构之所以不多,与中国对知识产权保护不够完善有关。中国对知识产权保护的加强既可以吸引欧盟对中国进行更多的高科技产业的直接投资,又可以促进欧盟大型跨国公司在华设立更多的研发机构,从而通过技术的外溢效应促进我国经济的发展。四是依照WTO的基本规则和有关国际公约以及国际惯例,修改和完善我国现行涉外法律、法规。中国在成为WTO的正式成员以后,逐步按照承诺的时间表履行承诺。在WTO的协议中,主要有四个协议与投资有关,即《与贸易有关的投资措施协议》(TRIMS)、《与贸易有关的知识产权协定》(TRIPS)、《服务贸易总协定》(GATS)、《补贴与反补贴措施协议》(ASC-MS)。这些协议以及中国"入世"的其他相关承诺都会影响中国吸引外资的政策。另一方面,公平竞争的市场原则,要求逐步取消对外资的超国民待遇。在以往对外资的低国民待遇和优惠政策所形成的超国民待遇取消后,我国的引资政策必须置于更广泛的国际直接投资东道国决定因素这一环境当中,在不违背WTO基本原则的前提下,通过制定合理的区域经济政策来吸引欧盟对华直接投资。另外,政府应根据我国经济的发展情况,吸取我国引资实践中的经验和教训,不断发展新的投资促进政策,提高吸引外国直接投资的效果。

(三)鼓励欧盟向我国中西部地区投资

欧盟直接投资在地区选择上具有明显的倾斜现象,多数投资都流向了我国东南部沿海地区,因为这些地区生产力水平较高,交通运输较为方便,政策措施更加透明开放,居民消费水平也更高。相比而言,欧盟投资者对于我国中西部的直接投资明显不足。

我国地域辽阔,南北、东西跨度很大,东、中、西部地区在自然条件、交通条件、基础设施和经济发展程度等方面存在明显差异。改革开放以来,由于政府实行了由东至西的梯度开放政策,使东部地区在利用外资方面走到了前面,经济增长迅速,但也造成了外商投资的地区结构不合理,过于集中在东部地区,从而加剧了我国本来就比较严重的地区经济发展不平衡状况,不利于各地区经济的均衡发展。近些年来,我国政府已就西部大开发做出了总体部署,采取了一些相应的措施。值得关注的是,在地区经济发展方面,欧盟有着成功的经验,我们可以积极借鉴。

中西部地区资源丰富,劳动力成本低,国有大中型企业技术装备相对较强,市场潜力大,而欧盟在农产品加工设备、矿产开采冶炼设备、机械加工技术和化学医药技术等方面拥有传统优势,这些都非常有利于我国中西部地区的开发。因此,我们应当在利用欧盟资本的各层面采取措施,加大宣传地区和产业导向政策,积极引导欧盟将资金更多地投向中西部地区,尤其是要鼓励欧盟将资金投向西部地区的基础设施、矿产资源、旅游资源开发、农牧业产品加工、高新技术产品、交通、能源、环保、人才和科技等项目。并配合国家西气东输、西电东送等重点工程的实施,吸收欧盟企业资金,带动配套基础设施建设。

针对欧盟直接投资的地区分布偏向较严重的现象,我国应该出台相应的引资政策,放宽准入限制,更多地将欧盟的先进技术和管理经验引向最为需要的地区,以达到平衡发展的目标。特别是在对外资吸引力较大的中西部地区优势产业,包括能源开发、资源开发和农业开发等领域,应考虑适当取消市场准入限制,优先在中西部地区安排基础设施项目等,以此来增强中西部地区对外资的吸引力。在现有的政策条件下,考虑给予中西部地区更为优惠的政策,使中西部地区在利用欧盟资本方面实现较快的发展。如为加快西藏地区的经济发展,我国政府给予了许多优惠,放宽对该地区投资项目的国内融资条件,为外资企业提供更多的市场准入机会,包括享受鼓励类外商投资优惠政策,适当放宽对限制类和限制投资比例的项目,取消营业期限限制,免交进口投资品的关税和其他税收,允许投资企业在国际市场上采购原材料,等等。此外,应特别鼓励和帮助东部地区现有欧资企业到中西部投资,因为这些欧资企业对中国的经营环境和外资政策比较了解,已建立了产品内外销渠道,在中西部投资取得成功的把握更大些。

二、行业层面

(一)注重欧盟直接投资的产业导向

考虑到直接投资的资本形成效应、技术引进效应和知识外溢效应等积极影响,国家应积极引导欧盟的直接投资流向农产品行业。根据我们的分析,欧盟这些年来的直接投资对我国产品的出口起到了一定的促进作用,其中对资本密集型产品的促进作用最为明显,而对初级产品的促进作用则比较有限,相比于资本密集型产品,投资总额仅为前者的2/5。之所以这样,主要是因为多数欧盟在华直接投资都流向了资本密集型产业,由此可见欧盟在华直接投资对于行业竞争力的进步有较大的促进作用。我国是农业生产大国,但是长久以来出口优势的来源集中在廉价的劳动力上,问题是随着国民生活水平的提高,这些容易被现代化机械设备所替代的优势必有一天会消失。欧盟国家在农业的生产上有着较大的技术比较优势,并且其农业生产的机械化程度达到了较高水平,因此多引导欧盟对华直接投资流向农业领域,有利于我国农产品生产技术的提高及我国出口商品结构的调整。

此外,欧盟在服务、金融等领域的对华直接投资也相对较少,这主要与我国在服务贸易领域存在着严格的准入限制规定有关。这与世界各国纷纷放宽投资领域限制的趋势格格不入,也给我国吸引外资特别是像欧盟等发达国家和地区的投资带来了十分不利的影响。因此,应该适当减少服务贸易领域的直接投资准入限制,在航空业、旅游业、金融业以及保险业等领域积极推进招商引资和对外开放,对一些条件还不是十分成熟的领域,如卫生、教育、咨询和环保等领域,也要大力开展吸引外资的探索性工作,为将来的全面开放做好准备。

(二)鼓励欧盟投资进入高技术领域

在引进欧盟企业对华投资的过程中,政府应给予符合我国鼓励外商投资范围的新技术项目更大的优惠,为外商投资企业扩大出口创造良好条件。应重视技术创新和技术投入,积极引进国际先进技术,不断提升我国产品的科技含量和附加值。鼓励跨国公司投资设立研发中心和地区总部,提高外商投资企业的自主开发能力和技术水平,探讨采用风险投资、成立中外合资风险投资基金等新的投资方式,促进高新技术领域吸收外资,促使更多的欧盟高技术生产性企业投资于我国急需发展的行业和领域,促进我国产业结构调整。吸引外商投资于配套产业,推动我国产品进入全球配套市场,带动整个行业的技术水平、规模效益和参与国际竞争能力的提高,推动信息、汽车、机电、化工和纺织等龙头产品的配套产业发展。

三、企业层面

(一)鼓励民营企业的投资承接

努力培育民营企业中掌握先进技术的人才,促使技术溢出更有效地发挥积极影响。中国民营企业无法有效吸收国外先进技术的另一个原因是缺乏相应的技术人才,同时这也制约了民营企业自身技术的研发和创新工作。即使民营企业培育出了高素质的专业型人才,也极易流失。针对这一现象,民营企业应当树立起正确的人力资源开发与管理理念;创造各种条件来吸引人才,包括为他们提供良好的薪酬福利和工资制度;建立科学合理的授权与激励机制;营造良好的民营企业文化。只有这样,民营企业才能为自身的长期独立发展提供坚实的人力基础。

通过实证分析我们可以发现,人力资本投入对自主创新能力的提高有着极其重要的作用,因此在引进外资的同时,我们要积极支持国内民营企业,尤其是当地具有一定创新能力的民营企业的发展,培育一批有竞争力的市场竞争参与者。对于经济较为发达地区,尤其是长三角地区,民营经济十分发达,已成为了区域经济发展的重要动力,因而提高民营企业的自主创新意识,一方面可以增强本土企业获取外资技术溢出的能力,通过竞争机制,促使欧盟外资企业不断提升在华投资项目的技术水平,最终在民营企业与欧盟企业之间建立一种良性的"正反馈"技术进步互动机制。另一方面,本土民营企业竞争力的提高也有助于它们顺利进入欧盟跨国公司的产业链,通过产业配套和关联合作来获得更快发展,以争取在新的水平上提高自主创新能力。

(二)努力提升民营企业自身科技实力

科技教育能力决定了一个国家的技术发明及改进能力、对引进技术的消化能力以及接受技术外溢效应的能力。R&D人员对自主创新能力的正向效应已在实证分析中得到证实,并且其影响力大大高于欧盟在华直接投资对我国企业自主创新能力的影响。截至2006年,我国R&D投入占国内生产总值比重仅为1.42%,与全球2.5%(2001年数据)的水平有较大差距。因此加大科技和教育投入、提升自身科技实力在提高民营企业自主创新能力方面还有很大的发展空间。我国应该加大在科研资金方面的投入,提升企业的技术水平和人力资本水平,为欧盟外资引进在促进我国民营企业自主创新方面做出积极贡献。

目前,我国人力资本存量仍然处于相对较低的初始水平,虽然现阶段较低水平的人力资本能够较好地吸收以劳动力密集型为主的外商直接投资的技术外溢效应,但今后我国外商直接投资产业结构的提升必然要求有较高的人力资本增长速度。因此,中国民营企业应加强教育投资,因为人力资本积累是增强我国对外商直接投资技术外溢效应吸收能力的关键。

第三节　鼓励中国民营企业投资欧盟：从"走出去"到"跑出去"

一、政府层面

（一）重点培育与梯度发展相结合，实现多层次发展

政府要适当扶持能够代表中国形象投资欧盟的中国民营企业。有选择地重点扶持目前已经实行跨国经营并有较好业绩的若干大型企业集团，壮大其实力，使其发展成为中国的大型跨国公司。从战略上考虑，可选择具备足够技术实力、生产实力、资金实力的大型企业集团，给予它们政策和其他方面的支持。以具有比较优势的企业为龙头，利用国内市场与欧盟市场的差异，促进其由国内产品经济型向欧盟市场经济型转变，使之具备国际化经营的能力和实力。

另外，政府在适当扶持投资欧盟企业的过程中，应当注重重点培育与梯度发展相结合。政府部门要走出对跨国企业认识上的误区，不能认为只有全球 500 强公司才算是跨国企业，事实上在全世界有 6 万家中小型跨国企业，政府部门要做的就是从已经实施跨国经营的民营企业中培育跨国企业，只有从小做起，才能做大做强。中国民营企业投资欧盟的成功经验也表明，具有资金、技术、人才及国际营销优势的工业企业，已经基本具备从事对外直接投资的实力和条件。一些有较大发展潜力的中小民营企业在投资欧盟过程中不断获得和创造比较优势，从中小企业逐步发展成为跨国企业。

（二）鼓励集群化创新，完善专门人才培养机制

为了提升民营企业的核心竞争力，要着力加强民营跨国企业的产业配套安排。各级政府要强化民营企业投资欧盟的政策引导，鼓励产业的集群式转移。要充分利用税收、用汇、进出口信贷和保险等杠杆，鼓励、支持和引导更多的中小型跨国经营企业跟随龙头企业，加大企业投资欧盟的资金配套转移力度，促进更多的民营企业在新的投资环境和条件下，更大幅度地提升自身的生产能力与核心竞争力。要通过集群化投资安排，吸引更多的人力资本进入民营跨国企业发展的框架中，达到有效克服国际投资和管理人才短缺的目的、更好地利用现行正规教育资源，培养出更多的能够较

好适应投资欧盟和管理方面的专门人才。此外,还要学会充分利用各种社会资源,借助国际资源来培养民营企业自身的高级专门人才,着力促进本土跨国企业投资欧盟经营活动的持续、健康和快速发展。

(三)扶持建立法律、财务等中介服务机构

随着跨国经营范围的不断扩大和层次的不断深入,民营企业在投资欧盟过程中也不断面临着国外机构、竞争企业的压力,以及诸如反倾销、绿色壁垒、技术壁垒等非关税贸易壁垒。在当前民营企业的对外投资过程中,这些压力正呈现出扩大的趋势。而企业在应对这类挑战时,往往缺乏足够的法律和其他方面的应对知识,加上目前国内相应国际贸易争端解决机构严重缺乏,企业只能寻求海外相关机构的帮助。然而,海外机构一方面服务收费水平高,另一方面同中国在文化上存在一定差异,中外双方信任程度有限,往往很难真正为企业服务。因此,政府需要积极建立和完善相应的法律服务机构。

另外,企业在跨国并购、海外投资等经营环节中,对于财务、会计方面资源和信息的需要也甚为迫切,但在实际操作中往往只能依赖海外的财务会计服务机构。因此,需要政府不断鼓励和扶持法律、财务等中介服务机构的发展。

(四)以企业为主体和以市场为导向,改革境外投资管理体制

自2009年5月1日起,《境外投资管理办法》付诸实施,该办法仅保留了我国商务部对少数重大境外投资的核准权限,同时境外投资的核准程序也大大简化,这无疑对民营企业投资欧盟有着重要的促进作用。然而,在目前跨国投资经营活动中,企业仍然需要政府采取多方面的、进一步改革政策,以完善境外投资管理体制。当前,应坚持以市场为导向、以企业为主体,以及政府提供服务和"谁投资、谁决策、谁受益、谁承担风险"的原则,加快境外投资管理体制改革,并尽可能地促进境外资源的开发和国内成熟产业的国际转移。切实做好外汇管制等各项政策执行和对策协调工作,选择基础较好的地区作为境外企业和机构审批手续改革试点,政府审批制转变为自动登记备案制,让民营企业的跨国经营程序更加便捷、高效。

二、企业层面

(一)产业导向:产业"宽度"与"深度"

从目前民营企业投资欧盟的情况来看,投资方面多集中于传统行业,且多半是具有比较优势和竞争优势的产业。而这些产业由于处于价值链

"微笑曲线"的低端,其产业附加值和利润率都极其有限,因此民营企业在投资欧盟的过程中,需要考虑行业多样化,寻找位于"微笑曲线"两端的新型行业,尤其是在能源和资源相关行业,要着力实现产业"宽度"的延伸。与"宽度"相比,民营企业在发展壮大过程中,产业的"深度"则更是远远不够。所谓"深度"是指一个产业从研发、设计、生产(加工)、销售到服务的整个流程。从"深度"上看,民营企业在投资欧盟的过程中,多数涉及生产(加工)和销售环节,最多有些涉及服务环节。然而同一个产业在不同环节也存在一条"微笑曲线",生产(加工)和销售环节位于曲线的低端,相比位于曲线高端的研发和服务,目前民营企业的国际化经营中,需要将价值链的分工更多地向价值链最上游和最下游转移,实现产业"深度"的发展,并最终达到产业"宽度"和"深度"的有机结合。

(二)区位导向:"小市场小技术"与"大市场大技术"

从中国吸收欧盟投资和中国企业到欧盟投资的对比情况来看,目前我国还处于邓宁投资阶段理论的第二个阶段,即吸收境外投资的数量要远远高于中国企业境外投资的数量。而在境外投资的区位选择中,目前也多集中在 OECD 以外的国家和地区,这势必不利于完全发挥企业的自身能力和竞争优势。因此,政府需要引导民营企业在国际化成长中,注意"小市场小技术"与"大市场大技术"的有机结合。对于一些已经具备了多年国际经营经验和掌握了所在行业领先技术的本土跨国企业,应更加重视区位的多元化导向,也就是不仅要注重 OECD 以外的广大发展中国家和地区,也可以尝试进入欧盟等相对发达国家,依据自身的多元化优势和对领先技术的掌握,积极竞争市场份额,实现"大市场大技术"的发展。而对于许多成长性的跨国企业而言,在刚刚走上国际化的道路时,则先选择进入一些小市场,发挥在小技术上的比较优势,积累更多的国际化经验,为最终进入"大市场大技术"做好必要准备。因此,在实践中,不同发展水平的本土跨国企业,应当进行不同的区位选择,最终实现"小市场小技术"与"大市场大技术"的有机结合。

(三)模式导向:模式选择与国际产业链

民营企业在进入欧盟市场时,大部分选择了产品出口这一形式,从而导致民营企业的国际化模式过于单一。当然,这在很大程度上是由于民营企业海外投资经验和规模、实力不足导致的。因此,在企业的成长过程中,应当考虑不同的模式组合。对于一些实力和经验不足的民营企业,可以通过灵活选择多种国际化模式来达到投资欧盟的目标。例如,可以采取大企业依托模式,也可以采取小企业合成模式等。而对于一些具有丰富国际经营经验的民营跨国企业,则可以考虑通过在欧盟设立工业园区,实行"集群化"发展战略,甚至可以设立离岸公司进行资本运营。当然,在整个模式选择的过程中,政府应适当给予在国际产业链上的引导。目前,很多民营企业投资欧盟是为了拓展国际市场,或者设立生产基地以提升本土化生产和经销能力,但这种横向一体化战略并不能很好地达到生产要素的国际化配置,企业应加强在垂直一体化方面的努力。也就是说,民营企业要根据本身在研发、生产、销售等环节的基础和需要,做好核心产业环节的战略取舍,有所为,有所不为,在新的起点上实现生产要素的全球化配置和资源重组,实现具体模式选择与国际产业链的有机结合。

（四）危机导向:把握机遇与规避危机

目前,中国民营企业大多还是采取家族式管理,家族式管理在民营企业创办初期发挥了一定作用,适应了当时市场不完全、信息不充分、法制不健全、职业经理缺失的大环境。不过,随着企业规模的扩张和经营环境的日趋复杂,尤其是在席卷全球的金融危机中,家族式的管理模式暴露出了决策随意性大、非规模管理和人才难以引进和留住等问题。因此,在投资欧盟的过程中,尤其是处于全球性金融危机的背景下,企业需要及时关注机遇与危机的内源性关系。在企业的经营过程中,更加注重生产技术的提高,以便在金融危机和经济危机到来时,可以发挥自身的核心竞争力,立足于不败之地。同时,民营企业投资欧盟,也要十分注重"知己知彼",在经济形势好的时候,更要对国际惯例、东道国投资环境、东道国相关法律等进行充分研究做好未雨绸缪。

参考文献

[1] Andersson，S. Internationalization in Different Industrial Contexts. *Journal of Business Venturing*, 2004, 19(6):851-875.

[2] Johanson，J. and Vahlne，J. E. The Internationalization Process of the Firm: A Model of Knowledge Development and Increasing Foreign Market Commitments. *Journal of International Business Studies*, 1977, 8(1):23-32.

[3] Johanson，J. and Vahlne，J. E. The Mechanism of Internationalization. *International Marketing Review*, 1990, 7(4):12-23.

[4] Forsgren，M. The Concept of Learning in the Uppsala Internationali-

zation Process Model：A Critical Review. *International Business Review*，2002,11:257-278.

[5]Liu Xiaming, Xiao Wen and Huang Xianhai. Bound Entrepreneurship and Internationalization of Indigenous Chinese Private-owned Firms. *International Business Review*，2008,3:488-508.

[6]陈凌,曹正汉.制度与能力:中国民营企业20年成长的解析[M].上海：上海人民出版社,2007.

[7]程惠芳,杨婵,潘信路.经济国际化与政府服务创新和服务支出的相关性实证分析[J].国际贸易问题,2008(2).

[8]李媛,等.我国企业对外直接投资方式的二元选择模型分析[J].商业经济研究,2008(7).

[9]刘明前,等,跨国直接投资方式及其比较探析[J].当代经济,2009(2).

[10]刘迎秋,徐志祥.中国民营企业竞争力报告——"走出去"与竞争力指数[M].北京:社会科学文献出版社,2008.

[11]史晋川,金祥荣,赵伟,罗卫东.制度变迁与经济发展:温州模式研究[M].杭州:浙江大学出版社,2002.

[12]肖文,等.中国民营企业国际化影响因素及模式选择[M].杭州:浙江大学出版社,2008.

[13]肖文,陈益君,林高榜.中国民营企业国际化的绩效分析[J].浙江学刊,2009(2).

[14]肖文,林高榜.FDI流入与服务业市场结构变迁[J].国际贸易问题,2009(2).

[15]张亚珍.基于欧盟板块经济特征的中欧贸易摩擦分析[J].国际贸易问题,2009(4).

[16]赵伟,等.民营企业国际化:理论分析与典型案例研究[M].北京:经济科学出版社,2006.

[17]赵伟.民营企业国际化:现状评价与路径建议[J].国际经济合作,2005(8).

[18]赵伟.中国企业"走出去"——政府政策取向与典型案例分析[M].北京:经济科学出版社,2004.

索 引

后 记

　　本书是中国人民大学欧洲研究中心招标的教育部人文社会科学重点研究基地重大项目——中国民营经济与欧盟经济互动（项目批准号：07JJDGJW261）的最终研究成果，也是我们继国家社科基金中华学术外译项目——《中国民营企业国际化影响因素及模式选择》英文专著出版后的又一研究成果。该课题于2007年立项，经过课题组的不懈努力，几经寒暑，于2010年年底完成。2011年至2013年，我们对研究报告做了进一步的修改和完善，最终形成了可以出版的书稿。本书研究涵盖了中欧贸易互动、中欧投资互动、中欧政策互动等多个领域。其中，部分研究成果已在《世界经济》、《国际贸易问题》等专业刊物上发表过。基于相关成果的研究报告《政府培养本土跨国企业的对策》也得到了地方政府的肯定，并被应用于政府实际职能部门，这无疑是对本书学术价值和实践意义的极大肯定。

　　在书稿的撰写期间，我们得到了各界的大力支持和积极配合。作者要特别感谢中国人民大学欧洲研究中心张小劲、宋新宁、闫瑾教授等学界同仁和中国国际贸易促进委员会赵晓笛、俞海燕和卢宁博士，你们宝贵、中肯的意见使我们的研究成果更加完善；感谢课题组成员谢文武副教授和林高榜、潘家栋博士，是你们的不懈努力和辛苦付出，才使得该课题的研究硕果累累；感谢浙江大学经济学院的史晋川、赵伟、黄先海和顾国达教授，以及杭州师范大学的陈永强教授，我们所取得的研究成果离不开你们的大力支持；感谢中国国际商会、浙江省政府、浙江省商务厅、宁波市对外经贸合作局等相关职能单位对我们的支持和对研究成果的肯定，这给研究团队带来了更多的信心和鼓舞。在课题研究期间，世界著名经济学家Barkley教授委派其研究团队核心成员、英国利兹大学国际商务中心（CIBUL）的Jeremy Clegg教授访问了浙江大学经济学院，主动联系课题组，双方合作研究了我国民营企业对外直接投资(OFDI)和中欧经贸互动问题,并就下一阶段的研究达成了初步合作意向并签署了备忘录,这大大拓展了我们的研究视野。感谢CCPIT在数据方面所提供的支持,这帮助我们完成了民营企业与欧盟经贸互动微观机制的分析和实证研究,使本书的研究内容和成果更加丰富和完善。

本书虽然较全面、深入地揭示了中国民营企业与欧盟经济互动的机理,解答了中国民营与欧盟经济互动中贸易、投资、政策等方面的相关重要问题,并充实了现有学术界的研究成果;但是,目前中国民营企业的发展仍面临着更为复杂的挑战,欧盟经济也处于动荡多变时期,两者之间的互动合作关系出现了种种新现象和新问题。对于这些新现象和新问题,本书未能全部涉及,敬请学界同仁提出宝贵意见,以便我们进一步完善该领域的研究。

肖　文

2013年6月

于浙江大学玉泉校区

图书在版编目（CIP）数据

中国民营企业与欧盟经济互动 / 肖文，樊文静著.
—杭州：浙江大学出版社，2013.10
ISBN 978-7-308-12275-7

Ⅰ.①中… Ⅱ.①肖… ②樊… Ⅲ.①民营企业－关
系－欧洲国家联盟－研究－中国 Ⅳ.①F279.245

中国版本图书馆 CIP 数据核字（2013）第 228622 号

中国民营企业与欧盟经济互动

肖　文　樊文静　著

责任编辑	张　琛
责任校对	姜井勇（jiangjingyong08@sina.com）
封面设计	十木米
出版发行	浙江大学出版社
	（杭州天目山路 148 号　邮政编码 310007）
	（网址：http://www.zjupress.com）
排　　版	杭州金旭广告有限公司
印　　刷	杭州杭新印务有限公司
开　　本	710mm×1000mm　1/16
印　　张	15
字　　数	260 千
版 印 次	2013 年 10 月第 1 版　2013 年 10 月第 1 次印刷
书　　号	ISBN 978-7-308-12275-7
定　　价	42.00 元